A
TRAVERS CHANTS

LIBRAIRIE DE MICHEL LÉVY FRÈRES

—

DU MÊME AUTEUR :

LES

SOIRÉES DE L'ORCHESTRE

2ᵉ édition.—Un volume grand in-18

—

LES

GROTESQUES DE LA MUSIQUE

Un volume grand in-18.

PARIS. — IMP. SIMON RAÇON ET COMP., RUE D'ERFURTH, 1.

A
TRAVERS CHANTS

ÉTUDES MUSICALES, ADORATIONS
BOUTADES ET CRITIQUES

PAR

HECTOR BERLIOZ

Love's labour's lost. (SHAKSPEARE.)
Hostis habet muros... (VIRGILE.)

PARIS
MICHEL LÉVY FRÈRES, LIBRAIRES ÉDITEURS
RUE VIVIENNE, 2 BIS, ET BOULEVARD DES ITALIENS, 15
A LA LIBRAIRIE NOUVELLE
—
1862

Tous droits réservés

A

M. ERNEST LEGOUVÉ

DE L'ACADÉMIE FRANÇAISE

A TRAVERS CHANTS

MUSIQUE[1]

Musique, art d'émouvoir par des combinaisons de sons les hommes intelligents et doués d'organes spéciaux et exercés. Définir ainsi la musique, c'est avouer que nous ne la croyons pas, comme on dit, *faite pour tout le monde*. Quelles que soient en effet ses conditions d'existence, quels qu'aient jamais été ses moyens d'action, simples ou composés, doux ou énergiques, il a toujours paru évident à l'observateur impartial qu'un grand nombre d'individus ne pouvant ressentir ni comprendre sa puissance, ceux-là *n'étaient pas faits pour elle*, et que par conséquent *elle n'était point faite pour eux*.

La musique est à la fois un sentiment et une science; elle exige de la part de celui qui la cultive, exécutant ou compositeur, une inspiration naturelle et des connaissances qui ne s'acquièrent que par de longues études et de profondes méditations.

---

[1] Ce chapitre fut publié il y a une vingtaine d'années dans un livre qui n'existe plus et dont divers fragments sont reproduits dans ce volume. Le lecteur ne sera peut-être pas fâché de le retrouver avant de nous suivre dans l'étude analytique, que nous allons entreprendre, de quelques chefs-d'œuvre célèbres de l'art musical.   H. B.

La réunion du savoir et de l'inspiration constitue l'art. En dehors de ces conditions, le musicien ne sera donc qu'un artiste incomplet, si tant est qu'il mérite le nom d'artiste. La grande question de la prééminence de l'organisation sans étude sur l'étude sans organisation, qu'Horace n'a pas osé résoudre positivement pour les poëtes, nous paraît également difficile à trancher pour les musiciens. On a vu quelques hommes parfaitement étrangers à la science produire d'instinct des airs gracieux et même sublimes, témoin Rouget de l'Isle et son immortelle *Marseillaise;* mais ces rares éclairs d'inspiration n'illuminant qu'une partie de l'art, pendant que les autres, non moins importantes, demeurent obscures, il s'ensuit, eu égard à la nature complexe de notre musique, que ces hommes en définitive ne peuvent être rangés parmi les musiciens : ILS NE SAVENT PAS.

On rencontre plus souvent encore des esprits méthodiques, calmes et froids, qui, après avoir étudié patiemment la théorie, accumulé les observations, exercé longuement leur esprit et tiré tout le parti possible de leurs facultés incomplètes, parviennent à écrire des choses qui répondent en apparence aux idées qu'on se fait vulgairement de la musique, et satisfont l'oreille sans la charmer, et sans rien dire au cœur ni à l'imagination. Or, la satisfaction de l'ouïe est fort loin des sensations délicieuses que peut éprouver cet organe; les jouissances du cœur et de l'imagination ne sont pas non plus de celles dont on puisse faire aisément bon marché; et comme elles se trouvent réunies à un plaisir sensuel des plus vifs dans les véritables œuvres musicales de toutes les écoles, ces producteurs impuissants doivent donc encore, selon nous, être rayés du nombre des musiciens : ILS NE SENTENT PAS.

Ce que nous appelons *musique* est un art nouveau, en ce sens qu'il ne ressemble que fort peu, très-probablement, à ce que les anciens peuples civilisés désignaient sous ce nom. D'ailleurs, il faut le dire tout de suite, ce mot avait chez eux une acception tellement étendue, que loin de signifier simplement, comme aujourd'hui, l'art des sons, il s'appliquait également à la danse, au geste, à la poésie, à l'éloquence, et même à la collection de toutes les sciences. En supposant l'étymologie du mot *musique* dans celui de *muse*, le vaste sens que lui donnaient les anciens s'explique naturellement; il exprimait et devait exprimer, en effet, *ce à quoi président les Muses*. De là les erreurs où sont tombés, dans leurs interprétations, beaucoup de commentateurs de l'antiquité. Il y a pourtant dans le langage actuel une expression consacrée, dont le sens est presque aussi général. Nous disons : *l'art*, en parlant de la réunion des travaux de l'intelligence, soit seule, soit aidée par certains organes, et des exercices du corps que l'esprit a poétisés. De sorte que le lecteur qui dans deux mille ans trouvera dans nos livres cette phrase devenue le titre banal de bien des divagations : « De l'état de l'art en Europe au dix-neuvième siècle » devra l'interpréter ainsi : De l'état de la poésie, de l'éloquence, de la musique, de la peinture, de la gravure, de la statuaire, de l'architecture, de l'action dramatique, de la pantomime et de la danse en Europe au dix-neuvième siècle. » On voit qu'à l'exception près des sciences exactes, auxquelles il ne s'applique pas, notre mot *art* correspond fort bien au mot *musique* des anciens.

Ce qu'était chez eux l'art des sons proprement dit, nous ne le savons que fort imparfaitement. Quelques faits isolés, racontés peut-être avec une exagération dont on voit journellement des exemples analogues, les idées boursouflées ou tout à fait absurdes de certains philosophes, quelquefois aussi la fausse interprétation de leurs écrits, tendraient à lui attribuer une puissance immense, et une influence sur les mœurs telle, que les législateurs devaient, dans l'intérêt des peuples, en déterminer la marche et en régler l'emploi. Sans tenir compte des causes qui ont pu concourir à l'altération de la vérité à cet égard, et en admettant que la musique des Grecs ait réellement produit sur quelques individus des impressions extraordinaires, qui n'étaient dues ni aux idées exprimées par la poésie, ni à l'expression des traits ou de la pantomime du chanteur, mais bien à la musique elle-même et seulement à elle, le fait ne prouverait en aucune façon que cet art eût atteint chez eux un haut degré de perfection. Qui ne connaît la violente action des sons musicaux, combinés de la façon la plus ordinaire, sur les tempéraments nerveux dans certaines circonstances? Après un festin splendide, par exemple, quand excité par les acclamations enivrantes d'une foule d'adorateurs, par le souvenir d'un triomphe récent, par l'espérance de victoires nouvelles, par l'aspect des armes, par celui des belles esclaves qui l'entouraient, par les idées de volupté, d'amour, de gloire, de puissance, d'immortalité, secondées de l'action énergique de la bonne chère et du vin, Alexandre, dont l'organisation d'ailleurs était si impressionnable, délirait aux accents de Timothée, on conçoit très-bien qu'il n'ait pas fallu de grands efforts de génie de la part du chanteur pour agir aussi fortement sur cette sensibilité portée à un état presque maladif.

Rousseau, en citant l'exemple plus moderne du roi de Danemark, Erric, que certains chants rendaient furieux au point de tuer ses meilleurs domestiques, fait bien observer, il est vrai, que ces malheureux devaient être beaucoup moins que leur maître sensibles à la musique; autrement il eût pu courir la moitié du danger. Mais l'instinct paradoxal du philosophe se décèle encore dans cette spirituelle ironie. Eh! oui, sans doute, les serviteurs du roi danois étaient moins sensibles à la musique que leur souverain! Qu'y a-t-il là d'étonnant? Ne serait-il pas fort étrange au contraire qu'il en eût été autrement? Ne sait-on pas que le sens musical se développe par l'exercice? que certaines affections de l'âme, très-actives chez quelques individus, le sont fort peu chez beaucoup d'autres? que la sensibilité nerveuse est en quelque sorte le partage des classes élevées de la société, quand les classes inférieures, soit à cause des travaux manuels auxquels elles se livrent, soit pour toute autre raison, en sont à peu près dépourvues? et n'est-ce pas parce que cette inégalité dans les organisations est incontestable et incontestée, que nous avons si fort restreint, en définissant la musique, le nombre des hommes sur lesquels elle agit.

Cependant Rousseau, tout en ridiculisant ainsi ces récits des merveilles opérées par la musique antique, paraît en d'autres endroits leur accorder assez de croyance pour placer beaucoup au-dessus de l'art moderne cet art ancien que nous connaissons à peine et qu'il ne connaissait pas mieux que nous. Il devait certes, moins que personne, déprécier les effets de la musique actuelle, car l'enthousiasme avec lequel il en parle partout ailleurs prouve qu'ils étaient sur lui d'une intensité des moins ordinaires. Quoi qu'il en soit, et en jetant seulement nos regards autour de nous, il sera facile de citer, en faveur du pouvoir de notre musique, des faits certains, dont la valeur est au moins égale à celle des anecdotes douteuses des anciens historiens. Combien de fois n'avons-nous pas vu à l'audition des chefs-d'œuvre de nos grands maîtres, des auditeurs agités de spasmes terribles, pleurer et rire à la fois, et manifester tous les symptômes du délire et de la fièvre! Un jeune musicien provençal, sous l'empire des sentiments passionnés qu'avait fait naître en lui la *Vestale* de Spontini, ne put supporter l'idée de rentrer dans notre monde prosaïque, au sortir du ciel de poésie qui venait de lui être ouvert; il prévint par lettres ses amis de son dessein, et après avoir encore entendu le chef-d'œuvre, objet de son admiration extatique, pensant avec raison qu'il avait atteint le maximum de la somme de bonheur réservée à l'homme sur la terre, un soir, à la porte de l'Opéra, il se brûla la cervelle.

La célèbre cantatrice, madame Malibran, entendant pour la première fois, au Conservatoire, la symphonie en *ut mineur* de Beethoven, fut saisie de convulsions telles, qu'il fallut l'emporter hors de la salle. Vingt fois nous avons vu, en pareil cas, des hommes graves obligés de sortir pour soustraire aux regards du public la violence de leurs émotions. Quant à celles que l'auteur de cette étude doit personnellement à la musique, il affirme que rien au monde ne saurait en donner l'idée exacte à qui ne les a point éprouvées. Sans parler des affections morales que cet art a développées en lui, et pour ne citer que les impressions reçues et les effets éprouvés au moment même de l'exécution des ouvrages qu'il admire, voici ce qu'il peut dire en toute vérité : A l'audition de certains morceaux de musique, mes forces vitales semblent d'abord doublées ; je sens un plaisir délicieux, où le raisonnement n'entre pour rien ; l'habitude de l'analyse vient ensuite d'elle-même faire naître l'admiration ; l'émotion croissant en raison directe de l'énergie ou de la grandeur des idées de l'auteur, produit bientôt une agitation étrange dans la circulation du sang ; mes artères battent avec violence ; les larmes qui, d'ordinaire, annoncent la fin du paroxysme, n'en indiquent souvent qu'un état progressif, qui doit être de beaucoup dépassé. En ce cas, ce sont des contractions spasmodiques des muscles, un tremblement de tous les membres, un *engourdissement total des pieds et des mains*, une paralysie partielle des nerfs de la vision et de l'audition, je n'y vois plus, j'entends à peine ; vertige... demi-évanouissement... On pense bien que des sensations portées à ce degré de violence sont assez rares, et que d'ailleurs il y a un vigoureux contraste à leur opposer, celui du *mauvais effet musical*, produisant le contraire de l'admiration et du plaisir. Aucune musique n'agit plus fortement en ce sens, que celle dont le défaut principal me paraît être la platitude jointe à la fausseté d'expression. Alors je rougis comme de honte, une véritable indignation s'empare de moi, on pourrait, à me voir, croire que je viens de recevoir un de ces outrages pour lesquels il n'y a pas de pardon ; il se fait, pour chasser l'impression reçue, un soulèvement général, un effort d'excrétion dans tout l'organisme, analogue aux efforts du vomissement, quand l'estomac veut rejeter une liqueur nauséabonde. C'est le dégoût et la haine portés à leur terme extrême ; cette musique m'exaspère, et je la vomis par tous les pores.

Sans doute l'habitude de déguiser ou de maîtriser mes sentiments, permet rarement à celui-ci de se montrer dans tout son jour ; et s'il m'est arrivé quelquefois, depuis ma première jeunesse, de lui donner carrière, c'est que le temps de la réflexion m'avait manqué, j'avais été pris au dépourvu.

La musique moderne n'a donc rien à envier en puissance à celle des anciens. A présent, quels sont les modes d'action de notre art musical ? Voici tous ceux que nous connaissons ; et, bien qu'ils soient fort nombreux, il n'est pas prouvé qu'on ne puisse dans la suite en découvrir encore quelques autres. Ce sont :

LA MÉLODIE.

Effet musical produit par différents sons entendus *successivement*, et formulés en phrases plus ou moins symétriques. L'art d'enchaîner d'une façon agréable ces séries de sons divers, ou de leur donner un sens expressif, ne s'apprend point, c'est un don de la nature, que l'observation des mélodies préexistantes et le caractère propre des individus et des peuples modifient de mille manières.

L'HARMONIE.

Effet musical produit par différents sons entendus *simultanément*. Les dispositions naturelles peuvent seules, sans doute, faire le grand harmoniste ; cependant la connaissance des groupes de sons produisant les *accords* (généralement reconnus pour agréables et beaux), et l'art de les enchaîner régulièrement, s'enseignent partout avec succès.

LE RHYTHME.

Division symétrique du temps par les sons. On n'apprend

pas au musicien à trouver de belles formes rhythmiques; la faculté particulière qui les lui fait découvrir est l'une des plus rares. Le rhythme, de toutes les parties de la musique, nous paraît être aujourd'hui la moins avancée.

L'EXPRESSION.

Qualité par laquelle la musique se trouve en rapport direct de caractère avec les sentiments qu'elle veut rendre, les passions qu'elle veut exciter. La perception de ce rapport est excessivement peu commune; on voit fréquemment le public tout entier d'une salle d'opéra, qu'un son douteux révolterait à l'instant, écouter sans mécontentement, et même avec plaisir, des morceaux dont l'expression est d'une complète fausseté.

LES MODULATIONS.

On désigne aujourd'hui par ce mot les passages ou transitions d'un ton ou d'un mode à un mode ou à un ton nouveau. L'étude peut faire beaucoup pour apprendre au musicien l'art de déplacer ainsi avec avantage la tonalité, et à modifier à propos sa constitution. En général les chants populaires modulent peu.

L'INSTRUMENTATION.

Consiste à faire exécuter, à chaque instrument ce qui convient le mieux à sa nature propre et à l'effet qu'il s'agit de produire. C'est en outre l'art de grouper les instruments de manière à modifier le son des uns par celui des autres, en faisant résulter de l'ensemble un son particulier que ne produirait aucun d'eux isolément, ni réuni aux instruments de son espèce. Cette face de l'instrumentation est exactement, en musique, ce que le coloris est en peinture. Puissante, splendide et souvent outrée aujourd'hui, elle était à peine connue avant la fin du siècle dernier. Nous croyons également, comme pour le rhythme, la mélodie et l'expression, que l'étude des modèles peut mettre le musicien sur la voie qui conduit à la posséder, mais qu'on n'y réussit point sans des dispositions spéciales.

LE POINT DE DÉPART DES SONS.

En plaçant l'auditeur à plus ou moins de distance des exécutants, et en éloignant dans certaines occasions les instruments sonores les uns des autres, on obtient dans l'effet musical des modifications qui n'ont pas encore été suffisamment observées.

LE DEGRÉ D'INTENSITÉ DES SONS.

Telles phrases et telles inflexions présentées avec douceur ou modération ne produisent absolument rien, qui peuvent devenir fort belles en leur donnant la force d'émission qu'elles réclament. La proposition inverse amène des résultats encore plus frappants : en violentant une idée douce, on arrive au ridicule et au monstrueux.

LA MULTIPLICITÉ DES SONS.

Est l'un des plus puissants principes d'émotion musicale. Les instruments ou les voix étant en grand nombre et occupant une large surface, la masse d'air mise en vibration devient énorme, et ses ondulations prennent alors un caractère dont elles sont ordinairement dépourvues. Tellement que, dans une église occupée par une foule de chanteurs, si un seul d'entre eux se fait entendre, quels que soient la force, la beauté de son organe et l'art qu'il mettra dans l'exécution d'un thème simple et lent, mais peu intéressant en soi, il ne produira qu'un effet médiocre ; tandis que ce même thème repris, sans beaucoup d'art, à l'unisson, par toutes les voix, acquerra aussitôt une incroyable majesté.

Des diverses parties constitutives de la musique que nous

venons de signaler, presque toutes paraissent avoir été employées par les anciens. La connaissance de l'harmonie leur est seule généralement contestée. Un savant compositeur, notre contemporain, M. Lesueur, s'était, il y a quarante ans, posé l'intrépide antagoniste de cette opinion. Voici les motifs de ses adversaires :

« *L'harmonie n'était pas connue des anciens*, disent-ils, *différents passages de leurs historiens et une foule de documents en font foi.* Ils n'employaient que l'unisson et l'octave. On sait en outre que l'harmonie est une invention qui ne remonte pas au delà du huitième siècle. La gamme et la constitution tonale des anciens n'étant pas les mêmes que les nôtres, inventées par l'Italien Guido d'Arezzo, mais bien semblables à celles du plain-chant, qui n'est lui-même qu'un reste de la musique grecque, il est évident, pour tout homme versé dans la science des accords, que cette sorte de chant, rebelle à l'accompagnement harmonique, ne comporte que l'unisson et l'octave. »

On pourrait répondre à cela que l'invention de l'harmonie au moyen âge ne prouve point qu'elle ait été inconnue aux siècles antérieurs. Plusieurs des connaissances humaines ont été perdues et retrouvées ; et l'une des plus importantes découvertes que l'Europe s'attribue, celle de la poudre à canon, avait été faite en Chine fort longtemps auparavant. Il n'est d'ailleurs rien moins que certain, au sujet des inventions de Guido d'Arezzo, qu'elles soient réellement les siennes, car lui-même dans ses écrits en cite plusieurs comme choses universellement admises avant lui. Quant à la difficulté d'adapter au plain-chant notre harmonie, sans nier qu'elle ne s'unisse plus naturellement aux formes mélodiques modernes, le fait du chant ecclésiastique exécuté en contre-point à plusieurs parties, et de plus accompagné par les accords de l'orgue dans toutes les églises, y répond suffisamment. Voyons à présent sur quoi était basée l'opinion de M. Lesueur.

« *L'harmonie était connue des anciens*, disait-il, *les œuvres de leurs poëtes, philosophes et historiens le prouvent en maint endroit d'une façon péremptoire.* Ces fragments historiques, fort clairs en eux-mêmes, ont été traduits à contre-sens. Grâce à l'intelligence que nous avons de la notation des Grecs, des morceaux entiers de leur musique, à plusieurs voix accompagnées de divers instruments, sont là pour témoigner de cette vérité. Des duos, trios et chœurs, de Sapho, Olympe, Terpandre, Aristoxène, etc., fidèlement reproduits dans nos signes musicaux, seront publiés plus tard. On y trouvera une harmonie simple et claire, où les accords les plus doux sont seuls employés, et dont le style est absolument le même que celui de certains fragments de musique religieuse, composés de nos jours. Leur gamme et leur système de tonalité sont parfaitement identiques aux nôtres. C'est une erreur des plus graves de voir dans le plain-chant, tradition monstrueuse des hymnes barbares que les Druides hurlaient autour de la statue d'Odin, en lui offrant d'horribles sacrifices, un débris de la musique grecque. Quelques cantiques en usage dans le rituel de l'église catholique sont grecs, il est vrai; aussi les trouvons-nous conçus dans le même système que la musique moderne? D'ailleurs, quand les preuves de fait manqueraient, celles de raisonnement ne suffisent-elles pas à démontrer la fausseté de l'opinion qui refuse aux anciens la connaissance et l'usage de l'harmonie? Quoi! les Grecs, ces fils ingénieux et polis de la terre qui vit naître Homère, Sophocle, Pindare, Praxitèle, Phidias, Apelles, Zeuxis, ce peuple artiste qui élevait des temples merveilleux que le temps n'a pas encore abattus, dont le ciseau taillait dans le marbre des formes humaines dignes de représenter les dieux; ce peuple, dont les œuvres monumentales servent de modèles aux poëtes, statuaires, architectes et peintres de nos jours, n'aurait eu qu'une musique incomplète et grossière comme celle des barbares?... Quoi! ces milliers de chanteurs des deux sexes entretenus à grands frais dans les temples, ces myriades d'instruments de natures diverses qu'ils nommaient : *Lyra, Psalterium, Trigonium, Sambuca, Cithara, Pectis, Maga, Barbiton, Testudo, Epigonium, Simmicium, Épandoron, etc.*, pour les instruments à cordes; *Tuba, Fistula, Tibia, Cornu, Lituus, etc.*, pour les instruments à vent; *Tympanum, Cymbalum, Crepitaculum, Tintinnabulum, Crotalum, etc.*, pour les instruments de percussion, n'auraient été employés qu'à produire de froids et stériles unissons ou de pauvres octaves! On aurait ainsi fait marcher du même pas la harpe et la trompette; on aurait enchaîné de force dans un unisson grotesque deux instruments dont les allures, le caractère et l'effet diffèrent si énormément! C'est faire à l'intelligence et au sens musical d'un grand peuple une injure qu'il ne mérite pas, c'est taxer la Grèce entière de barbarie. »

Tels étaient les motifs de l'opinion de M. Lesueur. Quant aux faits cités en preuves, on ne peut rien leur opposer; si l'illustre maître avait publié son grand ouvrage sur la musique antique, avec les fragments dont nous avons parlé plus haut; s'il avait indiqué les sources où il a puisé, les manuscrits qu'il a compulsés; si les incrédules avaient pu se convaincre par leurs propres yeux, que ces *harmonies* attribuées aux Grecs nous ont été réellement léguées par eux; alors sans doute M. Lesueur eût gagné la cause au plaidoyer de laquelle il a travaillé si longtemps avec une persévérance et une conviction inébranlables. Malheureusement il ne l'a pas fait, et comme le doute est encore très-permis sur cette question, nous allons discuter les preuves de raisonnement avancées par M. Lesueur, avec l'impartialité et l'attention que nous avons apportées dans l'examen des idées de ses antagonistes. Nous lui répondrons donc :

Les plains-chants que vous appelez barbares ne sont pas tous aussi sévèrement jugés par la généralité des musiciens actuels; il en est plusieurs, au contraire, qui leur paraissent empreints d'un rare caractère de sévérité et de grandeur. Le système de tonalité dans lequel ces hymnes sont écrites, et que vous condamnez, est susceptible de rencontrer fréquemment d'admirables applications. Beaucoup de chants populaires, pleins d'expression et de naïveté, sont dépourvus de *note sensible*, et par conséquent écrits dans le système tonal du plain-chant. D'autres, comme les airs écossais, appartiennent à une échelle musicale bien plus étrange encore, puisque le 4ᵉ et le 7ᵉ degré de notre gamme n'y figurent point. Quoi de plus frais cependant et de plus énergique parfois que ces mélodies des montagnes? Déclarer barbares des formes contraires à nos habitudes, ce n'est pas prouver qu'une éducation différente de celle que nous avons reçue ne puisse en venir à modifier singulièrement nos opinions à leur sujet. De plus, sans aller jusqu'à taxer la Grèce de barbarie, admettons seulement que sa musique, comparativement à la nôtre, fût encore dans l'enfance : le contraste de cet état imparfait d'un art spécial et de la splendeur des autres arts, qui n'ont avec lui aucun point de contact, aucune espèce de rapport, n'est point du tout inadmissible. Le raisonnement qui tendrait à faire regarder comme impossible cette anomalie est loin d'être nouveau, et l'on sait qu'en mainte circonstance il a amené à des conclusions que les faits ont ensuite démenties avec une brutalité désespérante.

L'argument tiré du peu de raison musicale qu'il y aurait à faire marcher ensemble à l'unisson ou à l'octave des instruments de natures aussi dissemblables qu'une lyre, une trompette et des timbales, est sans force réelle ; car enfin, cette disposition instrumentale est-elle praticable? Oui, sans doute, et les musiciens actuels pourront l'employer quand ils voudront. Il n'est donc pas extraordinaire qu'elle ait été admise chez des peuples auxquels la constitution même de leur art ne permettait pas d'en employer d'autre.

A présent, quant à la supériorité de notre musique sur la musique antique, elle paraît plus que probable. Soit en effet que les anciens aient connu l'harmonie, soit qu'ils l'aient ignorée, en réunissant en faisceau les idées que les partisans des deux opinions contraires nous ont données de la nature et des moyens de leur art, il en résulte avec assez d'évidence cette conclusion :

Notre musique contient celle des anciens, mais la leur ne contenait pas la nôtre; c'est-à-dire, nous pouvons aisément reproduire les effets de la musique antique, et de plus un nombre infini d'autres effets qu'elle n'a jamais connus et qu'il lui était impossible de rendre.

Nous n'avons rien dit de l'art des sons en Orient; voici pourquoi : tout ce que les voyageurs nous ont appris à ce sujet jusqu'ici se borne à des puérilités informes et sans relations aucunes avec les idées que nous attachons au mot musique. A moins donc de notions nouvelles et opposées sur tous les points à celles qui nous sont acquises, nous devons regarder la musique, chez les Orientaux, comme un bruit grotesque, analogue à celui que font les enfants dans leurs jeux [1].

[1] Depuis que ces lignes furent écrites nous avons eu l'occasion en France et en Angleterre, d'entendre des musiciens arabes, chinois et persans, et toutes les expériences qu'il nous a été permis de faire sur leurs chants, sur leurs instruments, comme aussi les questions que nous avons adressées à quelques-uns d'entre eux qui parlaient français, tout nous a confirmé dans cette opinion.

ÉTUDE CRITIQUE

DES

SYMPHONIES DE BEETHOVEN

Il y a trente-six ou trente-sept ans qu'on fit, aux concerts spirituels de l'Opéra, l'essai des œuvres de Beethoven, alors parfaitement inconnues en France. On ne croirait pas aujourd'hui de quelle réprobation fut frappée immédiatement cette admirable musique par la plupart des artistes. C'était bizarre, incohérent, diffus, hérissé de modulations dures, d'harmonies sauvages, dépourvu de mélodie, d'une expression outrée, trop bruyant, et d'une difficulté horrible. M. Habeneck, pour satisfaire aux exigences des hommes de goût qui régentaient alors l'Académie royale de musique, se voyait forcé de faire, dans ces mêmes symphonies dont il a organisé et dirigé avec tant de soin, plus tard, l'exécution au Conservatoire, des coupures monstrueuses, comme on s'en permettrait tout au plus dans un ballet de Gallemberg ou un opéra de Gaveaux. Sans ces *corrections*, Beethoven n'eût pas été admis à l'honneur de figurer, entre un solo de basson et un concerto de flûte, sur le programme des concerts spirituels. A la première audition des passages désignés au crayon rouge, Kreutzer s'était enfui en se bouchant les oreilles, et il eut besoin de tout son courage pour se décider, aux autres répétitions, à écouter *ce qui restait de la symphonie en* ré. N'oublions pas que l'opinion de M. Kreutzer sur Beethoven était celle des quatre-vingt dix-neuf centièmes des musiciens de Paris à cette époque, et que, sans les efforts réitérés de l'imperceptible fraction qui professait l'opinion contraire, le plus grand compositeur des temps modernes nous serait peut-être encore aujourd'hui à peine connu. Le fait de l'exécution des fragments de Beethoven à l'Opéra était donc d'une grande importance ; nous en pouvons juger, puisque sans lui, très-probablement, la société du Conservatoire n'eût pas été constituée. C'est à ce petit nombre d'hommes intelligents et au public qu'il faut faire honneur de cette belle institution. Le public, en effet, le public véritable, celui *qui n'appartient à aucune coterie*, ne juge que par sentiment et non point d'après les idées étroites, les théories ridicules qu'il s'est faites sur l'art ; ce public-là, qui se trompe souvent malgré lui, puisqu'il lui arrive maintes fois de revenir sur ses propres décisions, fut frappé de prime abord par quelques-unes des éminentes qualités de Beethoven. Il ne demanda point si telle modulation était relative de telle autre, si certaines harmonies étaient admises par les *magisters*, ni s'il *était permis* d'employer certains rhythmes qu'on ne connaissait pas encore ; il s'aperçut seulement que ces rhythmes, ces harmonies et ces modulations, ornés d'une mélodie noble et passionnée, et revêtus d'une instrumentation puissante, l'impressionnaient fortement et d'une façon toute nouvelle. En fallait-il davantage pour exciter ses applaudissements? Notre public français n'éprouve qu'à de rares intervalles la vive et brûlante émotion que peut produire l'art musical ; mais quand il lui arrive d'en être véritablement agité, rien n'égale sa reconnaissance pour l'artiste, quel qu'il soit, qui la lui a donnée. Dès sa première apparition, le célèbre allegretto en *la* mineur de la septième symphonie qu'on avait intercalé dans la deuxième *pour faire passer le reste*, fut donc apprécié à sa valeur par l'auditoire des concerts spirituels. Le parterre en masse le redemanda à grands cris, et, à la seconde exécution, un succès presque égal accueillit le premier morceau et le *scherzo* de la symphonie en *ré* qu'on avait peu goûtés à la première épreuve. L'intérêt manifeste que le public commença dès lors à prendre à Beethoven doubla les forces de ses défenseurs, réduisit, sinon au silence, au moins à l'inaction la majorité de ses détracteurs, et peu à peu, grâce à ces lueurs crépusculaires annonçant aux clairvoyants de quel côté le soleil allait se lever, le noyau se grossit et l'on en vint à fonder, presque uniquement, pour Beethoven, la magnifique société du Conservatoire, aujourd'hui à peu près sans rivale dans le monde.

Nous allons essayer l'analyse des symphonies de ce grand maître, en commençant par la première que le Conservatoire exécute si rarement.

I

SYMPHONIE EN UT MAJEUR

Cette œuvre, par sa forme, par son style mélodique, par sa sobriété harmonique et son instrumentation, se distingue tout à fait des autres compositions de Beethoven qui lui ont succédé. L'auteur, en l'écrivant, est évidemment resté sous l'empire des idées de Mozart, qu'il a agrandies quelquefois, et partout ingénieusement imitées. Dans la première et la seconde partie, pourtant, on voit poindre de temps en temps quelques rhythmes dont l'auteur de *Don Juan* a fait usage, il est vrai, mais fort rarement et d'une façon beaucoup moins saillante. Le premier allegro a pour thème une phrase de six mesures, qui, sans avoir rien de bien caractérisé en soi, devient ensuite intéressante par l'art avec lequel elle est traitée. Une mélodie épisodique lui succède, d'un style peu distingué; et, au moyen d'une demi-cadence répétée trois ou quatre fois, nous arrivons à un dessin d'instruments à vent en imitations à la quarte, qu'on est d'autant plus étonné de trouver là, qu'il avait été employé souvent déjà dans plusieurs ouvertures d'opéras français.

L'andante contient un accompagnement de timbales *piano* qui paraît aujourd'hui quelque chose de fort ordinaire, mais où il faut reconnaître cependant le prélude des effets saisissants que Beethoven a produits plus tard, à l'aide de cet instrument peu ou mal employé en général par ses prédécesseurs. Ce morceau est plein de charme, le thème en est gracieux et se prête bien aux développements fugués, au moyen desquels l'auteur a su en tirer un parti si ingénieux et si piquant.

Le scherzo est le premier né de cette famille de charmants badinages (scherzi) dont Beethoven a inventé la forme, déterminé le mouvement, et qu'il a substitués presque dans toutes ses œuvres instrumentales au menuet de Mozart et de Haydn dont le mouvement est moins rapide du double et le caractère tout différent. Celui-ci est d'une fraîcheur, d'une agilité et d'une grâce exquises. C'est la seule véritable nouveauté de cette symphonie, où l'idée poétique, si grande et si riche dans la plupart des œuvres qui ont suivi celle-ci, manque tout à fait. C'est de la musique admirablement faite, claire, vive, mais peu accentuée, froide, et quelquefois mesquine, comme dans le rondo final, par exemple, véritable enfantillage musical; en un mot, ce n'est pas là Beethoven. Nous allons le trouver.

II

SYMPHONIE EN RÉ

Dans celle-ci tout est noble, énergique et fier; l'introduction (*largo*) est un chef-d'œuvre. Les effets les plus beaux s'y succèdent sans confusion et toujours d'une manière inattendue; le chant est d'une solennité touchante qui, dès les premières mesures, impose le respect et prépare à l'émotion. Déjà le rhythme se montre plus hardi, l'orchestration plus riche, plus sonore et plus variée. A cet admirable *adagio* est lié un *allegro con brio* d'une verve entraînante. Le *grupetto*, qu'on rencontre dans la première mesure du thème proposé au début par les altos et les violoncelles à l'unisson, est repris isolément ensuite, pour établir, soit des progressions en crescendo, soit des imitations entre les instruments à vent et les instruments à cordes, qui toutes sont d'une physionomie aussi neuve qu'animée. Au milieu se trouve une mélodie exécutée, dans sa première moitié, par les clarinettes, les cors et les bassons, et terminée en tutti par le reste de l'orchestre, dont la mâle énergie est encore rehaussée par l'heureux choix des accords qui l'accompagnent. L'*andante* n'est point traité de la même manière que celui de la première symphonie; il ne se compose pas d'un thème travaillé en imitations canoniques, mais bien d'un chant pur et candide, exposé d'abord simplement par le *quatuor*, puis brodé avec une rare élégance, au moyen de traits légers dont le caractère ne s'éloigne jamais du sentiment de tendresse qui forme le trait distinctif de l'idée principale. C'est la peinture ravissante d'un bonheur innocent à peine assombri par quelques rares accents de mélancolie. Le *scherzo* est aussi franchement gai dans sa capricieuse fantaisie, que l'*andante* a été complètement heureux et calme; car tout est riant dans cette symphonie, les élans guerriers du premier *allegro* sont eux-mêmes tout à fait exempts de violence; on n'y saurait voir que l'ardeur juvénile d'un noble cœur dans lequel se sont conservées intactes les plus belles illusions de la vie. L'auteur croit encore à la gloire immortelle, à l'amour, au dévouement... Aussi, quel abandon dans sa gaieté! comme il est spirituel! quelles saillies? A entendre ces divers instruments qui se disputent des parcelles d'un motif qu'aucun d'eux n'exécute en entier, mais dont chaque fragment se colore ainsi de mille nuances diverses en passant de l'un à l'autre, on croirait assister aux jeux féeriques des gracieux esprits d'Obéron. Le final est de la même nature ; c'est un second *scherzo* à deux temps, dont le badinage a peut-être encore quelque chose de plus fin et de plus piquant.

III

SYMPHONIE HÉROIQUE

On a grand tort de tronquer l'inscription placée en tête de celle-ci par le compositeur. Elle est intitulée : *Symphonie héroïque pour fêter le souvenir d'un grand homme.* On voit qu'il ne s'agit point ici de batailles ni de marches triomphales, ainsi que beaucoup de gens, trompés par la mutilation du titre, doivent s'y attendre, mais bien de pensers graves et profonds, de mélancoliques souvenirs, de cérémonies imposantes par leur grandeur et leur tristesse, en un mot, de l'*oraison funèbre* d'un héros. Je connais peu d'exemples en musique d'un style où la douleur ait su conserver constamment des formes aussi pures et une telle noblesse d'expressions.

Le premier morceau est à trois temps et dans un mouvement à peu près égal à celui de la valse. Quoi de plus sérieux cependant et de plus dramatique que cet *allegro*? Le thème énergique qui en forme le fond ne se présente pas d'abord dans son entier. Contrairement à l'usage, l'auteur en commençant, nous a laissé seulement entrevoir son idée mélodique; elle ne se montre avec tout son éclat qu'après un exorde de quelques mesures. Le rhythme est excessivement remarquable par la fréquence des syncopes et par des combinaisons de la mesure à deux temps, jetées, par l'accentuation des temps faibles, dans la mesure à trois temps. Quand à ce rhythme heurté viennent se joindre encore certaines rudes dissonances, comme celle que nous trouvons vers le milieu de la seconde reprise, où les premiers violons frappent le *fa* naturel aigu contre le *mi* naturel, quinte de l'accord de *la* mineur, on ne peut réprimer un mouvement d'effroi à ce tableau de fureur indomptable. C'est la voix du désespoir et presque de la rage. Seulement on peut se dire: Pourquoi ce désespoir? pourquoi cette rage? On n'en découvre pas le motif. L'orchestre se calme subitement à la mesure suivante; on dirait que, brisé par l'emportement auquel il vient de se livrer, les forces lui manquent tout à coup. Puis ce sont des phrases plus douces, où nous retrouvons tout ce que le souvenir peut faire naître dans l'âme de douloureux attendrissements. Il est impossible de décrire, ou seulement d'indiquer, la multitude d'aspects mélodiques et harmoniques sous lesquels Beethoven reproduit son thème; nous nous bornerons à en indiquer un d'une extrême bizarrerie, qui a servi de texte à bien des discussions, que l'éditeur français a corrigé dans la partition, pensant que ce fût une faute de gravure, mais qu'on a rétabli après un plus ample informé: les premiers et les seconds violons seuls tiennent en trémolo la seconde majeure *si b*, *la b*, fragment de l'accord de septième sur la dominante de *mi bémol*, quand un cor, qui a l'air de se tromper et de partir quatre mesures trop tôt, vient témérairement faire entendre le commencement du thème principal qui roule exclusivement sur les notes, *mi, sol, mi, si*. On conçoit quel étrange effet cette mélodie formée des trois notes de l'accord de tonique doit produire contre les deux notes dissonantes de l'accord de dominante, quoique l'écartement des parties en affaiblisse beaucoup le froissement; mais, au moment où l'oreille est sur le point de se révolter contre une semblable anomalie, un vigoureux *tutti* vient couper la parole au cor, et, se terminant *piano* sur l'accord de la tonique, laisse rentrer les violoncelles, qui disent alors le thème tout entier sous l'harmonie qui lui-convient. — A considérer les choses d'un peu haut, il est difficile de trouver une justification sérieuse à ce caprice musical[1]. L'auteur, dit-on, y tenait beaucoup cependant; on raconte même qu'à la première répétition de cette symphonie, M. Ries, qui y assistait, s'écria en arrêtant l'orchestre : « Trop tôt, trop tôt, le cor s'est trompé! » et que, pour récompense de son zèle, il reçut de Beethoven furieux une semonce des plus vives.

Aucune bizarrerie de cette nature ne se présente dans le reste de la partition. La marche funèbre est tout un drame. On croit y trouver la traduction des beaux vers de Virgile, sur le convoi du jeune Pallas :

> Multa que præterea Laurentis præmia pugnæ
> Adgerat, et longo prædam jubet ordine duci.
> Post bellator equus, positis insignibus, Æthon
> It lacrymans, guttis que humectat grandibus ora.

La fin surtout émeut profondément. Le thème de la marche reparaît, mais par fragments coupés de silences et sans autre accompagnement que trois coups *pizzicato* de contre-basse; et quand ces lambeaux de la lugubre mélodie, seuls, nus, brisés, effacés, sont tombés un à un jusque sur la tonique, les instruments à vent poussent un cri, dernier adieu des guerriers à leur compagnon d'armes, et tout l'orchestre s'éteint sur un point d'orgue *pianissimo*.

Le troisième morceau est intitulé *scherzo*, suivant l'usage. Le mot italien signifie jeu, badinage. On ne voit pas trop, au premier coup d'œil, comment un pareil genre de musique peut figurer dans cette composition épique. Il faut l'entendre pour le concevoir. En effet, c'est bien là le rhythme, le mouvement du *scherzo*; ce sont bien des jeux, mais de véritables jeux

---

[1] A quelque point de vue que l'on se place, si c'est là réellement une intention de Beethoven, et s'il y a quelque chose de vrai dans les anecdotes qui circulent à ce sujet, il faut convenir que ce caprice est une absurdité.

funèbres, à chaque instant assombris par des pensées de deuil, des jeux enfin comme ceux que les guerriers de l'*Iliade* célébraient autour des tombeaux de leurs chefs.

Jusque dans les évolutions les plus capricieuses de son orchestre, Beethoven a su conserver la couleur grave et sombre, la tristesse profonde qui devaient naturellement dominer dans un tel sujet. Le finale n'est qu'un développement de la même idée poétique. Un passage d'instrumentation fort curieux se fait remarquer au début, et montre tout l'effet qu'on peut tirer de l'opposition des timbres différents. C'est un *si bémol* frappé par les violons, et repris à l'instant par les flûtes et les hautbois en manière d'écho. Bien que le son soit répercuté sur le même degré de l'échelle, dans le même mouvement et avec une force égale, il résulte cependant de ce dialogue une différence si grande entre les mêmes notes, qu'on pourrait comparer la nuance qui les distingue à celle qui sépare le *bleu* du *violet*. De telles finesses de tons étaient tout à fait inconnues avant Beethoven, c'est à lui que nous les devons.

Ce finale si varié est pourtant fait entièrement avec un thème fugué fort simple, sur lequel l'auteur bâtit ensuite, outre mille ingénieux détails, deux autres thèmes dont l'un est de la plus grande beauté. On ne peut s'apercevoir, à la tournure de la mélodie, qu'elle a été pour ainsi dire extraite d'une autre. Son expression au contraire est beaucoup plus touchante, elle est incomparablement plus gracieuse que le thème primitif, dont le caractère est plutôt celui d'une basse et qui en tient fort bien lieu. Ce chant reparaît, un peu avant la fin, sur un mouvement plus lent et avec une autre harmonie qui en redouble la tristesse. Le héros coûte bien des pleurs. Après ces derniers regrets donnés à sa mémoire, le poëte quitte l'élégie pour entonner avec transport l'hymne de la gloire. Quoique un peu laconique, cette péroraison est pleine d'éclat, elle couronne dignement le monument musical. Beethoven a écrit des choses plus saisissantes peut-être que cette symphonie, plusieurs de ses autres compositions impressionnent plus vivement le public, mais, il faut le reconnaître cependant, la *Symphonie héroïque* est tellement forte de pensée et d'exécution, le style en est si nerveux, si constamment élevé, et la forme si poétique, que son rang est égal à celui des plus hautes conceptions de son auteur. Un sentiment de tristesse grave et pour ainsi dire antique me domine toujours pendant l'exécution de cette symphonie; mais le public en paraît médiocrement touché. Certes, il faut déplorer la misère de l'artiste qui, brûlant d'un tel enthousiasme, n'a pu se faire assez bien comprendre même d'un auditoire d'élite, pour l'élever jusqu'à la hauteur de son inspiration. C'est d'autant plus triste que ce même auditoire, en d'autres circonstances, s'échauffe, palpite et pleure avec lui; il se prend d'une passion réelle et très-vive pour quelques-unes de ses compositions également admirables, il est vrai, mais non plus belles que celle-ci cependant; il apprécie à leur juste valeur l'*allegretto* en *la mineur* de la septième symphonie, l'*allegretto scherzando* de la huitième, le finale de la cinquième, le *scherzo* de la neuvième; il paraît même fort ému de la marche funèbre de la symphonie dont il est ici question (l'héroïque); mais quant au premier morceau, il est impossible de se faire illusion, j'en ai fait la remarque depuis plus de vingt ans, le public l'écoute presque de sang-froid; il y voit une composition savante et d'une assez grande énergie; au delà...., rien. Il n'y a pas de philosophie qui tienne; on a beau se dire qu'il en fut toujours ainsi en tous lieux et pour toutes les œuvres élevées de l'esprit, que les causes de l'émotion poétique sont secrètes et inappréciables, que le sentiment de certaines beautés dont quelques individus sont doués, manque absolument chez les masses, qu'il est même impossible qu'il en soit autrement..... Tout cela ne console pas, tout cela ne calme pas l'indignation instinctive, involontaire, absurde, si l'on veut, dont le cœur se remplit, à l'aspect d'une merveille méconnue, d'une si noble composition, que la foule regarde sans voir, écoute sans entendre, et laisse passer près d'elle sans presque détourner la tête, comme s'il ne s'agissait que d'une chose médiocre ou commune. Oh! c'est affreux de se dire, et cela avec une certitude impitoyable: Ce que je trouve beau est *le beau* pour moi, mais il ne le sera peut-être pas pour mon meilleur ami; celui dont les sympathies sont ordinairement les miennes sera affecté d'une tout autre manière; il se peut que l'œuvre qui me transporte, qui me donne la fièvre, qui m'arrache des larmes, le laisse froid, ou même lui déplaise, l'impatiente...

La plupart des grands poëtes ne sentent pas la musique ou ne goûtent que les mélodies triviales et puériles; beaucoup de grands esprits, qui croient l'aimer, ne se doutent même pas des émotions qu'elle fait naître. Ce sont de tristes vérités, mais ce sont des vérités palpables, évidentes, que l'entêtement de certains systèmes peut seul empêcher de reconnaître. J'ai vu une chienne qui hurlait de plaisir en entendant la tierce majeure tenue en double corde sur le violon, elle a fait des petits sur qui la tierce, ni la quinte, ni la sixte, ni l'octave, ni aucun accord consonnant ou dissonant, n'ont jamais produit la moindre impression. Le public, de quelque manière qu'il soit composé, est toujours, à l'égard des grandes conceptions musicales, comme cette chienne et ses chiens. Il a certains nerfs qui vibrent à certaines résonnances, mais cette organisation, tout incomplète qu'elle soit, étant inégalement répartie et modifiée à l'infini, il s'ensuit qu'il y a presque folie à compter sur tels moyens de l'art plutôt que sur tels autres, pour agir sur lui; et que le compositeur n'a rien de mieux à faire que d'obéir aveuglément à son sentiment propre, en se résignant d'avance à toutes les chances du hasard. Je sors du Conservatoire avec trois ou quatre dilettanti, un jour où l'on vient d'exécuter la symphonie avec chœurs.

— Comment trouvez-vous cet ouvrage? me dit l'un d'eux.

— Immense! magnifique! écrasant!

— C'est singulier, je m'y suis cruellement ennuyé. Et vous? ajoute-t-il, en s'adressant à un Italien...

— Oh! moi, je trouve cela inintelligible, ou plutôt insupportable, il n'y a pas de mélodie... Au reste, tenez, voici plusieurs journaux qui en parlent, lisons :

— La symphonie avec chœurs de Beethoven représente le point culminant de la musique moderne ; l'art n'a rien produit encore qu'on puisse lui comparer pour la noblesse du style, la grandeur du plan et le fini des détails.

(*Un autre journal.*) — La symphonie avec chœurs de Beethoven est une monstruosité.

(*Un autre.*) — Cet ouvrage n'est pas absolument dépourvu d'idées, mais elles sont mal disposées et ne forment qu'un ensemble incohérent et dénué de charme.

(*Un autre.*) — La symphonie, avec chœurs de Beethoven, contient d'admirables passages, cependant on voit que les idées manquaient à l'auteur, et que, son imagination épuisée ne le soutenant plus, il s'est consumé en efforts souvent heureux pour suppléer à l'inspiration à force d'art. Les quelques phrases qui s'y trouvent sont supérieurement traitées et disposées dans un ordre parfaitement clair et logique. En somme, c'est l'œuvre fort intéressante d'un *génie fatigué*.

Où est la vérité? où est l'erreur? partout et nulle part. Chacun a raison ; ce qui est beau pour l'un ne l'est pas pour l'autre, par cela seul que l'un a été ému et que l'autre est demeuré impassible, que le premier a éprouvé une vive jouissance et le second une grande fatigue. Que faire à cela?... rien..., mais c'est horrible ; j'aimerais mieux être fou et croire au beau absolu.

IV

SYMPHONIE EN SI BÉMOL

Ici Beethoven abandonne entièrement l'ode et l'élégie, pour retourner au style moins élevé et moins sombre, mais non moins difficile, peut-être, de la seconde symphonie. Le caractère de cette partition est généralement vif, alerte, gai ou d'une douceur céleste. Si l'on en excepte l'*adagio* méditatif, qui lui sert d'introduction, le premier morceau est presque entièrement consacré à la joie. Le motif en notes détachées, par lequel débute l'*allegro*, n'est qu'un canevas sur lequel l'auteur répand ensuite d'autres mélodies plus réelles, qui rendent ainsi accessoire l'idée en apparence principale du commencement.

Cet artifice, bien que fécond en résultats curieux et intéressants, avait été déjà employé par Mozart et Haydn, avec un bonheur égal. Mais on trouve dans la seconde partie du même allegro, une idée vraiment neuve, dont les premières mesures captivent l'attention, et qui après avoir entraîné l'esprit de l'auditeur dans ses développements mystérieux, le frappe d'étonnement par sa conclusion inattendue. Voici en quoi elle consiste : après un tutti assez vigoureux, les premiers violons morcelant le premier thème, en forment un jeu dialogué *pianissimo* avec les seconds violons, qui vient aboutir sur des tenues de l'accord de septième dominante du ton de *si naturel* ; chacune de ces tenues est coupée par deux mesures de silence, que remplit seul un léger trémolo de timbales sur le *si bémol*, tierce majeure enharmonique du *fa dièze* fondamental. Après deux apparitions de cette nature, les timbales se taisent pour laisser les instruments à cordes murmurer doucement d'autres fragments du thème, et arriver, par une nouvelle modulation enharmonique, sur l'accord de sixte et quarte de *si bémol*. Les timbales rentrant alors sur le même son, qui, au lieu d'être une note sensible comme la première fois, est une tonique véritable, continuent le trémolo pendant une vingtaine de mesures. La force de tonalité de ce *si bémol*, très-peu perceptible en commençant, devient de plus en plus grande au fur et à mesure que le trémolo se prolonge; puis les autres instruments, semant de petits traits inachevés leur marche progressive, aboutissent avec le grondement continu de la timbale à un *forte* général où l'accord parfait de *si bemol* s'établit enfin à plein orchestre dans toute sa majesté. Cet étonnant crescendo est une des choses les mieux inventées que nous connaissions en musique; on ne lui trouverait guère de pendant que dans celui qui termine le célèbre *scherzo* de la symphonie en *ut mineur*. Encore ce dernier, malgré son immense effet, est-il conçu sur une échelle moins vaste, partant du *piano* pour arriver à l'explosion finale, sans sortir du ton principal; tandis que celui dont nous venons de décrire la marche, part du *mezzo-forte*, va se perdre un instant dans un *pianissimo* sous des harmonies dont la couleur est constamment vague et indécise, puis reparaît avec des accords d'une tonalité plus arrêtée, et n'éclate qu'au moment où le nuage qui voilait cette modulation, est complétement dissipé. On dirait d'un fleuve dont les eaux paisibles disparaissent tout à coup, et ne sortent de leur lit souterrain que pour retomber avec fracas en cascade écumante.

Pour l'*adagio*, il échappe à l'analyse... C'est tellement pur de formes, l'expression de la mélodie est si angélique et d'une si irrésistible tendresse, que l'art prodigieux de la mise en œuvre disparaît complétement. On est saisi, dès les premières mesures, d'une émotion qui, à la fin devient accablante par son intensité; et ce n'est que chez l'un des géants de la poésie, que nous pouvons trouver un point de comparaison à cette page sublime du géant de la musique. Rien, en effet, ne ressemble davantage à l'impression produite par cet *adagio*, que celle qu'on éprouve à lire le touchant épisode de Francesca di Rimini, dans la *Divina Comedia*, dont Virgile ne peut entendre le récit *sans pleurer à sanglots*, et qui, au dernier vers, fait *Dante tomber, comme tombe un corps mort*. Ce morceau semble avoir été soupiré par l'archange Michel, un jour où, saisi d'un accès de mélancolie, il contemplait les mondes, debout sur le seuil de l'empyrée.

Le *scherzo* consiste presque entièrement en phrases rhythmées à *deux* temps, forcées d'entrer dans les combinaisons de la mesure à *trois*. Ce moyen, dont Beethoven a usé fréquemment, donne beaucoup de nerf au style ; les désinences mélodiques deviennent par là plus piquantes, plus inattendues ; et d'ailleurs, ces rhythmes à contre-temps ont en eux-mêmes un charme très-réel, quoique difficile à expliquer. On éprouve du plaisir à voir la mesure ainsi broyée se retrouver entière à la fin de chaque période, et le sens du discours musical, quelque temps suspendu, arriver cependant à une conclusion satisfaisante, à une solution complète. La mélodie du *trio*, confiée aux instruments à vent, est d'une délicieuse fraîcheur ; le mouvement en est plus lent que celui du reste du *scherzo*, et sa simplicité ressort plus élégante encore de l'opposition des petites phrases que les violons jettent sur l'harmonie, comme autant d'agaceries charmantes. Le finale, gai et sémillant, rentre dans les formes rhythmiques ordinaires ; il consiste en un cliquetis de notes scintillantes, en un babillage continuel, entrecoupé cependant de quelques accords rauques et sauvages, où les boutades colériques, que nous avons eu déjà l'occasion de signaler chez l'auteur, se manifestent encore.

V

SYMPHONIE EN UT MINEUR

La plus célèbre de toutes, sans contredit, est aussi la première, selon nous, dans laquelle Beethoven ait donné carrière à sa vaste imagination, sans prendre pour guide ou pour appui une pensée étrangère. Dans les première, seconde et quatrième symphonies, il a plus ou moins agrandi des formes déjà connues, en les poétisant de tout ce que sa vigoureuse jeunesse pouvait y ajouter d'inspirations brillantes ou passionnées; dans la troisième (l'héroïque), la forme tend à s'élargir, il est vrai, et la pensée s'élève à une grande hauteur; mais on ne saurait y méconnaître cependant l'influence d'un de ces poëtes divins auxquels, dès longtemps, le grand artiste avait élevé un temple dans son cœur. Beethoven, fidèle au précepte d'Horace :

« Nocturnâ versate manu, versate diurnâ, »

lisait habituellement Homère, et dans sa magnifique épopée musicale, qu'on a dit à tort ou à raison inspirée par un héros moderne, les souvenirs de l'antique *Iliade* jouent un rôle admirablement beau, mais non moins évident.

La symphonie en *ut mineur*, au contraire, nous paraît émaner directement et uniquement du génie de Beethoven; c'est sa pensée intime qu'il y va développer; ses douleurs secrètes, ses colères concentrées, ses rêveries pleines d'un accablement si triste, ses visions nocturnes, ses élans d'enthousiasme en fourniront le sujet; et les formes de la mélodie, de l'harmonie, du rhythme et de l'instrumentation s'y montreront aussi essentiellement individuelles et neuves que douées de puissance et de noblesse.

Le premier morceau est consacré à la peinture des sentiments désordonnés qui bouleversent une grande âme en proie au désespoir; non ce désespoir concentré, calme, qui emprunte les apparences de la résignation; non pas cette douleur sombre et muette de Roméo apprenant la mort de Juliette, mais bien la fureur terrible d'Othello recevant de la bouche d'Iago les calomnies empoisonnées qui le persuadent du crime de Desdémona. C'est tantôt un délire frénétique qui éclate en cris effrayants; tantôt un abattement excessif qui n'a que des accents de regret et se prend en pitié lui-même. Écoutez ces hoquets de l'orchestre, ces accords dialogués entre les instruments à vent et les instruments à cordes, qui vont et viennent en s'affaiblissant toujours, comme la respiration pénible d'un mourant, puis font place à une phrase pleine de violence, où l'orchestre semble se relever, ranimé par un éclair de fureur; voyez cette masse frémissante hésiter un instant et se précipiter ensuite tout entière, divisée en deux unissons ardents comme deux ruisseaux de lave; et dites si ce style passionné n'est pas en dehors et au-dessus de tout ce qu'on avait produit auparavant en musique instrumentale.

On trouve dans ce morceau un exemple frappant de l'effet produit par le redoublement excessif des parties dans certaines circonstances, et de l'aspect sauvage de l'accord de quarte sur la seconde note du ton, autrement dit, du second renversement de l'accord de la dominante. On le rencontre fréquemment sans préparation ni résolution, et une fois même sans la note sensible et sur un point d'orgue, le *ré* se trouvant au grave dans tous les instruments à cordes, pendant que le sol dissonne tout seul à l'aigu dans quelques parties d'instruments à vent.

L'*adagio* présente quelques rapports de caractère avec l'*allegretto* en *la mineur* de la septième symphonie, et celui en *mi bémol* de la quatrième. Il tient également de la gravité mélancolique du premier, et de la grâce touchante du second. Le thème proposé d'abord par les violoncelles et les altos unis, avec un simple accompagnement de contre-basses *pizzicato*, est suivi d'une phrase des instruments à vent, qui revient constamment la même, et dans le même ton, d'un bout à l'autre du morceau, quelles que soient les modifications subies successivement par le premier thème. Cette persistance de la même phrase à se représenter toujours dans sa simplicité si profondément triste, produit peu à peu sur l'âme de l'auditeur une impression qu'on ne saurait décrire, et qui est certainement la plus vive de cette nature que nous ayons éprouvée. Parmi les effets harmoniques les plus osés de cette élégie sublime nous citerons : 1° la tenue des flûtes et des clarinettes à l'aigu, sur la dominante *mi bémol*, pendant que les instruments à cordes s'agitent dans le grave en passant par l'accord de sixte *ré bémol, fa, si bémol*, dont la tenue supérieure ne fait point partie ; 2° la phrase incidente exécutée par une flûte, un hautbois et deux clarinettes, qui se meuvent en mouvement contraire, de manière à produire de temps en temps des dissonances de seconde non préparées entre le *sol*, note sensible, et le *fa* sixte majeure de *la bémol*. Ce troisième renversement de l'accord de *septième de sensible* est prohibé, tout comme la pédale haute que nous venons de citer, par la plupart des théoriciens, et n'en produit pas moins un effet délicieux. Il y a encore à la dernière rentrée du premier thème un *canon à l'unisson à une mesure de distance*, entre les violons et les flûtes, les clarinettes et les bassons, qui donnerait à la mélodie ainsi traitée un nouvel intérêt, s'il était possible d'entendre l'imitation des instruments à vent; malheureusement l'orchestre entier joue fort dans le même moment et la rend presque insaisissable.

Le *scherzo* est une étrange composition dont les premières mesures, qui n'ont rien de terrible cependant, causent cette émotion inexplicable qu'on éprouve sous le regard magnétique de certains individus. Tout y est mystérieux et sombre; les jeux d'instrumentation, d'un aspect plus ou moins sinistre, semblent se rattacher à l'ordre d'idées qui créa la fameuse scène du Bloksberg, dans le *Faust* de Gœthe. Les nuances du *piano* et du *mezzo forte* y dominent. Le milieu (le trio) est occupé par un trait de basses, exécuté de toute la force des archets, dont la lourde rudesse fait trembler sur leurs pieds les pupitres de l'orchestre et ressemble assez aux ébats d'un éléphant en gaieté..... Mais le monstre s'éloigne, et le bruit de sa folle course se perd graduellement. Le motif du *scherzo* reparaît en *pizzicato*; le silence s'établit peu à peu, on n'entend plus que quelques notes légèrement pincées par les violons et les petits gloussements étranges que produisent les bassons donnant le *la bémol* aigu, froissé de très-près par le *sol* octave du son fondamental de l'accord de neuvième dominante mineure; puis, rompant la cadence, les instruments à cordes prennent doucement avec l'archet l'accord de *la bémol* et s'endorment sur cette tenue. Les timbales seules entretiennent le rhythme en frappant avec des baguettes couvertes d'éponge de légers coups qui se dessinent sourdement sur la stagnation générale du reste de l'orchestre. Ces notes de timbales sont des *ut*; le ton du morceau est celui d'*ut mineur*; mais l'accord de *la bémol*, longtemps soutenu par les autres instruments, semble introduire une tonalité différente; de son côté le martellement isolé des timbales sur l'*ut* tend à conserver le sentiment du ton primitif. L'oreille hésite... on ne sait où va aboutir ce mystère d'harmonie... quand les sourdes pulsations des timbales augmentant peu à peu d'intensité arrivent avec les violons qui ont repris part au mouvement et changé l'harmonie, à l'accord de septième dominante, *sol*, *si*, *ré*, *fa*, au milieu duquel les timbales roulent obstinément leur *ut tonique*; tout l'orchestre, aidé des trombones qui n'ont point encore paru, éclate alors dans le mode majeur sur un thème de marche triomphale; et le finale commence. On sait l'effet de ce coup de foudre, il est inutile d'en entretenir le lecteur.

La critique a essayé pourtant d'atténuer le mérite de l'auteur en affirmant qu'il n'avait employé qu'un procédé vulgaire, l'éclat du mode majeur succédant avec pompe à l'obscurité d'un *pianissimo mineur*; que le thème triomphal manquait d'originalité, et que l'intérêt allait en diminuant jusqu'à la fin, au lieu de suivre la progression contraire. Nous lui répondrons : a-t-il fallu moins de génie pour créer une œuvre pareille, parce que le passage du *piano* au *forte*, et celui du *mineur* au *majeur*, étaient des moyens déjà connus?... Combien d'autres compositeurs n'ont-ils pas voulu mettre en jeu le même ressort; et en quoi le résultat qu'ils ont obtenu se peut-il comparer au gigantesque chant de victoire dans lequel l'âme du poëte musicien, libre désormais des entraves et des souffrances terrestres, semble s'élancer rayonnante vers les cieux?... Les quatre premières mesures du thème ne sont pas, il est vrai, d'une grande originalité ; mais les formes de la fanfare sont naturellement bornées, et nous ne croyons pas qu'il soit possible d'en trouver de nouvelles sans sortir tout à fait du caractère simple, grandiose et pompeux qui lui est propre. Aussi Beethoven n'a-t-il voulu pour le début de son finale qu'une entrée de fanfare, et il retrouve bien vite dans tout le reste du morceau et même dans la suite de la phrase principale, cette élévation et cette nouveauté de style qui ne l'abandonnent jamais. Quant au reproche de n'avoir pas augmenté l'intérêt jusqu'au dénoûment, voici ce qu'on pourrait dire : la musique ne saurait, dans l'état où nous la connaissons du moins, produire un effet plus violent que celui de cette transition du *scherzo* à la marche triomphale ; il était donc impossible de l'augmenter en avançant.

Se soutenir à une pareille hauteur est déjà un prodigieux effort, malgré l'ampleur des développements auxquels il s'est livré, Beethoven cependant a pu le faire. Mais cette égalité même, entre le commencement et la fin, suffit pour faire supposer une décroissance, à cause de la secousse terrible que reçoivent au début les organes des auditeurs, et qui, élevant à son plus violent paroxysme l'émotion nerveuse, la rend d'autant plus difficile l'instant d'après. Dans une longue file de colonnes de la même hauteur, une illusion d'optique fait paraître plus petites les plus éloignées. Peut-être notre faible organisation s'accommoderait-elle mieux d'une péroraison plus laconique semblable au : *Notre général vous rappelle*, de Gluck ; l'auditoire ainsi n'aurait pas le temps de se refroidir, et la symphonie finirait avant que la fatigue l'ait mis dans l'impossibilité d'avancer encore sur les pas de l'auteur. Toutefois, cette observation ne porte, pour ainsi dire, que sur la mise en scène de l'ouvrage, et n'empêche pas que ce finale ne soit en lui-même d'une magnificence et d'une richesse auprès desquelles bien peu de morceaux pourraient paraître sans en être écrasés.

VI

SYMPHONIE PASTORALE

Cet étonnant paysage semble avoir été composé par Poussin et dessiné par Michel-Ange. L'auteur de *Fidelio* et de la symphonie héroïque veut peindre le calme de la campagne, les douces mœurs des bergers. Mais entendons-nous : il ne s'agit pas des bergers roses-verts et enrubanés de M. de Florian, encore moins de ceux de M. Lebrun, auteur du *Rossignol*, ou de ceux de J. J. Rousseau, auteur du *Devin du Village*. C'est de la nature vraie qu'il s'agit ici. Il intitule son premier morceau : *Sensations douces qu'inspire l'aspect d'un riant paysage*. Les pâtres commencent à circuler dans les champs, avec leur allure nonchalante, leurs pipeaux qu'on entend au loin et tout près ; de ravissantes phrases vous caressent délicieusement comme la brise parfumée du matin; des vols ou plutôt des essaims d'oiseaux babillards passent en bruissant sur votre tête, et de temps en temps l'atmosphère semble chargée de vapeurs; de grands nuages viennent cacher le soleil, puis tout à coup ils se dissipent et laissent tomber d'aplomb sur les champs et les bois des torrents d'une éblouissante lumière. Voilà ce que je me représente en entendant ce morceau, et je crois que, malgré le vague de l'expression instrumentale, bien des auditeurs ont pu en être impressionnés de la même manière.

Plus loin est une *scène au bord de la rivière*. Contemplation....... L'auteur a sans doute créé cet admirable *adagio*, couché dans l'herbe, les yeux au ciel, l'oreille au vent, fasciné par mille et mille doux reflets de sons et de lumière, regardant et écoutant à la fois les petites vagues blanches, scintillantes du ruisseau, se brisant avec un léger bruit sur les cailloux du rivage; c'est délicieux. Quelques personnes reprochent vivement à Beethoven d'avoir, à la fin de l'*adagio*, voulu faire entendre successivement et ensemble le chant de trois oiseaux. Comme, à mon avis, le succès ou le non succès décident pour l'ordinaire de la raison ou de l'absurdité de pareilles tentatives, je dirai aux adversaires de celle-ci que leur critique me paraît juste quant au rossignol dont le chant n'est guère mieux imité ici que dans le fameux solo de flûte de M. Lebrun; par la raison toute simple que le rossignol, ne faisant entendre que des sons inappréciables ou variables, ne peut être imité par des instruments à sons fixes dans un diapason arrêté; mais il me semble qu'il n'en est pas ainsi pour la caille et le coucou, dont le cri ne formant que deux notes pour l'un, et une seule note pour l'autre, notes justes et fixes, ont par cela seul permis une imitation exacte et complète.

A présent, si l'on reproche au musicien, comme une puérilité, d'avoir fait entendre exactement le chant des oiseaux, dans une scène où toutes les voix calmes du ciel, de la terre et des eaux doivent naturellement trouver place, je répondrai que la même objection peut lui être adressée, quand, dans un orage, il imite aussi exactement les vents, les éclats de la foudre, le mugissement des troupeaux. Et Dieu sait cependant s'il est jamais entré dans la tête d'un critique de blâmer l'orage de la symphonie pastorale! Continuons : le poëte nous amène à présent au milieu d'une *réunion joyeuse de paysans*. On danse, on rit, avec modération d'abord ; la musette fait entendre un gai refrain, accompagné d'un basson qui ne sait faire que deux notes. Beethoven a sans doute voulu caractériser par là quelque bon vieux paysan allemand, monté sur un tonneau, armé d'un mauvais instrument délabré, dont il tire à peine les deux sons principaux du ton de *fa*, la dominante et la tonique. Chaque fois que le hautbois entonne son chant de musette naïf et gai comme une jeune fille endimanchée, le vieux basson vient souffler ses deux notes; la phrase mélodique module-t-elle, le basson se tait, compte ses pauses tranquillement, jusqu'à ce que la rentrée dans le ton primitif lui permette de replacer son imperturbable *fa, ut, fa*. Cet effet, d'un grotesque excellent, échappe presque complétement à l'attention du public. La danse s'anime, devient folle, bruyante. Le rhythme change; un air grossier à deux temps annonce l'arrivée des montagnards aux lourds sabots; le premier morceau à trois temps recommence plus animé que jamais : tout se mêle, s'entraîne; les cheveux des femmes commencent à voler sur leurs épaules; les montagnards ont apporté leur joie bruyante et avinée ; on frappe dans les mains; on crie, on court, on se précipite; c'est une fureur, une rage... Quand un coup de tonnerre lointain vient jeter l'épouvante au milieu du bal champêtre et mettre en fuite les danseurs.

Orage, éclairs. Je désespère de pouvoir donner une idée de ce prodigieux morceau; il faut l'entendre pour concevoir jusqu'à quel degré de vérité et de sublime peut atteindre la musique pittoresque entre les mains d'un homme comme Beethoven.

Écoutez, écoutez ces rafales de vent chargées de pluie, ces sourds grondements des basses, le sifflement aigu des petites flûtes qui nous annoncent une horrible tempête sur le point d'éclater; l'ouragan s'approche, grossit; un immense trait chromatique, parti des hauteurs de l'instrumentation, vient fouiller jusqu'aux dernières profondeurs de l'orchestre, y accroche les basses, les entraîne avec lui et remonte en frémissant comme un tourbillon qui renverse tout sur son passage. Alors les trombones éclatent, le tonnerre des timbales redouble de violence; ce n'est plus de la pluie, du vent, c'est un cataclysme épouvantable, le déluge universel, la fin du monde. En vérité, cela donne des vertiges, et bien des gens, en entendant cet orage, ne savent trop si l'émotion qu'ils ressentent est plaisir ou douleur. La symphonie est terminée par l'*action de grâces des paysans après le retour du beau temps*. Tout alors redevient riant, les pâtres reparaissent, se répondent sur la montagne en rappelant leurs troupeaux dispersés; le ciel est serein; les torrents s'écoulent peu à peu; le calme renaît, et, avec lui, renaissent les chants agrestes dont la douce mélodie repose l'âme ébranlée et consternée par l'horreur magnifique du tableau précédent.

Après cela, faudra-t-il absolument parler des étrangetés de style qu'on rencontre dans cette œuvre gigantesque; de ces groupes de cinq notes de violoncelles, opposés à des traits de quatre notes dans les contre-basses, qui se froissent sans pouvoir se fondre dans un unisson réel? Faudra-t-il signaler cet appel des cors, arpégeant l'accord d'*ut* pendant que les instruments à cordes tiennent celui de *fa*?... En vérité, j'en suis incapable. Pour un travail de cette nature, il faut raisonner froidement, et le moyen de se garantir de l'ivresse quand l'esprit est préoccupé d'un pareil sujet!... Loin de là, on voudrait dormir, dormir des mois entiers pour habiter en rêve la sphère inconnue que le génie nous a fait un instant entrevoir. Que par malheur, après un tel concert, on soit obligé d'assister à quelque opéra-comique, à quelque soirée avec cavatines à la mode et *concerto* de flûte, on aura l'air stupide; quelqu'un vous demandera :

— Comment trouvez-vous ce duo italien?

On répondra d'un air grave :

— Fort beau.

— Et ces variations de clarinette?

— Superbes.

— Et ce finale du nouvel opéra?

— Admirable.

Et quelque artiste distingué qui aura entendu vos réponses sans connaître la cause de votre préoccupation dira en vous montrant : « Quel est donc cet imbécile? »

. . . .

Comme les poëmes antiques, si beaux, si admirés qu'ils soient, pâlissent à côté de cette merveille de la musique moderne! Théocrite et Virgile furent de grands chanteurs paysagistes; c'est une suave musique que de tels vers :

« Tu quoque, magna Pales, et te, memorande, canemus
Pastor ab amphryso; vos Sylvæ amnes que Lycæi.

surtout s'ils ne sont pas récités par des barbares tels que nous autres Français, qui prononçons le latin de façon à le faire prendre pour de l'auvergnat.....

Mais le poëme de Beethoven!... ces longues périodes si colorées!... ces images parlantes!... ces parfums!... cette lumière!... ce silence éloquent!... ces vastes horizons!... ces retraites enchantées dans les bois!... ces moissons d'or!... ces nuées roses, taches errantes du ciel!... cette plaine immense sommeillant sous les rayons de midi!... L'homme est absent!... la nature seule se dévoile et s'admire... Et ce repos profond de tout ce qui vit! Et cette vie délicieuse de tout ce qui repose!... Le ruisseau enfant qui court en gazouillant vers le fleuve!... le fleuve père des eaux, qui, dans un majestueux silence, descend vers la grande mer!... Puis l'homme intervient, l'homme des champs, robuste, religieux... ses joyeux ébats interrompus par l'orage... ses terreurs... son hymne de reconnaissance...

Voilez-vous la face, pauvres grands poëtes anciens, pauvres immortels; votre langage conventionnel, si pur, si harmonieux, ne saurait lutter contre l'art des sons. Vous êtes de glorieux vaincus, mais des vaincus! Vous n'avez pas connu ce que nous nommons aujourd'hui la mélodie, l'harmonie, les associations de timbres divers, le coloris instrumental, les modulations, les savants conflits de sons ennemis qui se combattent d'abord pour s'embrasser ensuite, nos surprises de l'oreille, nos accents étranges qui font retentir les profondeurs de l'âme les plus inexplorées. Les bégayements de l'art puéril que vous nommiez la musique ne pouvaient vous en donner une idée; vous seuls étiez pour les esprits cultivés les grands mélodistes, les harmonistes, les maîtres du rhythme et de l'expression. Mais ces mots, dans vos langues, avaient un sens fort différent de celui que nous leur donnons aujourd'hui. L'art des sons proprement dit, indépendant de tout, est né d'hier; il est à peine adulte, il a vingt ans. Il est beau, il est tout-puissant; c'est l'Apollon Pythien des modernes. Nous lui devons un monde de sentiments et de sensations qui vous resta fermé. Oui, grands poëtes adorés, vous êtes vaincus : *Inclyti sed victi.*

. . . .

VII

SYMPHONIE EN LA

La septième symphonie est célèbre par son *allegretto*[1]. Ce n'est pas que les trois autres parties soient moins dignes d'ad-

---

[1] Qu'on appelle toujours l'*adagio* ou l'*andante.*

miration ; loin de là. Mais le public ne jugeant d'ordinaire que
par l'effet produit, et ne mesurant cet effet que sur le bruit
des applaudissements, il s'ensuit que le morceau le plus applaudi passe toujours pour le plus beau (bien qu'il y ait des
beautés d'un prix infini qui ne sont pas de nature à exciter
de bruyants suffrages); ensuite, pour rehausser davantage l'objet de cette prédilection, on lui sacrifie tout le reste. Tel est,
en France du moins, l'usage invariable. C'est pourquoi, en
parlant de Beethoven, on dit l'*Orage* de la symphonie pastorale, le *finale* de la symphonie en *ut mineur*, l'*andante* de la
symphonie en *la*, etc., etc.

Il ne paraît pas prouvé que cette dernière ait été composée
postérieurement à la Pastorale et à l'Héroïque, plusieurs personnes pensent au contraire qu'elle les a précédées de quelque
temps. Le numéro d'ordre qui la désigne comme la septième
ne serait en conséquence, si cette opinion est fondée, que celui
de sa publication.

Le premier morceau s'ouvre par une large et pompeuse introduction où la mélodie, les modulations, les dessins d'orchestre, se disputent successivement l'intérêt, et qui commence par
un de ces effets d'instrumentation dont Beethoven est incontestablement le créateur. La masse entière frappe un accord
fort et sec, laissant à découvert, pendant le silence qui lui succède, un hautbois, dont l'entrée, cachée par l'attaque de l'orchestre, n'a pu être aperçue, et qui développe seul en sons
tenus la mélodie. On ne saurait débuter d'une façon plus originale. A la fin de l'introduction, la note *mi* dominante de *la*,
ramenée après plusieurs excursions dans les tons voisins, devient le sujet d'un jeu de timbres entre les violons et les flûtes,
analogue à celui qu'on trouve dans les premières mesures du
finale de la symphonie héroïque. Le *mi* va et vient, sans accompagnement, pendant six mesures, changeant d'aspect chaque fois qu'il passe des instruments à cordes aux instruments
à vent; gardé définitivement par la flûte et le hautbois, il sert

à lier l'introduction à l'*allegro*, et devient la première note du thème principal, dont il dessine peu à peu la forme rhythmique. J'ai entendu ridiculiser ce thème à cause de son agreste naïveté. Probablement le reproche de manquer de noblesse ne lui eût point été adressé, si l'auteur avait, comme dans sa pastorale, inscrit en grosses lettres, en tête de son *allegro* : *Ronde de Paysans*. On voit par là que, s'il est des auditeurs qui n'aiment point à être prévenus du sujet traité par le musicien, il en est d'autres, au contraire, fort disposés à mal accueillir toute idée qui se présente avec quelque étrangeté dans son costume, quand on ne leur donne pas d'avance la raison de cette anomalie. Faute de pouvoir se décider entre deux opinions aussi divergentes, il est probable que l'artiste, en pareille occasion, n'a rien de mieux à faire que de s'en tenir à son sentiment propre, sans courir follement après la chimère du suffrage universel.

La phrase dont il s'agit est d'un rhythme extrêmement marqué, qui, passant ensuite dans l'harmonie, se reproduit sous une multitude d'aspects, sans arrêter un instant sa marche cadencée jusqu'à la fin. L'emploi d'une formule rhythmique obstinée n'a jamais été tenté avec autant de bonheur ; et cet *allegro*, dont les développements considérables roulent constamment sur la même idée, est traité avec une si incroyable sagacité ; les variations de la tonalité y sont si fréquentes, si ingénieuses ; les accords y forment des groupes et des enchaînements si nouveaux, que le morceau finit avant que l'attention et l'émotion chaleureuse qu'il excite chez l'auditeur aient rien perdu de leur extrême vivacité.

L'effet harmonique le plus hautement blâmé par les partisans de la discipline scolastique, et le plus heureux en même temps, est celui de la résolution de la dissonance dans l'accord de sixte et quinte sur la sous-dominante du ton de *mi naturel*. Cette dissonance de seconde placée dans l'aigu sur un tremolo très-fort, entre les premiers et les seconds violons, se résout d'une manière tout à fait nouvelle : on pouvait faire rester le *mi* et monter le *fa dièse* sur le *sol*, ou bien garder le *fa* en faisant descendre le *mi* sur le *ré*; Beethoven ne fait ni l'un ni l'autre; sans changer de basse, il réunit les deux parties dissonantes dans une octave sur le *fa naturel*, en faisant descendre le *fa dièze* d'un demi-ton, et le *mi* d'une septième majeure; l'accord, de quinte et sixte majeure qu'il était, devenant ainsi sixte mineure, sans la quinte qui s'est perdue sur le *fa naturel*. Le brusque passage du forte au piano, au moment précis de cette singulière transformation de l'harmonie, lui donne encore une physionomie plus tranchée et en double la grâce. N'oublions pas, avant de passer au morceau suivant, de parler du crescendo curieux au moyen duquel Beethoven ramène son rhythme favori un instant abandonné : il est produit par une phrase de deux mesures (*ré, ut dièse, si dièse, si dièse, ut dièse*) dans le ton de *la majeur*, répétée onze fois de suite au grave par les basses et altos, pendant que les instruments à vent tiennent le *mi*, en haut, en bas et dans le milieu, en quadruple octave, et que les violons sonnent comme un carillon les trois notes *mi, la, mi, ut*, répercutées de plus en plus vite, et combinées de manière à présenter toujours la dominante, quand les basses attaquent le *ré* ou le *si dièse* et la tonique ou sa tierce pendant qu'elles font entendre l'*ut*. C'est absolument nouveau, et aucun imitateur, je crois, n'a encore essayé fort heureusement de gaspiller cette belle invention.

Le rhythme, un rhythme simple comme celui du premier morceau, mais d'une forme différente, est encore la cause principale de l'incroyable effet produit par l'*allegretto*. Il consiste uniquement dans un *dactyle* suivi d'un *spondée*, frappés sans relâche, tantôt dans trois parties, tantôt dans une seule, puis dans toutes ensemble; quelquefois servant d'accompagnement, souvent concentrant l'attention sur eux seuls, ou fournissant le premier thème d'une petite fugue épisodique à deux sujets dans les instruments à cordes. Ils se montrent d'abord dans les cordes graves des altos, des violoncelles et des contre-basses, nuancés d'un *piano* simple, pour être répétés bientôt après dans un *pianissimo* plein de mélancolie et de mystère; de là ils passent aux seconds violons, pendant que les violoncelles chantent une sorte de lamentation dans le mode mineur; la phrase rhythmique s'élevant toujours d'octave en octave, arrive aux premiers violons, qui, par un crescendo, la transmettent aux instruments à vent dans le haut de l'orchestre, où elle éclate alors dans toute sa force. Là-dessus la mélodieuse plainte, émise avec plus d'énergie, prend le caractère d'un gémissement convulsif; des rhythmes inconciliables s'agitent péniblement les uns contre les autres; ce sont des pleurs, des sanglots, des supplications; c'est l'expression d'une douleur sans bornes, d'une souffrance dévorante... Mais une lueur d'espoir vient de naître : à ces accents déchirants succède une vaporeuse mélodie, pure, simple, douce, triste et résignée *comme la patience souriant à la douleur*. Les basses seules continuent leur inexorable rhythme sous cet arc-en-ciel mélodieux; c'est, pour emprunter encore une citation à la poésie anglaise,

» One fatal remembrance, one sorrow, that throws
» Its black shade alike o'er our joys and our woes. »

Après quelques alternatives semblables d'angoisse et de résignation, l'orchestre, comme fatigué d'une si pénible lutte, ne fait plus entendre que des débris de la phrase principale; il s'éteint affaissé. Les flûtes et les hautbois reprennent le thème d'une voix mourante, mais la force leur manque pour l'achever; ce sont les violons qui la terminent par quelques notes de *pizzicato* à peine perceptibles; après quoi, se ranimant tout à coup comme la flamme d'une lampe qui va s'éteindre, les instruments à vent exhalent un profond soupir sur une harmonie indécise et... *le reste est silence*. Cette exclamation plaintive, par laquelle l'*andante* commence et finit, est produite par un accord (celui de *sixte et quarte*) qui tend toujours à se résoudre sur un autre, et dont le sens harmonique incomplet est le seul qui pût permettre de finir, en laissant l'auditeur dans le vague et en augmentant l'impression de tristesse rêveuse où tout ce qui précède a dû nécessairement le plonger. — Le motif du scherzo est modulé d'une façon très-neuve. Il est en *fa majeur* et, au lieu de se terminer, à la fin de la première reprise : en *ut*, en *si bémol*, en *ré mineur*, en *la mineur*, en *la bémol*, ou en *ré bémol*, comme la plupart des morceaux de ce genre, c'est au ton de la tierce supérieure, c'est à *la naturelle majeure* que la modulation aboutit. Le *scherzo* de la symphonie pastorale, en *fa* comme celui-ci, module à la tierce inférieure, en *ré majeur*. Il y a quelque ressemblance dans la couleur de ces enchaînements de tons; mais l'on peut remarquer encore d'autres affinités entre les deux ouvrages. Le trio de celui-ci (*presto meno assaï*), où les violons tiennent presque continuellement la dominante, pendant que les hautbois et les clarinettes exécutent une riante mélodie champêtre au-dessous, est tout à fait dans le sentiment du paysage et de l'idylle. On y trouve encore une nouvelle forme de *crescendo*, dessinée au grave par un second cor, qui murmure les deux notes *la*, *sol dièse*, dans un rhythme binaire, bien que la mesure soit à trois temps, et en accentuant le *sol dièse*, quoique le *la* soit la note réelle. Le public paraît toujours frappé d'étonnement à l'audition de ce passage.

Le finale est au moins aussi riche que les morceaux précédents en nouvelles combinaisons, en modulations piquantes, en caprices charmants. Le thème offre quelques rapports avec celui de l'ouverture d'*Armide*, mais c'est dans l'arrangement des premières notes seulement, et pour l'œil plutôt que pour l'oreille; car à l'exécution rien de plus dissemblable que ces deux idées. On apprécierait mieux la fraîcheur et la coquetterie de la phrase de Beethoven, bien différentes de l'élan chevaleresque du thème de Gluck, si les accords frappés à l'aigu par les instruments à vent dominaient moins les premiers violons chantant dans le médium, pendant que les seconds violons et les altos accompagnent la mélodie en dessous par un trémolo en double corde. Beethoven a tiré des effets aussi gracieux qu'imprévus, dans tout le cours de ce final, de la transition subite du ton d'*ut dièse mineur* à celui de *ré majeur*. L'une de ses plus heureuses hardiesses harmoniques est, sans contredit, la grande pédale sur la dominante *mi*, brodée par un *ré dièze* d'une valeur égale à celle de la bonne note. L'accord de septième se trouve amené quelquefois au-dessus, de manière à ce que le *ré naturel* des parties supérieures tombe précisément sur le *ré dièse* des basses ; on peut croire qu'il en résultera une horrible discordance, ou tout au moins un défaut de clarté dans l'harmonie ; il n'en est pas ainsi cependant, la force tonale de cette dominante est telle, que le *ré dièze* ne l'altère en aucune façon, et qu'on entend bourdonner le *mi* exclusivement. Beethoven ne faisait pas de musique *pour les yeux*. La coda, amenée par cette pédale menaçante, est d'un éclat extraordinaire, et bien digne de terminer un pareil chef-d'œuvre d'habileté technique, de goût, de fantaisie, de savoir et d'inspiration.

VIII

SYMPHONIE EN FA

Celle-ci est en *fa* comme la pastorale, mais conçue dans des proportions moins vastes que les symphonies précédentes. Pourtant si elle ne dépasse guère, quant à l'ampleur des formes, la première symphonie (en *ut majeur*), elle lui est au moins de beaucoup supérieure sous le triple rapport de l'instrumentation, du rhythme et du style mélodique.

Le premier morceau contient deux thèmes, l'un et l'autre d'un caractère doux et calme. Le second, le plus remarquable selon nous, semble éviter toujours la cadence parfaite, en modulant d'abord d'une façon tout à fait inattendue (la phrase commence en *ré majeur* et se termine en *ut majeur*), et en se perdant ensuite, sans conclure sur l'accord de septième diminuée de la sous-dominante.

On dirait, à entendre ce caprice mélodique, que l'auteur, disposé aux douces émotions, en est détourné tout à coup par une idée triste qui vient interrompre son chant joyeux.

L'*andante scherzando* est une de ces productions auxquelles on ne peut trouver ni modèle ni pendant: cela tombe du ciel tout entier dans la pensée de l'artiste; il l'écrit tout d'un trait, et nous nous ébahissons à l'entendre. Les instruments à vent jouent ici le rôle opposé de celui qu'ils remplissent ordinairement: ils accompagnent d'accords plaqués, frappés huit fois *pianissimo* dans chaque mesure, le léger dialogue *a punta d'arco* des violons et des basses. C'est doux, ingénu et d'une indolence toute gracieuse, comme la chanson de deux enfants cueillant des fleurs dans une prairie par une belle matinée de printemps. La phrase principale se compose de deux membres, de trois mesures chacun, dont la disposition symétrique se trouve dérangée par le silence qui succède à la réponse des basses; le premier membre finit ainsi sur le temps faible, et le second sur le temps fort. Les répercussions harmoniques des hautbois, des clarinettes, des cors et des bassons, intéressent si fort, que l'auditeur ne prend pas garde, en les écoutant, au défaut de symétrie produit dans le chant des instruments à cordes par la mesure de silence surajoutée.

Cette mesure elle-même n'existe évidemment que pour laisser plus longtemps à découvert le délicieux accord sur lequel va voltiger la fraîche mélodie. On voit encore, par cet exemple, que la loi de la carrure peut être quelquefois enfreinte avec bonheur. Croirait-on que cette ravissante idylle finit par celui de tous les lieux communs pour lequel Beethoven avait le plus d'aversion : par la cadence italienne? Au moment où la conversation instrumentale des deux petits orchestres, à vent et à cordes, attache le plus, l'auteur, comme s'il eût été subitement obligé de finir, fait se succéder en *tremolo*, dans les violons, les quatre notes, *sol, fa, la, si bémol* (sixte, dominante, sensible et tonique), les répète plusieurs fois précipitamment, ni plus ni moins que les Italiens quand ils chantent *Felicità*, et s'arrête court. Je n'ai jamais pu m'expliquer cette boutade.

Un menuet avec la coupe et le mouvement des menuets d'Haydn remplace ici le *scherzo* à trois temps brefs que Beethoven inventa, et dont il a fait dans toutes ses autres compositions symphoniques un emploi si ingénieux et si piquant. A vrai dire, ce morceau est assez ordinaire, la vétusté de la forme semble avoir étouffé la pensée. Le finale, au contraire, étincelle de verve, les idées en sont brillantes, neuves et développées avec luxe. On y trouve des progressions diatoniques à deux parties en mouvement contraire, au moyen desquelles l'auteur obtient un crescendo d'une immense étendue et d'un grand effet pour sa péroraison. L'harmonie renferme seulement quelques duretés produites par des notes de passage, dont la résolution sur la bonne note n'est pas assez prompte, et qui s'arrêtent même quelquefois sur un silence.

En violentant un peu la lettre de la théorie, il est facile d'expliquer ces discordances passagères; mais, à l'exécution, l'oreille en souffre toujours plus ou moins. Au contraire, la pédale haute des flûtes et des hautbois sur le *fa*, pendant que les timbales accordées en octave martellent cette même note en dessous, à la rentrée du thème, les violons faisant entendre les notes *ut, sol, si bémol* de l'accord de septième dominante, précédées de la tierce *fa, la*, fragment de l'accord de tonique, cette note tenue à l'aigu, dis-je, non autorisée par la théorie, puisqu'elle n'entre pas toujours dans l'harmonie, ne choque point du tout; loin de là, grâce à l'adroite disposition des instruments et au caractère propre de la phrase, le résultat de cette agrégation de sons est excellent et d'une douceur remarquable. Nous ne pouvons nous dispenser de citer, avant de finir, un effet d'orchestre, celui de tous, peut-être, qui surprend le plus l'auditeur à l'exécution de ce final : c'est la note *ut dièse* attaquée très-fort par toute la masse instrumentale, à l'unisson et à l'octave, après un *diminuendo* qui est venu s'éteindre sur le ton d'*ut naturel*. Ce rugissement est immédiatement suivi, les deux premières fois, du retour du thème en *fa*; et l'on comprend alors que l'*ut dièse* n'était qu'un *ré bémol* enharmonique, sixième note altérée du ton principal. La troisième apparition de cette étrange rentrée est d'un tout autre aspect; l'orchestre, après avoir modulé en *ut*, comme précédemment, frappe un véritable *ré bémol* suivi d'un fragment du thème en *ré bémol*, puis un véritable *ut dièse*, auquel succède une autre parcelle du thème en *ut dièse mineur*; reprenant enfin ce même *ut dièse*, et le répétant trois fois avec un redoublement de force, le thème rentre tout entier en *fa dièse mineur*. Le son qui avait figuré au commencement comme une *sixte mineure* devient donc successivement, la dernière fois, *tonique majeure bémolisée, tonique mineure diésée*, et enfin *dominante*.

C'est fort curieux.

IX

SYMPHONIE AVEC CHŒURS

Analyser une pareille composition est une tâche difficile et dangereuse que nous avons longtemps hésité à entreprendre, une tentative téméraire dont l'excuse ne peut être que dans nos efforts persévérants pour nous mettre au point de vue de l'auteur, pour pénétrer le sens intime de son œuvre, pour en éprouver l'effet, et pour étudier les impressions qu'elle a produites jusqu'ici sur certaines organisations exceptionnelles et sur le public. Parmi les jugements divers qu'on a portés sur cette partition, il n'y en a peut-être pas deux dont l'énoncé soit identique. Certains critiques la regardent comme une *monstrueuse folie;* d'autres n'y voient que les *dernières lueurs d'un génie expirant;* quelques-uns, plus prudents, déclarent n'y rien comprendre quant à présent, mais ne désespèrent pas de l'apprécier, au moins approximativement, plus tard; la plupart des artistes la considèrent comme une conception extraordinaire dont quelques parties néanmoins demeurent encore inexpliquées ou sans but apparent. Un petit nombre de musiciens naturellement portés à examiner avec soin tout ce qui tend à agrandir le domaine de l'art, et qui ont mûrement réfléchi sur le plan général de la symphonie avec chœurs après l'avoir lue et écoutée attentivement à plusieurs reprises, affirment que cet ouvrage leur paraît être la plus magnifique expression du génie de Beethoven : cette opinion, nous croyons l'avoir dit dans une des pages précédentes, est celle que nous partageons.

Sans chercher ce que le compositeur a pu vouloir exprimer d'idées à lui personnelles dans ce vaste poëme musical, étude pour laquelle le champ des conjectures est ouvert à chacun, voyons si la nouveauté de la forme ne serait pas ici justifiée par une intention indépendante de toute pensée philosophique ou religieuse, également raisonnable et belle pour le chrétien fervent, comme pour le panthéiste et pour l'athée, par une intention, enfin, purement musicale et poétique.

Beethoven avait écrit déjà huit symphonies avant celle-ci. Pour aller au delà du point où il était alors parvenu à l'aide des seules ressources de l'instrumentation, quels moyens lui restaient? l'adjonction des voix aux instruments. Mais pour observer la loi du crescendo, et mettre en relief dans l'œuvre même la puissance de l'auxiliaire qu'il voulait donner à l'orchestre, n'était-il pas nécessaire de laisser encore les instruments figurer seuls sur le premier plan du tableau qu'il se proposait de dérouler?... Une fois cette donnée admise, on conçoit fort bien qu'il ait été amené à chercher une musique mixte qui pût servir de liaison aux deux grandes divisions de la symphonie; le récitatif instrumental fut le pont qu'il osa jeter entre le chœur et l'orchestre, et sur lequel les instruments passèrent pour aller se joindre aux voix. Le passage établi, l'auteur dut vouloir motiver, en l'annonçant, la fusion qui allait s'opérer, et c'est alors que, parlant lui-même par la voix d'un coryphée, il s'écria, en employant les notes du récitatif instrumental qu'il venait de faire entendre : *Amis! plus de pareils accords, mais commençons des chants plus agréables et plus remplis de joie!* Voilà donc, pour ainsi dire, le traité d'alliance conclu entre le chœur et l'orchestre; la même phrase de récitatif, prononcée par l'un et par l'autre, semble être la formule du serment. Libre au musicien ensuite de choisir le texte de sa composition chorale : c'est à Schiller que Beethoven va le demander; il s'empare de l'*Ode à la Joie*, la colore de mille nuances que la poésie toute seule n'eût jamais pu rendre sensibles, et s'avance en augmentant jusqu'à la fin de pompe, de grandeur et d'éclat.

Telle est peut-être la raison, plus ou moins plausible, de l'ordonnance générale de cette immense composition, dont nous allons maintenant étudier en détail toutes les parties.

Le premier morceau, empreint d'une sombre majesté, ne ressemble à aucun de ceux que Beethoven écrivit antérieurement. L'harmonie en est d'une hardiesse quelquefois excessive : les dessins les plus originaux, les traits les plus expressifs, se pressent, se croisent, s'entrelacent en tout sens, mais sans produire ni obscurité, ni encombrement; il n'en résulte, au contraire, qu'un effet parfaitement clair, et les voix multiples de l'orchestre qui se plaignent ou menacent, chacune à sa manière et dans son style spécial, semblent n'en former qu'une seule; si grande est la force du sentiment qui les anime.

Cet *allegro maestoso*, écrit en *ré* mineur, commence cependant sur l'accord de *la*, sans la tierce, c'est-à-dire sur une tenue des notes *la*, *mi*, disposées en quinte, arpégées en dessus et en dessous par les premiers violons, les altos et les contre-basses, de manière à ce que l'auditeur ignore s'il entend l'accord de *la* mineur, celui de *la* majeur, ou celui de la dominante de *ré*. Cette longue indécision de la tonalité donne beaucoup de force et un grand caractère à l'entrée du *tutti* sur l'accord de *ré mineur*. La péroraison contient des accents dont l'âme s'émeut tout entière; il est difficile de rien entendre de plus profondément tragique que ce chant des instruments à vent sous lequel une phrase chromatique en *tremolo* des instruments à cordes s'enfle et s'élève peu à peu, en grondant comme la mer aux approches de l'orage. C'est là une magnifique inspiration.

Nous aurons plus d'une occasion de faire remarquer dans cet ouvrage des agrégations de notes auxquelles il est vraiment impossible de donner le nom d'accords; et nous devrons reconnaître que la raison de ces anomalies nous échappe complétement. Ainsi, à la page 17 de l'admirable morceau dont nous venons de parler, on trouve un dessin mélodique de clarinettes et de bassons, accompagné de la façon suivante dans le ton d'*ut mineur* : la basse frappe d'abord le *fa dièse* portant *septième diminuée*, puis *la bémol* portant *tierce, quarte* et *sixte augmentée*, et enfin *sol*, au-dessus duquel les flûtes et les hautbois frappent les notes *mi bémol, sol, ut*, qui donneraient un accord de *sixte et quarte*, résolution excellente de l'accord précédent, si les seconds violons et les altos ne venaient ajouter à l'harmonie les deux sons *fa naturel* et *la bémol*, qui la dénaturent et produisent une confusion fort désagréable et heureusement fort courte. Ce passage est peu chargé d'instrumentation et d'un caractère tout à fait exempt de rudesse; je ne puis donc comprendre cette quadruple dissonance si étrangement amenée et que rien ne motive. On pourrait croire à une faute de gravure, mais en examinant bien ces deux mesures et celles qui précèdent, le doute se dissipe et l'on demeure convaincu que telle a été réellement l'intention de l'auteur.

Le *scherzo vivace* qui suit ne contient rien de semblable ; on y trouve, il est vrai, plusieurs pédales hautes et moyennes sur la tonique, passant au travers de l'accord de dominante ; mais j'ai déjà fait ma profession de foi au sujet de ces tenues étrangères à l'harmonie, et il n'est pas besoin de ce nouvel exemple pour prouver l'excellent parti qu'on en peut tirer quand le sens musical les amène naturellement. C'est au moyen du rhythme surtout que Beethoven a su répandre tant d'intérêt sur ce charmant badinage ; le thème si plein de vivacité, quand il se présente avec sa réponse fuguée entrant au bout de quatre mesures, pétille de verve ensuite lorsque la réponse, paraissant une mesure plus tôt, vient dessiner un rhythme ternaire au lieu du rhythme binaire adopté en commençant.

Le milieu du *scherzo* est occupé par un *presto* à *deux temps* d'une jovialité toute villageoise, dont le thème se déploie sur une pédale intermédiaire tantôt tonique et tantôt dominante, avec accompagnement d'un contre-thème qui s'harmonise aussi également bien avec l'une et l'autre note tenue, *dominante et tonique*. Ce chant est ramené en dernier lieu par une phrase de hautbois, d'une ravissante fraîcheur, qui, après s'être quelque temps balancée sur l'accord de neuvième dominante majeure de *ré*, vient s'épanouir dans le ton de *fa naturel* d'une manière aussi gracieuse qu'inattendue. On retrouve là un reflet de ces douces impressions si chères à Beethoven, que produisent l'aspect de la nature riante et calme, la pureté de l'air, les premiers rayons d'une aurore printanière.

Dans l'*adagio cantabile*, le principe de l'unité est si peu observé qu'on pourrait y voir plutôt deux morceaux distincts qu'un seul. Au premier chant en *si bémol* à quatre temps, succède une autre mélodie absolument différente en *ré majeur* et à trois temps; le premier thème, légèrement altéré et varié par les premiers violons, fait une seconde apparition dans le ton primitif pour ramener de nouveau la mélodie à trois temps, sans altérations ni variations, mais dans le ton de *sol majeur;* après quoi le premier thème s'établit définitivement et ne permet plus à la phrase rivale de partager avec lui l'attention de l'auditeur. Il faut entendre plusieurs fois ce merveilleux *adagio* pour s'accoutumer tout à fait à une aussi singulière disposition. Quant à la beauté de toutes ces mélodies, à la grâce infinie des ornements dont elles sont couvertes, aux sentiments de tendresse mélancolique, d'abattement passionné, de religiosité rêveuse qu'elles expriment, si ma prose pouvait en donner une idée seulement approximative, la musique aurait trouvé dans la parole écrite une émule que le plus grand des poëtes lui-même ne parviendra jamais à lui opposer. C'est une œuvre immense, et quand on est entré sous son charme puissant, on ne peut que répondre à la critique, reprochant à l'auteur d'avoir ici violé la loi de l'unité : tant pis pour la loi !

Nous touchons au moment où les voix vont s'unir à l'orchestre. Les violoncelles et les contre-basses entonnent le récitatif dont nous avons parlé plus haut, après une ritournelle des instruments à vent, rauque et violente comme un cri de colère. L'accord de sixte majeure, *fa, la, ré,* par lequel ce *presto* débute, se trouve altéré par une appogiature sur le *si bémol,* frappée en même temps par les flûtes, les hautbois et les clarinettes; cette sixième note du ton de *ré mineur* grince horriblement contre la dominante et produit un effet excessivement dur. Cela exprime bien la fureur et la rage, mais je ne vois pas ici encore ce qui peut exciter un sentiment pareil, à moins que l'auteur, avant de faire dire à son coryphée : *Commençons des chants plus agréables,* n'ait voulu, par un bizarre caprice, calomnier l'harmonie instrumentale. Il semble la regretter, cependant, car entre chaque phrase du récitatif des basses, il reprend, comme autant de souvenirs qui lui tiennent au cœur, des fragments des trois morceaux précédents ; et de plus, après ce même récitatif, il place dans l'orchestre, au milieu d'un choix d'accords exquis, le beau thème que vont bientôt chanter toutes les voix, sur l'ode de Schiller. Ce chant, d'un caractère doux et calme, s'anime et se brillante peu à peu, en passant des basses, qui le font entendre les premières, aux violons et aux instruments à vent. Après une interruption soudaine, l'orchestre entier reprend la furibonde ritournelle déjà citée et qui annonce ici le récitatif vocal.

Le premier accord est encore posé sur un *fa* qui est censé porter la tierce et la sixte, et qui les porte réellement ; mais cette fois l'auteur ne se contente pas de l'appogiature *si bémol*, il y ajoute celles du *sol*, du *mi* et de l'*ut dièze*, de sorte que TOUTES LES NOTES DE LA GAMME DIATONIQUE MINEURE se trouvent frappées en même temps et produisent l'épouvantable assemblage de sons : *fa, la, ut dièze, mi, sol, si bémol, ré.*

Le compositeur français Martin, dit Martini, dans son opéra de *Sapho*, avait, il y a quarante ans, voulu produire un hurlement d'orchestre analogue, en employant à la fois tous les intervalles diatoniques, chromatiques et enharmoniques, au moment où l'amante de Phaon se précipite dans les flots : sans examiner l'opportunité de sa tentative et sans demander si elle portait ou non atteinte à la dignité de l'art, il est certain que son but ne pouvait être méconnu. Ici, mes efforts pour découvrir celui de Beethoven sont complétement inutiles. Je vois une intention formelle, un projet calculé et réfléchi de produire deux discordances, aux deux instants qui précèdent l'apparition successive du récitatif dans les instruments et dans la voix ; mais j'ai beaucoup cherché la raison de cette idée, et je suis forcé d'avouer qu'elle m'est inconnue.

Le coryphée, après avoir chanté son récitatif, dont les paroles, nous l'avons dit, sont de Beethoven, expose seul, avec un léger accompagnement de deux instruments à vent et de l'orchestre à cordes en *pizzicato*, le thème de l'*Ode à la Joie*. Ce thème paraît jusqu'à la fin de la symphonie, on le reconnaît toujours, et pourtant il change continuellement d'aspect. L'étude de ces diverses transformations offre un intérêt d'autant plus puissant que chacune d'elles produit une nuance nouvelle et tranchée dans l'expression d'un sentiment unique, celui de la joie. Cette joie est au début pleine de douceur et de paix; elle devient un peu plus vive au moment où la voix des femmes se fait entendre. La mesure change; la phrase, chantée d'abord à quatre temps, reparaît dans la mesure à 6/8 et formulée en syncopes continuelles; elle prend alors un caractère plus fort, plus agile et qui se rapproche de l'accent guerrier. C'est le chant de départ du héros sûr de vaincre; on croit voir étinceler son armure et entendre le bruit cadencé de ses pas. Un thème fugué, dans lequel on retrouve encore le dessin mélodique primitif, sert pendant quelque temps de sujet aux ébats de l'orchestre : ce sont les mouvements divers d'une foule active et remplie d'ardeur... Mais le chœur rentre bientôt et chante énergiquement l'hymne joyeuse dans sa simplicité première, aidé des instruments à vent qui plaquent les accords en suivant la mélodie, et traversé en tous sens par un dessin diatonique exécuté par la masse entière des instruments à cordes en unissons et en octaves. L'*andante maestoso* qui suit est une sorte de choral qu'entonnent d'abord les ténors et les basses du chœur, réunis à un trombone, aux violoncelles et aux contre-basses. La joie est ici religieuse, grave, immense; le chœur se tait un instant, pour reprendre avec moins de force ses larges accords, après un solo d'orchestre d'où résulte un effet d'orgue d'une grande beauté. L'imitation du majestueux instrument des temples chrétiens est produite par des flûtes dans le bas, des clarinettes dans le chalumeau, des sons graves de bassons, des altos divisés en deux parties, haute et moyenne, et des violoncelles jouant sur leurs cordes à vide *sol*, *ré*, ou sur l'*ut bas* (à vide) et l'*ut* du médium, toujours en double corde. Ce morceau commence en *sol*, il passe en *ut*, puis en *fa*, et se termine par un point d'orgue sur la septième dominante de *ré*. Suit un grand *allegro* à 6/4, où se réunissent dès le commencement le premier thème, déjà tant et si diversement reproduit, et le choral de l'*andante* précédent. Le contraste de ces deux idées est rendu plus saillant encore par une variation rapide du chant joyeux, exécutée au-dessus des grosses notes du choral, non-seulement par les premiers violons, mais aussi par les contre-basses. Or, il est impossible aux contre-basses d'exécuter une succession de notes aussi rapides; et l'on ne peut encore là s'expliquer comment un homme aussi habile que l'était Beethoven dans l'art de l'instrumentation a pu s'oublier jusqu'à écrire, pour ce lourd instrument, un trait tel que celui-ci. Il y a moins de fougue, moins de grandeur et plus de légèreté dans le style du morceau suivant : une gaieté naïve, exprimée d'abord par quatre voix seules et plus chaudement colorée ensuite par l'adjonction du chœur, en fait le fond. Quelques accents tendres et religieux y alternent à deux reprises différentes avec la gaie mélodie, mais le mouvement devient plus précipité, tout l'orchestre éclate, les instruments à percussion, timbales, cymbales, triangle et grosse caisse, frappent rudement les temps forts de la mesure; la joie reprend son empire, la joie populaire, tumultueuse, qui ressemblerait à une orgie, si, en terminant, toutes les voix ne s'arrêtaient de nouveau sur un rhythme solennel pour envoyer, dans une exclamation extatique, leur dernier salut d'amour et de respect à la joie religieuse. L'orchestre termine seul, non sans lancer dans son ardente course des fragments du premier thème dont on ne se lasse pas.

Une traduction aussi exacte que possible de la poésie allemande traitée par Beethoven donnera maintenant au lecteur le motif de cette multitude de combinaisons musicales, savants auxiliaires d'une inspiration continue, instruments dociles d'un génie puissant et infatigable. La voici :

« O Joie! belle étincelle des dieux, fille de l'Élysée, nous entrons tout brûlants du feu divin dans ton sanctuaire ! un pouvoir magique réunit ceux que le monde et le rang séparent ; à l'ombre de ton aile si douce tous les hommes deviennent frères.

« Celui qui a le bonheur d'être devenu l'ami d'un ami ; celui qui possède une femme aimable ; oui, celui qui peut dire à soi une âme sur cette terre, que sa joie se mêle à la nôtre ! mais que l'homme à qui cette félicité ne fut pas accordée se glisse en pleurant hors du lieu qui nous rassemble !

« Tous les êtres boivent la joie au sein de la nature ; les bons et les méchants suivent des chemins de fleurs. La nature nous a donné l'amour, le vin et la mort, cette épreuve de l'amitié. Elle a donné la volupté au ver ; le chérubin est debout devant Dieu.

« Gai ! gai ! comme les soleils roulent sur le plan magnifique du ciel, de même, frères, courez fournir votre carrière, pleins de joie comme le héros qui marche à la victoire.

« Que des millions d'êtres, que le monde entier se confonde dans un même embrassement ! Frères, au delà des sphères doit habiter un père bien-aimé.

« Millions, vous vous prosternez ? reconnaissez-vous l'œuvre du Créateur ? Cherchez l'auteur de ces merveilles au-dessus des astres, car c'est là qu'il réside.

« O Joie ! belle étincelle des dieux, fille de l'Élysée, nous entrons tout brûlants du feu divin dans ton sanctuaire !

« Fille de l'Élysée, joie, belle étincelle des dieux !! »

Cette symphonie est la plus difficile d'exécution de toutes celles de l'auteur ; elle nécessite des études patientes et multipliées, et surtout bien dirigées. Elle exige en outre un nombre de chanteurs d'autant plus considérable que le chœur doit évidemment couvrir l'orchestre en maint endroit, et que, d'ailleurs, la manière dont la musique est disposée sur les paroles et l'élévation excessive de certaines parties de chant rendent fort difficile l'émission de la voix, et diminuent beaucoup le volume et l'énergie des sons.

. . . .
. . . . , ...

Quoiqu'il en soit, quand Beethoven, en terminant son œuvre, considéra les majestueuses dimensions du monument qu'il venait d'élever, il dut se dire : « Vienne la mort maintenant, ma tâche est accomplie. »

QUELQUES MOTS

SUR LES

TRIOS ET LES SONATES DE BEETHOVEN

Il y a beaucoup de gens en France pour qui le nom de Beethoven n'éveille que les idées d'orchestre et de symphonies; ils ignorent que dans tous les genres de musique, cet infatigable Titan a laissé des chefs-d'œuvre presque également admirables.

Il a fait un opéra : *Fidelio*; un ballet : *Prométhée*; un mélodrame : *Egmont*; des ouvertures de tragédies : celles de *Coriolan* et des *Ruines d'Athènes*; six ou sept autres ouvertures sur des sujets indéterminés; deux grandes messes; un oratorio : *le Christ au mont des Oliviers*; dix-huit quatuors pour deux violons, alto et basse; plusieurs autres quatuors et quintetti pour trois ou quatre instruments à vent et piano; des trios pour piano, violon et basse; un grand nombre de sonates pour le piano seul ou pour piano avec un instrument à cordes, basse ou violon; un septuor pour quatre instruments à cordes et trois instruments à vent; un grand concerto de violon; quatre ou cinq concertos de piano avec orchestre; une fantaisie pour piano principal avec orchestre et chœurs; une multitude d'airs variés pour divers instruments; des romances et des chansons avec accompagnement de piano; un cahier de cantiques à une voix et à plusieurs voix; une cantate ou scène lyrique avec orchestre; des chœurs avec orchestre sur différentes poésies allemandes, deux volumes d'études sur l'harmonie et le contre-point; et enfin, les neuf fameuses symphonies.

Il ne faut pas croire que cette fécondité de Beethoven ait rien de commun avec celle des compositeurs italiens, qui ne comptent leurs opéras que par cinquantaines, témoin les cent soixante partitions de Paisiello. Non, certes! une telle opinion serait souverainement injuste. Si nous en exceptons l'ouverture des *Ruines d'Athènes*, et peut-être deux ou trois autres fragments vraiment indignes du grand nom de leur auteur, et qui sont tombés de sa plume dans ces rares instants de somnolence qu'Horace reproche, avec tant soit peu d'ironie, au *bon* Homère lui-même, tout le reste est de ce style noble, élevé, ferme, hardi, expressif, poétique et toujours neuf, qui font incontestablement de Beethoven la sentinelle avancée de la civilisation musicale. C'est tout au plus si, dans ce grand nombre de compositions, on peut découvrir quelques vagues ressemblances entre quelques-unes des mille phrases qui en font la splendeur et la vie. Cette étonnante faculté d'être toujours nouveau sans sortir du vrai et du beau se conçoit jusqu'à un certain point dans les morceaux d'un mouvement vif; la pensée alors, aidée par les puissances du rhythme, peut, dans ses bonds capricieux, sortir plus aisément des routes battues; mais où l'on cesse de la comprendre, c'est dans les *adagio*, c'est dans ces méditations extra-humaines où le génie panthéiste de Beethoven aime tant à se plonger. Là, plus de passions, plus de tableaux terrestres, plus d'hymnes à la joie, à l'amour, à la gloire, plus de chants enfantins, de doux propos, de saillies mordantes ou comiques, plus de ces terribles éclats de fureur, de ces accents de haine que les élancements d'une souffrance secrète lui arrachent si souvent; il n'a même plus de mépris dans le cœur, il n'est plus de notre espèce, il l'a oubliée, il est sorti de notre atmosphère ; calme et solitaire, il nage dans l'éther ; comme ces aigles des Andes planant à des hauteurs au-dessous desquelles les autres créatures ne trouvent déjà plus que l'asphyxie et la mort, ses regards plongent dans l'espace, il vole à tous les soleils, chantant la nature infinie. Croirait-on que le génie de cet homme ait pu prendre un pareil essor, pour ainsi dire, quand il l'a voulu !... C'est ce dont on peut se convaincre cependant, par les preuves nombreuses qu'il nous en a laissées, moins encore dans ses symphonies que dans ses compositions de piano. Là, et seulement là, n'ayant plus en vue un auditoire nombreux, le public, la foule, il semble avoir écrit pour lui-même, avec ce majestueux abandon que la foule ne comprend pas, et que la nécessité d'arriver promptement à ce que nous appelons l'*effet* doit altérer inévitablement. Là aussi la tâche de l'exécutant devient écrasante, sinon par les difficultés de mécanisme, au moins par le profond sentiment, par la grande intelligence que de telles œuvres exigent de lui ; il faut de toute nécessité que le virtuose s'efface devant le compositeur comme fait l'orchestre dans les symphonies ; il doit y avoir absorption complète de l'un par l'autre ; mais c'est précisément en s'identifiant de la sorte avec la pensée qu'il nous transmet que l'interprète grandit de toute la hauteur de son modèle.

Il y a une œuvre de Beethoven connue sous le nom de sonate en *ut dièze* mineur, dont l'adagio est une de ces poésies que le langage humain ne sait comment désigner. Ses moyens d'action sont fort simples : la main gauche étale doucement de larges accords d'un caractère solennellement triste, et dont la durée permet aux vibrations du piano de s'éteindre graduellement sur chacun d'eux ; au-dessus, les doigts inférieurs de la main droite arpègent un dessin d'accompagnement obstiné dont la forme ne varie presque pas depuis la première mesure jusqu'à la dernière, pendant que les autres doigts font entendre une sorte de lamentation, efflorescence mélodique de cette sombre harmonie. Un jour, il y a trente ans, Liszt exécutant cet adagio devant un petit cercle dont je faisais partie, s'avisa de le dénaturer, suivant l'usage qu'il avait alors adopté pour se faire applaudir du public fashionable : au lieu de ces longues tenues des basses, au lieu de cette sévère uniformité de rhythme et de mouvement dont je viens de parler, il plaça des trilles, des *tremolo*, il pressa et ralentit la mesure, troublant ainsi par des accents passionnés le calme de cette tristesse, et faisant gronder le tonnerre dans ce ciel sans nuages qu'assombrit seulement le départ du soleil... Je souffris cruellement, je l'avoue, plus encore qu'il ne m'est jamais arrivé de souffrir en entendant nos malheureuses cantatrices broder le grand air du *Freyschütz;* car à cette torture se joignait le chagrin de voir un tel artiste donner dans le travers où ne tombent d'ordinaire que des médiocrités. Mais qu'y faire? Liszt était alors comme ces enfants qui, sans se plaindre, se relèvent eux-mêmes d'une chute qu'on feint de ne pas apercevoir, et qui crient si on leur tend la main. Il s'est fièrement relevé : aussi, quelques années après, n'était-ce plus lui qui poursuivait le succès, mais bien le succès qui perdait haleine à le suivre; les rôles étaient changés. Revenons à notre sonate. Dernièrement un de ces hommes de cœur et d'esprit, que les artistes sont si heureux de rencontrer, avait réuni quelques amis; j'étais du nombre. Liszt arriva dans la soirée, et, trouvant la discussion engagée sur la valeur d'un morceau de Weber, auquel le public, soit à cause de la médiocrité de l'exécution, soit pour toute autre raison, avait, dans un concert récent, fait un assez triste accueil, se mit au piano pour répondre à sa manière aux antagonistes de Weber. L'argument parut sans réplique, et on fut obligé d'avouer qu'une œuvre de génie avait été méconnue. Comme il venait de finir, la lampe qui éclairait l'appartement parut près de s'éteindre; l'un de nous allait la ranimer :

— N'en faites rien, lui dis-je; s'il veut jouer l'adagio en *ut dièze mineur* de Beethoven, ce demi-jour ne gâtera rien.

— Volontiers, dit Listz, mais éteignez tout à fait la lumière, couvrez le feu, que l'obscurité soit complète.

Alors, au milieu de ces ténèbres, après un instant de recueillement, la noble élégie, la même qu'il avait autrefois si étrangement défigurée, s'éleva dans sa simplicité sublime ; pas une note, pas un accent ne furent ajoutés aux accents et aux notes de l'auteur. C'était l'ombre de Beethoven, évoquée par le virtuose, dont nous entendions la grande voix. Chacun de nous frissonnait en silence, et après le dernier accord on se tut encore... nous pleurions.

Une assez notable partie du public français ignore pourtant l'existence de ces œuvres merveilleuses. Certes, le trio en *si bémol* tout entier, l'adagio de celui en *ré* et la sonate en *la* avec violoncelle ont dû prouver à ceux qui les connaissent que l'illustre compositeur était loin d'avoir versé dans l'orchestre tous les trésors de son génie. Mais son dernier mot n'est pas là ; c'est dans les sonates pour piano seul qu'il faut le chercher. Le moment viendra bientôt peut-être où ces œuvres, qui laissent derrière elles ce qu'il y a de plus avancé dans l'art, pourront être comprises, sinon de la foule, au moins d'un public d'élite. C'est une expérience à tenter ; si elle ne réussit pas, on la recommencera plus tard.

Les grandes sonates de Beethoven serviront d'échelle métrique pour mesurer le développement de notre intelligence musicale.

FIDÉLIO

OPÉRA EN TROIS ACTES DE BEETHOVEN

SA REPRÉSENTATION AU THÉATRE LYRIQUE

Le 1er ventôse de l'an VI, le théâtre de la rue Feydeau représenta pour la première fois Léonore, ou l'Amour conjugal, *fait historique* en deux actes (tel était le titre de la pièce), paroles de M. Bouilly, musique de P. Gaveaux. L'œuvre parut médiocre malgré le talent que montrèrent, dans les deux rôles principaux, Gaveaux, l'auteur de la musique, et madame Scio, une grande actrice de ce temps.

Plusieurs années après, Paër écrivit une partition gracieuse sur un libretto italien dont la *Léonore* de Bouilly était encore l'héroïne, et ce fut en sortant d'une représentation de cet ouvrage que Beethoven, avec la rudesse humoriste qui lui était habituelle, dit à Paër :

— Votre opéra me plaît, j'ai envie de le mettre en musique.

Telle fut l'origine du chef-d'œuvre dont nous avons à nous occuper aujourd'hui. La première apparition du *Fidelio* de Beethoven sur la scène allemande ne fit pas prévoir la célébrité réservée à cet ouvrage, et les représentations, dit-on, en furent bientôt suspendues. Quelque temps après il reparut, modifié de diverses façons dans la musique et dans le drame, et précédé d'une nouvelle ouverture. Cette seconde tentative eut un succès complet; Beethoven, rappelé à grands cris par l'auditoire, fut traîné sur la scène après le premier et après le second acte, dont le finale produisit un enthousiasme inconnu à Vienne jusque-là. La partition de *Fidelio* n'en dut pas moins subir mille critiques plus ou moins acerbes; et cependant, à partir de ce moment, on l'exécuta sur tous les théâtres d'Allemagne, où elle s'est maintenue jusqu'à présent, où elle fait partie du répertoire classique. Le même honneur lui arriva un peu plus tard sur les théâtres de Londres. En 1827, une troupe allemande étant venue donner des représentations à Paris, *Fidelio*, dont les deux rôles principaux étaient chantés avec un rare talent par Haitzinger et madame Schrœder-Devrient, fut accueilli avec enthousiasme. Il vient d'être mis en scène au Théâtre-Lyrique; quinze jours auparavant, il reparaissait à celui de Covent-Garden de Londres; on le joue en ce moment à New-York. Cherchez les théâtres où sont représentés à cette heure la *Léonore* de Gaveaux et la *Leonora* de Paër... Les érudits seuls connaissent l'existence de ces deux opéras. Ils ont passé... ils ne sont plus. C'est que, des trois partitions, la première est d'une faiblesse extrême, la seconde à peine une œuvre de talent, et la troisième une œuvre de génie.

En effet, plus j'entends, plus je lis l'ouvrage de Beethoven, et plus je le trouve digne d'admiration. L'ensemble et les détails m'en paraissent également beaux; partout s'y décèlent l'énergie, la grandeur, l'originalité et un sentiment profond autant que vrai.

Il appartient à cette forte race d'œuvres calomniées sur lesquelles s'accumulent les plus inconcevables préjugés, les mensonges les plus manifestes, mais dont la vitalité est si intense, que rien contre elles ne peut prévaloir. Comme ces hêtres vigoureux nés dans les rochers et parmi les ruines, qui finissent par fendre les rocs, trouer les murailles, et s'élever enfin fiers et verdoyants, d'autant plus solidement fixés au sol qu'ils ont eu plus d'obstacles à vaincre pour en sortir; tandis que des saules, qui poussèrent sans peine au bord d'une rivière, tombent dans la vase, où ils pourrissent oubliés.

Beethoven a écrit quatre ouvertures pour son unique opéra. Après avoir terminé la première, il la recommença sans que l'on sache pourquoi; il en garda la disposition générale et tous les thèmes, mais en les enchaînant par d'autres modulations, en les instrumentant autrement, en y ajoutant un effet de crescendo et un solo de flûte. Ce solo n'est pas digne, à mon avis, du grand style de tout le reste de l'œuvre. L'auteur semble avoir préféré pourtant cette seconde version, car elle fut publiée la première. L'autre, dont le manuscrit était resté entre les mains d'un ami de Beethoven, M. Schindler, parut, il y a dix ans seulement, chez l'éditeur français Richaut. J'ai eu l'honneur d'en diriger l'exécution une vingtaine de fois au théâtre de Drury-Lane à Londres et dans quelques concerts à Paris; l'effet en est grandiose et entraînant. La seconde version pourtant a conservé la popularité qui lui était acquise sous le nom d'ouverture d'*Éléonore*; elle la gardera probablement.

Cette superbe ouverture, la plus belle peut-être de Beethoven, partagea le sort de plusieurs morceaux de l'opéra, et fut supprimée après les premières représentations. Une autre (en *ut majeur*, comme les deux précédentes), d'un caractère doux et charmant, mais dont la conclusion ne parut pas propre à exciter les applaudissements, ne fut pas plus heureuse. Enfin l'auteur écrivit, pour la reprise de son opéra modifié, l'ouverture en *mi majeur*, connue sous le nom d'ouverture de *Fidelio*, qu'on adopta définitivement de préférence aux trois précédentes. C'est une page magistrale, d'une verve et d'un éclat incomparables, un vrai chef-d'œuvre symphonique, mais qui ne se rattache, ni par son caractère ni par les thèmes qu'il contient, à l'opéra auquel on le fait servir de préface. Les autres ouvertures, au contraire, sont en quelque sorte l'opéra de *Fi-*

delio en raccourci. On y trouve, avec les accents tendres d'Éléonore, les lamentables plaintes du prisonnier mourant de faim, les délicieuses mélodies du trio du dernier acte, la fanfare lointaine de la trompette annonçant l'arrivée du ministre qui doit délivrer Florestan ; tout y est palpitant d'intérêt dramatique, et ce sont bien des ouvertures de *Fidelio*.

Les principaux théâtres d'Allemagne et d'Angleterre s'étant aperçus, après trente ou quarante ans, que la deuxième grande ouverture d'*Éléonore* (la première publiée) était une œuvre magnifique, l'exécutent maintenant comme un entr'acte avant le second acte de l'opéra, tout en conservant l'ouverture en *mi* pour le premier. Il est fâcheux que le Théâtre-Lyrique n'ait pas cru devoir suivre cet exemple. Nous voudrions même que le Conservatoire tentât ce que fit un jour Mendelssohn à l'un des concerts du Gewanthaus à Leipzig, et qu'il nous donnât, dans une de ses séances, les quatre ouvertures de l'opéra de Beethoven.

Mais ceci paraîtrait peut-être à Paris une tentative par trop audacieuse (pourquoi ?), et l'audace, on le sait, n'est pas le défaut de nos institutions musicales.

Le sujet de *Fidelio* (car il faut dire quelques mots de la pièce) est triste et mélodramatique. Il n'a pas peu contribué à faire naître les préventions que nourrissait le public français contre cet opéra. Il s'agit d'un prisonnier d'état que le gouverneur d'une forteresse veut faire mourir de faim dans son cachot. Sa femme Éléonore, déguisée en jeune garçon, s'est fait agréer de Rocko le geôlier, comme domestique, sous le nom de Fidelio. Marceline, fille de Rocko et fiancée du guichetier Jacquino, bientôt séduite par la bonne mine de Fidelio, ne tarde pas à délaisser pour lui son vulgaire amoureux. Pizarre, le gouverneur, impatient de voir mourir sa victime et trouvant que la faim n'agit pas assez vite, se résout à venir lui-même l'égorger sur son grabat. Ordre est donné à Rocko de creuser dans un coin du cachot une fosse où le prisonnier sera jeté dans quelques heures.

Fidelio est choisi par Rocko pour l'aider dans ce lugubre office. Angoisses de la pauvre femme en se trouvant ainsi auprès de son mari qu'elle voit prêt à succomber et dont elle n'ose s'approcher. Bientôt le cruel Pizarre se présente; le prisonnier enchaîné se lève, reconnaît son bourreau, l'interpelle; Pizarre s'avance vers lui le poignard à la main, quand Fidelio, s'élançant entre eux, tire un pistolet de son sein et le présente à la face de Pizarre qui recule épouvanté.

En ce moment même une trompette se fait entendre à quelque distance. C'est le signal pour baisser la herse et ouvrir la porte de la forteresse. On annonce l'arrivée du ministre; le gouverneur n'achèvera pas son œuvre de sang; il sort précipitamment du cachot : le prisonnier est sauvé. En effet, le ministre paraît, reconnaît, dans la victime de Pizarre, son ami Florestan; allégresse générale et confusion de la pauvre Marceline, qui, apprenant ainsi que Fidelio est une femme, revient à son Jacquino.

On a cru devoir, au Théâtre-Lyrique, calquer sur les situations de cette pièce de M. Bouilly un drame nouveau, dont la scène se passe en 1495 à Milan, et dont les personnages principaux sont Ludovic Sforza, Jean Galeas, sa femme Isabelle d'Aragon et le roi de France Charles VIII. On a pu introduire ainsi au dénoûment un brillant tableau final et des costumes moins sombres que ceux de la pièce originale. Telle est la raison, fort insuffisante sans doute, qui a porté M. Carvalho, l'habile directeur de ce théâtre, au moment où *Fidelio* a été mis à l'étude, à désirer une telle substitution. On n'admet pas en France qu'on puisse purement et simplement traduire un opéra étranger. Ce travail a été fait, du reste, sans trop de préjudice pour la partition, dont tous les morceaux restent unis à des situations d'un caractère semblable à celui des scènes pour lesquelles ils furent écrits.

Ce qui nuit à la musique de *Fidelio* auprès du public parisien, c'est la chasteté de sa mélodie, le mépris souverain de l'auteur pour l'effet sonore quand il n'est pas motivé, pour les terminaisons banales, pour les périodes prévues; c'est la sobriété opulente de son instrumentation, la hardiesse de son harmonie; c'est surtout, j'ose le dire, la profondeur même de son sentiment de l'expression. Il faut tout écouter dans cette musique complexe, il faut tout entendre pour pouvoir comprendre. Les parties de l'orchestre, les principales dans certains cas, les plus obscures dans d'autres, contiennent quelquefois l'accent expressif, le cri de passion, l'idée enfin que l'auteur n'a pas pu donner à la partie vocale. Ce qui ne veut point dire que cette partie ne soit pas restée prédominante, ainsi que le prétendent les éternels rabâcheurs du reproche adressé par Grétry à Mozart : « Il a mis le piédestal sur la scène et la statue dans l'orchestre, » reproche fait auparavant à Gluck, et plus tard à Weber, à Spontini, à Beethoven, et qui sera toujours fait à quiconque s'abstiendra d'écrire des platitudes pour la voix et donnera à l'orchestre un rôle intéressant, quelle que soit sa savante réserve. Il est vrai que les gens si prompts à blâmer chez les vrais maîtres la prétendue prédominance des instruments sur la voix ne font pas grand cas de cette réserve; et nous voyons tous les jours, depuis dix ans surtout, l'orchestre transformé en bande militaire, en atelier de forgeron, en boutique de chaudronnier, sans que la critique s'indigne, sans qu'elle fasse même à ces énormités la moindre attention. De sorte qu'à tout prendre, si l'orchestre est bruyant, violent, brutal, plat, révoltant, exterminateur des voix et de la mélodie, la critique ne dit rien; s'il est fin, délicat, intelligent, s'il attire parfois sur lui l'attention par sa vivacité, sa grâce ou son éloquence, et s'il reste néanmoins dans le rôle que les exigences dramatiques et musicales lui assignent, il est censuré. On pardonne aisément à l'orchestre de ne rien dire, ou, s'il parle, de ne dire que des sottises ou des grossièretés.

Il y a seize morceaux dans la partition de *Fidelio*, sans compter les quatre ouvertures. Il y en avait davantage dans l'origine; quelques-uns ont été supprimés lors de la seconde mise en scène de cet ouvrage à Vienne, et de nombreuses coupures et modifications furent faites à la même époque dans les morceaux conservés. Un éditeur de Leipzig s'avisa (en 1855, je crois), de publier l'œuvre originale complète avec l'indication des coupures et des changements qui lui furent infligés. L'étude de cette partition curieuse donne l'idée des tortures que l'impatient Beethoven a dû subir en se soumettant à de tels remaniements, qu'il fit sans doute avec rage et en se comparant à l'esclave d'Alfieri :

Servo, si, ma servo ognor fremente.

En Allemagne, comme en Italie, comme en France, comme partout, dans les théâtres, tout le monde, sans exception, a plus d'esprit que l'auteur. L'auteur y est un ennemi public ; et si un garçon machiniste assure que tel morceau de musique, de n'importe quel maître, est trop long, chacun s'empressera de donner raison au garçon machiniste contre Gluck, ou Weber, ou Mozart, ou Beethoven, ou Rossini. Voyez, à propos de Rossini, les insolentes suppressions faites dans son *Guillaume Tell*, avant et après la première représentation de ce chef-d'œuvre. Le théâtre, pour les poëtes et les musiciens, est une école d'humilité ; les uns y reçoivent des leçons de gens qui ignorent la grammaire, les autres, de gens qui ne savent pas la gamme ; et tous ces aristarques, en outre, prévenus contre ce qui porte une apparence de nouveauté ou de hardiesse, sont pleins d'un indomptable amour pour les prudentes banalités. Dans les théâtres lyriques surtout, chacun s'arroge le droit de pratiquer le précepte de Boileau :

Ajoutez quelquefois et souvent effacez.

Et on le pratique si bien et de si diverses manières, les correcteurs d'un théâtre voyant en noir ce que ceux d'un autre voient en blanc, que d'une partition qui aurait été, sans protecteur, traînée sur une cinquantaine de scènes, si l'on tenait compte du travail de tous les correcteurs, il resterait à peine dix pages intactes.

Les seize morceaux du *Fidelio* de Beethoven ont presque tous une belle et noble physionomie. Mais ils sont beaux de diverses façons, et c'est précisément ce qui me paraît constituer leur mérite principal. Le premier duo entre Marceline et son fiancé se distingue des autres par son style familier, gai, d'une piquante simplicité ; le caractère des deux personnages s'y décèle tout d'abord. L'air en *ut mineur* de la jeune fille semble se rapprocher par sa forme mélodique du style des meilleures pages de Mozart. L'orchestre cependant y est traité avec un soin plus minutieux que ne le fut jamais celui de l'illustre devancier de Beethoven.

Un quatuor d'une mélodie exquise succède à ce joli morceau. Il est traité en canon à l'octave, chacune des voix entrant à son tour pour dire le thème, de manière à produire d'abord un solo accompagné par un petit orchestre de violoncelles, d'altos et de clarinettes, puis un duo, un trio et enfin un quatuor complet. Rossini écrivit une foule de choses ravissantes dans cette forme ; tel est le canon de Moïse : *Mi manca la voce*. Mais le canon de *Fidelio* est un andante non suivi de l'allegro de rigueur, avec cabalette et coda bruyante. Et le public, tout charmé qu'il soit par ce gracieux andante, reste surpris, demeure stupide de ne pas voir arriver son allegro final, sa cadence, son coup de fouet... Au fait, pourquoi ne pas lui donner de coup de fouet ?...

On peut comparer les couplets de Rocko sur la puissance de l'or, écrits par Gaveaux dans sa partition française, à ceux de la partition allemande de Beethoven. C'est peut-être de tous les morceaux de la *Léonore* de Gaveaux celui qui supporte le mieux une telle comparaison. La chanson de Beethoven charme par sa rondeur joviale, dont une modulation et un changement de mesure survenant brusquement dans le milieu altèrent un peu la vigoureuse simplicité; mais celle de Gaveaux, d'un style moins relevé, n'en est pas moins intéressante par sa franchise mélodique, l'excellente diction des paroles et une orchestration piquante.

Au trio suivant, Beethoven commence à employer la grande forme, les vastes développements, l'instrumentation plus riche, plus agitée; on sent qu'on entre dans le drame; la passion se décèle par de lointains éclairs.

Puis vient une marche dont la mélodie et les modulations sont des plus heureuses, bien que la couleur générale en paraisse triste, comme peut l'être du reste une marche de soldats gardiens d'une prison. Les deux premières notes du thème, frappées sourdement par les timbales et un pizzicato des basses, contribuent tout d'abord à l'assombrir. Ni cette marche ni le trio qui la précède n'ont de pendant dans l'opéra de Gaveaux. Il en est de même de beaucoup d'autres morceaux contenus dans la riche partition de Beethoven.

L'air de Pizarre est de ce nombre. Il n'obtient pas à Paris un seul applaudissement; nous demandons néanmoins la permission de le traiter de chef-d'œuvre. Dans ce morceau terrible, la joie féroce d'un scélérat prêt à satisfaire sa vengeance est peinte avec la plus effrayante vérité. Beethoven dans son opéra a parfaitement observé le précepte de Gluck qui recommande de n'employer les instruments qu'*en raison du degré d'intérêt et de passion*. Ici, pour la première fois, tout l'orchestre se déchaîne; il débute avec fracas par l'accord de neuvième mineure de *ré mineur;* tout frémit, tout s'agite, crie et frappe; la partie vocale n'est, il est vrai, qu'une déclamation notée, mais quelle déclamation! et combien son accent, toujours vrai, acquiert de sauvage intensité quand, après avoir établi le mode majeur, l'auteur fait intervenir le chœur des gardes de Pizarre, dont les voix, murmurantes d'abord, accompagnent la sienne et éclatent enfin avec force à la conclusion ! C'est admirable.

J'ai entendu chanter cet air en Allemagne d'une foudroyante façon par Pischek.

Le duo entre Rocko et le gouverneur, duo pour deux basses par conséquent, n'est pas tout à fait à cette hauteur; pourtant je ne saurais approuver la liberté qu'on a prise au Théâtre-Lyrique de le supprimer.

Une liberté semblable, mais au moins avec le consentement plus ou moins réel de l'auteur, fut prise autrefois à Vienne pour le charmant duo de soprani chanté par Fidelio et Marceline, où un seul violon et un seul violoncelle, aidés de quelques entrées de l'orchestre, accompagnent si élégamment les deux voix. Ce duo, retrouvé dans la partition de Leipzig dont je parlais tout à l'heure, a été réintégré au Théâtre-Lyrique dans l'œuvre de Beethoven. Ainsi les savants du théâtre de Paris ne partagent pas l'avis de ceux du théâtre de Vienne!... Heureusement il y a divergence d'opinions entre eux ! Sans cela, nous eussions été privés d'entendre ce dialogue musical, si frais, si doux, si élégant !

C'est au souffleur du Théâtre-Lyrique, dit-on, que nous devons cette réinstallation. Brave souffleur !

Le grand air de Fidelio est avec récitatif, adagio cantabile, allegro final et accompagnement obligé de trois cors et d'un basson.

Je trouve le récitatif d'un beau mouvement dramatique, l'adagio sublime par son accent tendre et sa grâce attristée, l'allegro entraînant, plein d'un noble enthousiasme, magnifique, et bien digne d'avoir servi de modèle à l'air d'Agathe, du *Freyschütz*. D'excellents critiques, je le sais, ne sont pas de mon avis; je me sens heureux de n'être pas du leur...

Le thème de l'allegro de cet air admirable est proposé par les trois cors et le basson seuls, qui se bornent à faire entendre successivement les cinq notes de l'accord, *si, mi, sol, si, mi.* Cela forme quatre mesures d'une incroyable originalité. On pourrait donner à tout musicien qui ne les connaît pas ces cinq notes, en l'autorisant à les combiner de cent manières différentes, et je parie que dans les cent combinaisons ne se trouverait pas la phrase impétueuse et fière que Beethoven en a tirée, tant le rhythme en est imprévu. Cet allegro, pour beaucoup de gens, demeure entaché d'un défaut grave; il n'a pas de petite phrase qu'on puisse aisément retenir. Ces amateurs, insensibles aux nombreuses et éclatantes beautés du morceau, attendent leur phrase de quatre mesures, comme les enfants attendent la fève dans un gâteau des rois, comme les provinciaux attendent le *si* naturel, la *note* d'un ténor qui fait son premier début. Le gâteau fût-il exquis, le ténor fût-il le plus délicieux chanteur du monde, ni l'un ni l'autre n'auront de succès sans le précieux accessoire! Il n'a pas de fève! il n'a pas la note!

L'air d'Agathe, dans le *Freyschütz*, est presque populaire; il a la note.

Combien de morceaux, de Rossini lui-même, ce prince des mélodistes, sont restés dans l'ombre faute d'avoir la note!

Les quatre instruments à vent qui accompagnent la voix dans cet air troublent d'ailleurs tant soit peu la plupart des auditeurs en attirant trop fortement leur attention. Ces instruments ne font pourtant aucun étalage de difficultés inutiles; Beethoven ne les a point traités, comme fit plusieurs fois Mozart du cor de basset, en instruments *soli*, dans l'acception prétentieuse de ce mot. Mozart, dans *Tito*, donne à exécuter une espèce de concerto au cor de basset pendant que la prima donna dit *qu'elle voit la mort s'avancer*, etc. Ce contraste d'un personnage animé des sentiments les plus tristes et d'un virtuose qui, sous prétexte d'accompagner le chant, songe seulement à faire briller l'agilité de ses doigts, est l'un des plus disgracieux, des plus puérils, des plus contraires au bon sens dramatique, des plus défavorables même au bon effet musical. Le rôle dévolu par Beethoven à ses quatre instruments à vent n'est pas le même; il ne s'agit pas de les faire briller, mais d'obtenir d'eux une sorte d'accompagnement parfaitement d'accord avec le sentiment du personnage chantant et d'une sonorité spéciale qu'aucune autre combinaison orchestrale ne saurait produire. Le timbre voilé, un peu pénible même des cors, s'associe on ne peut mieux à la joie douloureuse, à l'espérance inquiète dont le cœur d'Éléonore est rempli; c'est doux et tendre comme le roucoulement des ramiers. Spontini, vers la même époque, et sans avoir entendu le *Fidelio* de Beethoven, employait les cors avec une intention à peu près semblable pour accompagner le bel air de la *Vestale :*

Toi que j'implore.

Plusieurs maîtres, depuis lors, Donizetti entre autres, dans sa *Lucia*, l'ont fait avec le même bonheur.

Telle est l'évidence de la force expressive propre à cet instrument, dans certains cas, pour les compositeurs familiers avec le langage musical des passions et des sentiments.

Certes ce fut une grande âme tendre qui se répandit en cette émouvante inspiration !

L'émotion causée par le chœur des prisonniers, pour être moins vive, n'en est pas moins profonde.

Une troupe de malheureux sortent un instant de leur cachot et viennent respirer sur le préau. Écoutez, à leur entrée en scène, ces premières mesures de l'orchestre, ces douces et larges harmonies s'épanouissant radieuses, et ces voix timides qui se groupent lentement et arrivent à une expansion harmonique, s'exhalant de toutes ces poitrines oppressées comme un soupir de bonheur. Et ce dessin si mélodieux des instruments à vent qui les accompagne !... On pourra dire encore ici : « Pourquoi l'auteur n'a-t-il pas donné le dessin mélodique aux voix et les parties vocales à l'orchestre? » Pourquoi ! parce que c'eût été une maladresse évidente ; les voix chantent précisément comme elles doivent chanter ; une note de plus, confiée aux parties vocales, en altérerait l'expression si juste, si vraie, si profondément sentie ; le dessin instrumental n'est qu'une idée secondaire, tout mélodieux qu'il soit, et convient surtout aux instruments à vent, et fait on ne peut mieux ressortir la douceur des harmonies vocales si ingénieusement disposées au-dessus de l'orchestre. Il ne se trouvera pas, je crois, un compositeur de bon sens, quelle que soit l'école à laquelle il appartienne, pour désapprouver ici l'idée de Beethoven.

Le bonheur des prisonniers est un instant troublé par l'apparition des gardes chargés de les surveiller. Aussitôt le coloris musical change : tout devient terne et sourd. Mais les gardes ont fini leur ronde ; leur regard soupçonneux a cessé de peser sur les prisonniers ; la tonalité du passage épisodique du chœur se rapproche de la tonalité principale ; on la pressent, on y touche ; un court silence... et le premier thème reparaît dans le ton primitif, avec un naturel et un charme dont je n'essayerai pas de donner une idée. C'est la lumière, c'est l'air, c'est la douce liberté, c'est la vie qui nous sont rendus.

Quelques auditeurs, en essuyant leurs yeux à la fin de ce chœur, s'indignent du silence de la salle qui devrait retentir d'une immense acclamation. Il est possible que la majeure partie du public soit réellement émue néanmoins ; certaines beautés musicales, évidentes pour tous, peuvent fort bien ne pas exciter les applaudissements.

Le chœur des prisonniers de Gaveaux :

Que ce beau ciel, cette verdure,

est écrit dans le même sentiment. Mais, hélas ! comparé à celui de Beethoven, il paraît bien terne et bien plat ! Remarquons, en outre, que le compositeur français, fort réservé sur l'emploi des trombones dans le cours de sa partition, les fait précisément intervenir ici, comme s'ils faisaient partie de la famille des instruments doux, au timbre calme et suave. Explique qui pourra cette étrange fantaisie.

Dans la seconde partie du duo, où Rocko apprend à Fidelio qu'ils vont aller ensemble creuser la fosse du prisonnier, se trouve un dessin syncopé d'instruments à vent du plus étrange effet, mais, par son accent gémissant et son mouvement inquiet, parfaitement adapté à la situation. Ce duo et le quintette suivant contiennent de fort beaux passages, dont quelques-uns se rapprochent, par le style des parties de chant, de la manière de Mozart dans le *Mariage de Figaro*.

Un quintette avec chœur termine cet acte. La couleur en est sombre; elle doit l'être. Une modulation un peu sèche intervient brusquement dans le milieu, et quelques voix exécutent des rhythmes qui se distinguent au travers des autres, sans qu'on puisse voir bien clairement l'intention de l'auteur. Mais le mystère qui plane sur l'ensemble donne à ce finale une physionomie des plus dramatiques. Il finit *piano*; il exprime la consternation, la crainte..... le public parisien ne l'applaudit donc pas : il ne saurait applaudir une telle conclusion, si contraire à ses habitudes.

Avant le lever du rideau pour le troisième acte, l'orchestre fait entendre une lente et lugubre symphonie, pleine de longs cris d'angoisse, de sanglots, de tremblements, de lourdes pulsations. Nous entrons dans le séjour des douleurs et des larmes; Florestan est étendu sur sa couche de paille; nous allons assister à son agonie, entendre sa voix délirante.

L'orchestration de Gluck pour la scène du cachot d'Oreste dans *Iphigénie en Tauride* est bien belle, sans doute; mais de quelle hauteur ici Beethoven domine son rival! Non pas seulement parce qu'il est un immense symphoniste, parce qu'il sait mieux que lui faire parler l'orchestre, mais, on doit le reconnaître, parce que sa pensée musicale, dans ce morceau, est plus forte, plus grandiose et d'une expression incomparablement plus pénétrante. On sent, dès les premières mesures, que le malheureux enfermé dans cette prison a dû, en y entrant, *laisser toute espérance.*

Le voici. A un douloureux récitatif entrecoupé par les phrases principales de la symphonie précédente succède un cantabile désolé, navrant, dont l'accompagnement des instruments à vent accroît à chaque instant la tristesse. La douleur du prisonnier devient de plus en plus intense. Sa tête s'égare... l'aile de la mort l'a touché... Pris d'une hallucination soudaine, il se croit libre, il sourit, des larmes de tendresse roulent dans ses yeux mourants, il croit revoir sa femme, il l'appelle, elle lui répond; il est ivre de liberté et d'amour...

A d'autres de décrire cette mélodie sanglotante, ces palpitations de l'orchestre, ce chant continu du hautbois qui suit le chant de Florestan comme la voix de l'épouse adorée qu'il croit entendre; et ce crescendo entraînant, et le dernier cri du moribond... Je ne le puis...

Reconnaissons ici l'art souverain, l'inspiration brûlante, le vol fulgurant du génie...

Florestan, après cet accès d'agitation fébrile, est retombé sur sa couche; voici venir Rocko et la tremblante Éléonore (Fidelio). La terreur de cette scène est amoindrie par le nouveau libretto, où il ne s'agit que de déblayer une citerne au lieu de creuser la fosse du prisonnier encore vivant. (Vous voyez où conduisent tous ces remaniements...)

Rien de plus sinistre que ce duo célèbre, où la froide insensibilité de Rocko contraste avec les aparté déchirants de Fidelio, où le sourd murmure de l'orchestre est comparable au bruit mat de la terre tombant sur une bière qu'on recouvre. Un de nos confrères de la critique musicale a très-justement établi un rapprochement entre ce morceau et la scène des fossoyeurs d'*Hamlet.* Pouvait-on plus dignement le louer?

Les fossoyeurs de Beethoven terminent leur duo sans coda,

sans cabalette, sans éclat de voix; aussi le parterre garde encore à leur égard un rigoureux silence. Voyez le malheur!

Le trio suivant est plus heureux; on l'applaudit, bien qu'il ait aussi une terminaison douce. Les trois personnages, animés de sentiments affectueux, y chantent de suaves mélodies, que les plus harmonieux accompagnements soutiennent sans recherche et sans effort. Rien de plus élégant et de plus touchant à la fois que ce beau thème de vingt mesures exposé par le ténor. C'est le chant dans sa plus exquise pureté, c'est l'expression dans ce qu'elle a de plus vrai, de plus simple et de plus pénétrant. Ce thème est ensuite repris, tantôt en entier, tantôt par fragments, et, après des modulations très-hardies, ramené dans le ton primitif avec un bonheur et une adresse incomparables.

Le quatuor du pistolet est un long roulement de tonnerre, dont la menace augmente sans cesse de violence et aboutit à une série d'explosions. A partir du cri de Fidelio : « Je suis sa femme! » l'intérêt musical se confond avec l'intérêt dramatique; on est ému, entraîné, bouleversé, sans qu'on puisse distinguer si cette violente émotion est due aux voix, aux instruments ou à la pantomime des acteurs et au mouvement de la scène; tant le compositeur s'est identifié avec la situation qu'il a peinte avec une vérité frappante et la plus prodigieuse énergie. Les voix, qui s'interpellent et se répondent en brûlantes apostrophes, se distinguent toujours au milieu du tumulte de l'orchestre et au travers de ce trait des instruments à cordes, semblable aux vociférations d'une foule agitée de mille passions. C'est un miracle de musique dramatique auquel je ne connais de pendant chez aucun maître ancien ou moderne. Le changement du livret a fait un tort énorme et bien regrettable à cette belle scène. L'action ayant été transportée à une époque où le pistolet n'était pas inventé, on a dû renoncer à le donner à Fidelio pour arme offensive; la jeune femme menace maintenant Pizarre avec un levier de fer, incomparablement moins

Documents manquants (pages, cahiers...)
NF Z 43-120-13

SUR

L'ÉTAT ACTUEL DE L'ART DU CHANT

DANS LES THÉATRES LYRIQUES DE FRANCE ET D'ITALIE, ET SUR LES CAUSES
QUI L'ONT AMENÉ

LES GRANDES SALLES

LES CLAQUEURS, LES INSTRUMENTS A PERCUSSION

Il semble au bon sens vulgaire que l'on devrait, dans les établissements dits lyriques, avoir des chanteurs pour les opéras; mais c'est justement le contraire qui a lieu : on y a des opéras pour les chanteurs. Il faut toujours rajuster, retailler, rapiécer, rallonger, raccourcir plus ou moins une partition pour la mettre en état (en quel état!) d'être exécutée par les artistes auxquels on la livre. L'un trouve son rôle trop haut, l'autre trouve le sien trop bas; celui-là a trop de morceaux, celui-ci n'en a pas assez; le ténor veut des *i* à tout bout de chant, le baryton veut des *a*; ici l'un trouve un accompagnement qui le gêne, là son émule se plaint d'un accord qui le contrarie; ceci est trop lent pour la prima donna, cela est trop vif pour le ténor. Enfin un malheureux compositeur qui s'aviserait d'écrire une gamme d'*ut* dans l'échelle moyenne et dans un mouvement lent, et sans accompagnement, ne serait pas assuré de trouver des chanteurs pour la bien rendre *sans changements;* la plupart de ces derniers prétendraient encore que la gamme *n'est pas dans leur voix,* parce qu'elle n'a pas *été écrite pour eux.*

A l'heure qu'il est, en Europe, avec le système de chant qui y est en vigueur (c'est le cas de le dire), sur dix individus qui se disent chanteurs, c'est tout au plus s'il serait possible d'en trouver deux ou trois capables de bien chanter, mais, là, tout à fait bien, avec correction, justesse, expression, dans un bon style et avec une voix pure et sympathique, une simple romance. Je suppose qu'on prenne l'un d'eux au hasard et qu'on lui dise: « Voici un vieil air bien simple, bien touchant, dont la douce mélodie ne module pas et reste enfermée dans la modeste étendue d'une octave, chantez-nous cela; » il est très-possible que votre chanteur, qui peut-être est un illustre, extermine la pauvre fleurette musicale, et qu'en l'écoutant vous regrettiez quelque brave fille de village par qui vous aurez entendu fredonner autrefois le vieil air.

Aucune pensée musicale, aucune forme mélodique, aucun accent expressif ne résiste à l'affreux mode d'interprétation qui se répand de plus en plus aujourd'hui. Encore s'il était le seul! mais nous avons de nombreuses variétés de chant anti-mélodiques. Il y a d'abord le chant *innocemment bête,* le chant *plat,* puis le chant *prétentieusement bête,* le chant orné de toutes les stupidités que le chanteur s'avise d'y introduire; celui-ci est déjà fort *coupable.* Vient ensuite le chant *vicieux,* qui corrompt le public et l'attire dans de mauvaises routes musicales, par l'attrait d'une certaine exécution capricieuse, brillante, mais fausse d'expression, qui révolte à la fois le bon goût et le bon sens; enfin nous avons le chant *criminel,* le chant *scélérat,* qui joint à sa scélératesse un fonds inépuisable de bêtise, qui ne procède que par grandes engueulées, se plaît

Aux bruyantes mêlées,
Aux longs roulements des tambours,

aux drames sombres, aux égorgements, aux empoisonnements, aux malédictions, aux anathèmes, à toutes les horreurs dramatiques enfin qui fournissent le plus d'occasions de *donner de la voix*. C'est ce dernier qui règne, dit-on, despotiquement en Italie à cette heure. Mais la cause, la cause? dira-t-on. La cause, ou les causes, répondrai-je, sont faciles à trouver; c'est le remède que l'on connaît moins, ou, pour parler franc, c'est le remède qu'on n'appliquera jamais, lors même qu'il serait connu et que son efficacité serait parfaitement démontrée. Les causes sont à la fois morales et physiques, toutes dépendantes les unes des autres; et si les entreprises théâtrales n'avaient pas été de tout temps, presque partout, livrées aux mains de gens avides d'argent avant tout et ignorants des nécessités de l'art, ces causes n'existeraient pas.

Ce sont : la grandeur démesurée de la plupart des théâtres lyriques;

Le système des applaudissements, salariés ou non;

La prépondérance qu'on a laissé s'établir de l'exécution sur la composition, du larynx sur le cerveau, de la matière sur l'esprit, et trop souvent enfin la lâche soumission du génie à la sottise.

Les théâtres lyriques sont trop vastes. Il est prouvé, il est certain que le son, pour agir *musicalement* sur l'organisation humaine, ne doit pas partir d'un point trop éloigné de l'auditeur. On est toujours prêt à répondre, lorsqu'on parle de la sonorité d'une salle d'opéra ou de concert : *Tout s'y entend fort bien.* Mais j'entends aussi fort bien de mon cabinet le canon que l'on tire sur l'esplanade des Invalides, et cependant ce bruit, qui d'ailleurs est en dehors des conditions musicales, ne me frappe, ne m'émeut, n'ébranle mon système nerveux en aucune façon. Eh bien! c'est ce coup, cette émotion, cet ébranlement que le son doit absolument donner à l'organe de l'ouïe, pour l'émouvoir musicalement, que l'on ne reçoit pas des groupes même les plus puissants de voix et d'instruments, lorsqu'on les écoute à trop grande distance. Quelques savants pensent que le fluide électrique est impuissant à parcourir un espace plus grand qu'un certain nombre de milliers de lieues; j'ignore s'il en est ainsi, mais je suis sûr que le fluide musical (je demande la permission de désigner ainsi la cause inconnue de l'émotion musicale) est sans force, sans chaleur et sans vie à une certaine distance de son point de départ. On *entend*, on ne *vibre pas*. Or, *il faut vibrer* soi-même avec les instruments et les voix, et par eux, pour percevoir de véritables sensations musicales. Rien n'est plus facile à démontrer. Placez un petit nombre de personnes, bien organisées et douées de quelque connaissance de la musique, dans un salon de médiocre grandeur, point trop meublé ni tapissé; exécutez dignement devant elles quelque vrai chef-d'œuvre, d'un vrai compositeur, vraiment inspiré, une œuvre bien pure de ces insupportables beautés de convention que prônent les pédagogues et les enthousiastes de parti pris, un simple trio pour piano, violon et basse, le trio en *si* bémol de Beethoven, par exemple; que va-t-il se passer? Les auditeurs vont se sentir peu à peu remplis d'un trouble inaccoutumé, ils éprouveront une jouissance intense, profonde, qui tantôt les agitera vivement, tantôt les plongera dans un calme délicieux, dans une véritable extase. Au milieu de l'andante, au troisième ou quatrième retour de ce thème sublime et si passionnément religieux, il peut arriver à l'un d'eux de ne pouvoir contenir ses larmes, et s'il les laisse un instant couler, il finira peut-être (j'ai vu le phénomène se produire) par pleurer avec violence, avec fureur, avec explosion. Voilà un effet musical! voilà un auditeur saisi, enivré par l'art des sons, un être élevé à une hauteur incommensurable au-dessus des régions ordinaires de la vie! Il adore la musique, celui-là; il ne sait comment exprimer ce qu'il ressent, son admiration est ineffable, et sa reconnaissance pour le grand poëte-compositeur qui vient de le ravir ainsi égale son admiration.

Maintenant, supposez qu'au milieu de ce même morceau, rendu par les mêmes virtuoses, le salon dans lequel on l'exécute puisse s'agrandir graduellement, et que par suite de cet agrandissement progressif du local, l'auditoire soit peu à peu éloigné des exécutants. Bien ; voilà notre salon grand comme un théâtre ordinaire ; notre auditeur, qui déjà l'instant d'auparavant sentait l'émotion le gagner, commence à reprendre son calme ; il *entend* toujours, mais il ne *vibre* presque plus ; il admire l'œuvre, mais par raisonnement et non plus par sentiment ni par suite d'un entraînement irrésistible. Le salon s'élargit encore, l'auditeur est éloigné de plus en plus du foyer musical. Il en est aussi loin qu'il le serait, si les trois concertants étaient groupés au milieu de la scène de l'Opéra, et s'il était, lui, assis au balcon des premières loges de face. Il *entend* toujours, pas un son ne lui échappe, mais il n'est plus atteint par le *fluide musical* qui ne peut parvenir jusqu'à lui ; son trouble s'est dissipé, il redevient froid, il éprouve même une sorte d'anxiété désagréable et d'autant plus pénible qu'il fait plus d'efforts d'attention pour ne pas perdre le fil du discours musical. Mais ses efforts sont vains, l'insensibilité les paralyse, l'ennui le gagne, le grand maître le fatigue, l'obsède, le chef-d'œuvre n'est plus pour lui qu'un petit bruit ridicule, le géant un nain, l'art une déception ; il s'impatiente et n'écoute plus. Autre épreuve !

Suivez une bande militaire exécutant une marche brillante dans la rue Royale, je suppose ; vous l'écoutez avec plaisir, vous marchez allègrement à sa suite, son rhythme vous entraîne, ses fanfares guerrières vous animent, et vous rêvez déjà de gloire et de combats. La bande militaire entre sur la place de la Concorde, vous l'entendez toujours, mais les réflecteurs du son n'existant plus, son prestige se dissipe, vous ne vibrez plus et vous la laissez continuer son chemin, et vous n'en faites pas plus de cas que d'une musique de saltimbanques.

A présent, pour rentrer dans le cœur de notre sujet, combien de fois m'est-il arrivé, au temps où l'on avait encore la bonté de représenter, et pas trop mal, à l'Opéra, les œuvres de Gluck, de rester froid, mais irrité de ma froideur, en entendant le premier acte d'*Orphée!* Je savais, j'étais sûr pourtant que c'est là une merveille d'expression, de poétique mélodie; l'exécution ne manquait d'aucune qualité essentielle. Mais la scène représentant *un bois sacré* était ouverte de toutes parts, le son se perdait au fond, à droite et à gauche du théâtre, il n'y avait pas de réflecteurs, et, partant, plus d'effet; Orphée semblait chanter réellement dans une plaine de la Thrace: Gluck avait tort. Ce même rôle d'Orphée chanté encore par A. Nourri, quelques jours après, ces mêmes chœurs exécutés par les mêmes choristes, ce même air pantomime exécuté par le même orchestre, mais dans la salle du Conservatoire, retrouvaient toute leur magie; on s'extasiait, on s'imprégnait de poésie antique: Gluck avait raison.

Les symphonies de Beethoven, qui bouleversent tout dans cette salle du Conservatoire, ont été exécutées plusieurs fois à l'Opéra, elles n'y produisaient rien; Beethoven avait tort. Le *Don Juan* de Mozart, si ardent, si passionné et si passionnant au Théâtre-Italien, quand l'exécution en est bonne, est glacial à l'Opéra, tout le monde en convient. Le *Mariage de Figaro* y paraîtrait plus froid encore. A l'Opéra, Mozart a donc tort!...

Les chefs-d'œuvre de la première manière de Rossini, le *Barbier,* la *Cenerentola* et tant d'autres, perdent à l'Opéra leur physionomie si piquante et si spirituelle; on en jouit encore, mais froidement *de loin,* comme d'un jardin qu'on regarde avec un télescope. Ce Rossini-là a donc tort!...

Et le *Freyschütz,* voyez comme il se traîne languissant à l'Opéra, ce drame musical si vivace, d'une si sauvage énergie! Weber a donc tort?...

Je pourrais aisément multiplier mes citations. Qu'est-ce qu'un théâtre dans lequel Gluck, Mozart, Weber, Beethoven et Rossini ont tort, sinon un théâtre construit dans de mauvaises conditions musicales? Il ne manque pourtant pas de sonorité. Non, mais comme tous les autres théâtres de la même dimension, l'Opéra est trop grand. Le *son* le remplit aisément, mais non le *fluide musical* que dégagent les moyens ordinaires d'exécution. On objectera sans doute que plusieurs beaux ouvrages y produisent néanmoins de l'effet, et qu'un chanteur habile, lorsqu'il a le talent d'enchaîner et de concentrer sur soi l'attention de l'auditoire, y peut aborder avec succès le *chant doux*. Mais je répondrai que ce précieux chanteur impressionnerait bien plus vivement encore son public dans une salle moins vaste, et qu'il en serait de même de ces beaux ouvrages, écrits d'ailleurs spécialement pour le théâtre de l'Opéra; que, de plus, sur vingt belles idées contenues dans ces partitions exceptionnelles (les partitions écrites aujourd'hui même pour le théâtre de l'Opéra), c'est à peine si quatre ou cinq surnagent; tout le reste est perdu. Encore ces beautés n'apparaissent-elles que voilées et amoindries par l'éloignement, et jamais sous tous leurs aspects, jamais dans toute leur vivacité d'allures, jamais dans tout leur éclat.

De là la nécessité tant raillée, mais réelle cependant, d'entendre très-souvent un bel opéra pour le goûter et en découvrir le mérite. A sa première représentation tout y paraît confus, vague, incolore, sans forme, sans nerf; ce n'est qu'un tableau à demi effacé et dont il faut suivre le dessin ligne à ligne. Écoutez les jugements du foyer dans les entr'actes des premières représentations : l'ouvrage nouveau, au dire des critiques, est *invariablement ennuyeux* ou *détestable*. Voilà vingt-cinq ans que je les écoute en pareil cas, sans les avoir entendus une seule fois exprimer une opinion plus favorable. C'est bien pis aux répétitions générales, quand la salle est à demi vide; alors rien ne surnage, tout disparaît; ni grâce mélodique, ni science harmonique, ni coloris d'instrumentation, ni amour, ni colère, n'y font rien; c'est un bruit vague plus ou moins fatigant qui vous irrite ou vous assomme, et l'on sort de là en maudissant l'œuvre et l'auteur.

Je n'oublierai jamais la répétition générale des *Huguenots*. En rencontrant M. Meyerbeer sur le théâtre, après le quatrième acte, je ne pus lui dire que ceci : « Il y a un chœur dans l'avant-dernière scène qui, *ce me semble*, doit produire de l'effet. » Je voulais parler du chœur des moines, de la scène de la bénédiction des poignards, de l'une des plus foudroyantes inspirations de l'art de tous les temps. Il *me semblait* que cela devait produire quelque effet. Je n'en avais pas été autrement frappé.

. . . .

La composition musicale dramatique, est un art double; il résulte de l'association, de l'union intime de la poésie et de la musique. Les accents mélodiques peuvent avoir sans doute un intérêt spécial, un charme qui leur soit propre et résultant de la musique seulement; mais leur force est doublée si on les voit concourir en outre à l'expression d'une belle passion, d'un beau sentiment, indiqués par un poëme digne de ce nom; les deux arts unis se renforcent alors l'un par l'autre. Or cette union est détruite en grande partie dans les salles trop vastes, où l'auditeur, malgré toute son attention, comprend à peine un vers sur vingt, où il ne voit même pas bien les traits du visage des acteurs, où il lui est en conséquence impossible de saisir les nuances délicates de la mélodie, de l'harmonie, de l'instrumentation, et les motifs de ces nuances, et leurs rapports avec l'élément dramatique déterminé par les paroles, puisque ces paroles il ne les entend pas.

La musique, je le répète, doit être entendue de près; dans l'éloignement, son charme principal disparaît; il est tout au moins singulièrement *modifié* et affaibli. Trouverait-on quelque plaisir dans la conversation des plus spirituelles gens du monde si l'on était obligé de l'entretenir à trente pas de ses interlocuteurs. Le son, au delà d'une certaine distance, bien qu'on l'entende encore, est comme une flamme que l'on voit, mais dont on ne sent pas la chaleur?

Cet avantage des petites salles sur les grandes est évident, et c'est parce qu'il l'avait remarqué qu'un directeur de l'Opéra disait avec une plaisante naïveté et un peu de mauvaise humeur : « Oh! dans votre salle du Conservatoire, tout fait de l'effet. » Oui? et bien! essayez un peu d'y faire entendre les grossièretés, les platitudes brutales, les non-sens, les contre-sens, les discordances, les cacophonies, que l'on supporte tant bien que mal dans votre salle de l'Opéra, et vous verrez le genre d'effet qu'ils produiront...

Maintenant examinons un autre côté de la question, celui qui se rattache à l'art du chant et à l'art du compositeur; nous trouverons bien vite la preuve de ce que j'ai avancé en commençant, à savoir que si l'art du chant est devenu ce qu'il est aujourd'hui, l'art du cri, la trop grande dimension des théâtres en est la cause; nous trouverons aussi que de là sont sortis d'autres excès qui déshonorent la musique aujourd'hui.

Le théâtre de la Scala, à Milan, est immense; celui de la Cannobianna est très-vaste aussi; le théâtre de Saint-Charles, à Naples, et beaucoup d'autres que je pourrais citer, ont également d'énormes dimensions. Or, d'où est partie l'école de chant que l'on blâme si ouvertement et à si juste titre aujourd'hui? des grands centres musicaux de l'Italie. Le public italien étant en outre dans l'usage de parler pendant les représentations aussi haut que l'on parle chez nous à la Bourse, les chanteurs ont été amenés peu à peu, ainsi que les compositeurs, à chercher tous les moyens de concentrer sur eux l'attention de ce public qui prétend aimer *sa* musique. On a visé dès lors à la sonorité avant tout; pour l'obtenir, on a supprimé l'emploi *des nuances*, celui de la *voix mixte*, de la *voix de tête*, et des *notes inférieures* de l'échelle de chaque voix, on n'a plus admis pour les ténors que les sons hauts dits *de poitrine;* les basses, ne chantant plus que sur les degrés élevés de leur échelle, se sont transformées en barytons; les voix d'hommes, ne gagnant pas en réalité dans le haut tout ce qu'elles perdaient dans le bas, se sont privées d'un tiers de leur étendue; les compositeurs, en écrivant pour ces chanteurs, ont dû se renfermer dans une octave, et, se bornant à l'emploi de huit notes tout au plus, ne produire que des mélodies d'une monotonie et d'un vulgarisme désespérants; les voix de femmes les plus aiguës, les plus lancinantes, ont obtenu sur toutes les autres une préférence marquée. Ces ténors, ces barytons, ces soprani, lancés à toute volée, à sons perdus, ont seuls été applaudis; les compositeurs les ont secondés de leur mieux en écrivant dans le sens de leurs prétentions stentoréennes; les duos à l'unisson, les trios, les quatuors, les chœurs à l'unisson se sont produits; ce mode de composition étant d'ailleurs plus facile et plus expéditif pour les maestri et plus commode pour les exécutants, a prévalu; et, la grosse caisse aidant, on a vu s'établir dans une grande partie de l'Europe le système de musique dramatique dont nous jouissons.

Je fais cette restriction, parce qu'il n'existe réellement pas en Allemagne. Là, pas de salles-gouffres. Celle du Grand-Opéra de Berlin elle-même n'est point de dimensions disproportionnées. Les Allemands chantent mal, dit-on; cela peut paraître vrai en général. Je ne veux pas aborder ici la question de savoir si leur langue n'en est pas la cause, et si madame Sontag, si Pischek, si Titchachek, si mademoiselle Lind. presque Allemande, et plusieurs autres, ne constituent pas néanmoins de magnifiques exceptions; mais en somme l'immense majorité des vocalistes allemands chantent et ne hurlent pas; l'école du cri n'est pas la leur; ils font de la musique. D'où cela vient-il? De ce qu'ils ont un sentiment musical plus fin que beaucoup de leurs émules des autres nations sans doute, mais aussi de ce que les théâtres lyriques allemands étant tous de médiocres dimensions, le *fluide musical* en atteint exactement tous les points; de ce que le public s'y montrant toujours silencieux et attentif, les efforts disgracieux des voix et de l'instrumentation y deviennent inutiles, et y paraîtraient plus odieux encore que chez nous.

Voilà donc, direz-vous, le procès fait aux grands théâtres; on ne pourra plus faire de recettes de 11,000 francs, ni réunir dix-huit cents personnes à l'Opéra de Paris, à Covent-Garden de Londres, à la Scala, à Saint-Charles, ni ailleurs, sous peine d'encourir la critique des musiciens. Nous n'hésitons point à répondre par l'affirmative. Vous avez lâché le grand mot : *La recette!* Vous êtes des spéculateurs, nous sommes des artistes, et nous ne parlons pas de l'art de battre monnaie, qui est le seul auquel vous vous intéressiez.

L'art véritable a ses conditions de puissance et de beauté; la spéculation, que je me garderai de confondre avec l'industrie, a les siennes de succès plus ou moins moral, et, en dernière analyse, l'art et la spéculation s'exècrent mutuellement. Leur antagonisme est de tous les lieux et de toutes les époques, il sera éternel; il réside dans le cœur même des questions. Parlez à un directeur de spectacle, demandez-lui quelle est la meilleure salle d'opéra; il répondra, ou au moins il pensera s'il n'ose le dire, que c'est la salle où l'on peut faire *les plus fortes recettes.* Parlez à un musicien instruit ou à un savant architecte ami de la musique, ils vous diront ceci : « Une salle d'Opéra, si l'on veut que les qualités essentielles de l'art des sons puissent y être appréciables, doit être *un instrument de musique;* or elle ne l'est point, si dans sa construction on n'a pas tenu compte de certaines lois physiques dont la nature est parfaitement connue. Toutes les autres considérations sont sans force et sans autorité contre celle-là. Tendez des cordes métalliques sur une caisse d'emballage, adaptez-y un clavier, vous n'aurez pas pour cela un piano. Tendez des cordes à boyau et en soie sur un sabot, vous n'aurez pas pour cela un violon. L'habileté des pianistes et des violonistes sera impuissante à transformer en véritables instruments de musique ces machines ridicules, quand même la caisse serait en bois de rose, quand le sabot serait en bois de sandal. Vous aurez beau faire souffler les tempêtes dans un tuyau de poêle, le son peut-être très énergique qui en sortira ne fera pas qu'il soit un tuyau d'orgue, ni un trombone, ni un tuba, ni un cor. Toutes les raisons imaginables, raisons de perspective, raisons de splendeur, raisons d'argent, quand il s'agira de la construction d'une salle d'opéra, tomberont devant le fait des lois de l'acoustique et de celles de la transmission du fluide musical, car ces lois existent. C'est un fait, et l'entêtement d'un fait est proverbial. » Voilà ce qu'ils diront ces... artistes. Mais ils veulent faire de la musique, et vous voulez faire de l'argent.

Quant à l'effet de l'orchestre dans les salles trop grandes, il est défectueux, incomplet et faux, en ce sens qu'il est autre que le compositeur ne l'a imaginé en écrivant sa partition, lors même que la partition a été écrite exprès pour la grande salle où elle est entendue.

Comme la portée du fluide musical des divers projecteurs du son est inégale, il s'ensuit nécessairement que les instruments à longue portée seront dans mainte occasion d'une puissance en désaccord avec l'importance que le compositeur leur a accordée, quand ceux à courte portée disparaîtront ou seront déchus de l'emploi qui leur fut assigné pour atteindre le but de la composition. Car pour que l'*action musicale* des voix et des instruments soit complète, il faut que tous les sons arrivent simultanément et avec la même vitalité de vibrations à l'auditeur Il faut, en un mot, que les sons écrits en partition (les musiciens me comprendront) parviennent à l'oreille *en partition*.

Une autre conséquence de l'extrême grandeur de la salle dans les théâtres lyriques, conséquence que j'ai laissé entrevoir tout à l'heure en rappelant l'emploi que l'on fait aujourd'hui de la grosse caisse, a été en effet l'introduction de tous les violents auxiliaires de l'instrumentation dans les orchestres ordinaires. Et cet abus poussé maintenant à ses dernières limites, tout en ruinant la puissance de l'orchestre lui-même, n'a pas peu contribué à amener le système de chant dont on déplore l'existence, en excitant les chanteurs, à lutter de violence avec l'orchestre dans l'émission des sons.

Voici comment le règne des instruments à percussion s'est établi.

Les lecteurs amis de la musique me pardonneront-ils d'entrer dans d'aussi longs développements? Je l'espère. Quant aux autres, je crains peu de les ennuyer; ils ne me liront pas.

Ce fut, ou je me trompe fort, dans l'*Iphigénie en Aulide* de Gluck que la grosse caisse se fit entendre pour la première fois à l'Opéra de Paris, mais seule, sans cymbales ni aucun autre instrument à percussion. Elle figure dans le dernier chœur des Grecs (chœur à l'unisson, notons ceci en passant), dont les premières paroles sont : *Partons, volons à la victoire!* Ce chœur est en mouvement de marche et à reprises. Il servait au défilé de l'armée thessalienne. La grosse caisse y frappe le temps fort de chaque mesure, comme dans les marches vulgaires. Ce chœur ayant disparu lorsque le dénoûment de l'opéra fut changé, la grosse caisse ne fut plus entendue jusqu'au commencement du siècle suivant.

Gluck introduisit aussi les cymbales (et l'on sait avec quel admirable effet) dans le chœur des Scythes d'*Iphigénie en Tauride*, les *cymbales seules*, sans la grosse caisse, que les routiniers de tous les pays en croient inséparable. Dans un ballet du même opéra il employa avec le plus rare bonheur le *triangle seul*. Et ce fut tout.

En 1808, Spontini admit la grosse caisse et les cymbales dans la marche triomphale et dans l'air de danse des gladiateurs de la *Vestale*. Plus tard il s'en servit encore dans la marche du cortége de Telasco de *Fernand Cortez*. Il y avait jusque-là emploi, sinon très-ingénieux, au moins convenable et fort réservé de ces instruments. Mais Rossini vint donner à l'Opéra le *Siége de Corinthe*. Il avait remarqué, non sans chagrin, la somnolence du public de notre grand théâtre pendant l'exécution des œuvres les plus belles, somnolence amenée bien plus encore par les causes physiques contraires à l'effet musical que je viens de signaler, que par le style des œuvres magistrales de cette époque; et Rossini jura de n'en pas subir l'affront. « Je saurai bien vous empêcher de dormir, » dit-il. Et il mit la grosse caisse partout, et les cymbales et le triangle, et les trombones et l'ophicléide par paquets d'accords, et frappant à tour de bras sur des rhythmes précipités il fit jaillir de l'orchestre de tels éclairs de sonorité, sinon d'harmonie, de tels coups de foudre, que le public, se frottant les yeux, se plût à ce nouveau genre d'émotions plus vives, sinon plus musicales que celles qu'il avait ressenties jusque alors. Encouragé par le succès, il poussa plus loin encore cet abus en écrivant *Moïse*, où, dans le fameux finale du troisième acte, la grosse caisse, les cymbales et le triangle frappent dans les *forte* les quatre temps de la mesure, et font en conséquence autant *de notes que les voix*, qui s'accommodent comme on peut le penser d'un pareil accompagnement. Néanmoins l'orchestre et le chœur de ce morceau sont construits de telle sorte, la sonorité des voix et des instruments ainsi disposés est si foudroyante, que *la musique* surnage au milieu de ce fracas, et que le *fluide musical*, projeté à flots cette fois sur tous les points de la salle, malgré ses vastes dimensions, saisit l'auditoire, le secoue, le *fait vibrer*, et que l'un des plus grands effets qu'on ait eu à signaler dans la salle de l'Opéra depuis qu'elle existe est produit. Mais les instruments à percussion y contribuent-ils? Oui si on les considère comme un excitant furieux pour les autres instruments et pour les voix; non, si l'on tient seulement compte de la part réelle qu'ils prennent à l'action musicale, car ils écrasent l'orchestre et les voix, et substituent un bruit violent jusqu'à la folie à une sonorité d'une belle énergie.

Quoi qu'il en soit, à dater de l'arrivée de Rossini à l'Opéra, la révolution instrumentale des orchestres de théâtre fut faite. On employa les grands bruits à tout propos et dans tous les ouvrages, quel que fût le style qu'imposait le sujet. Bientôt les timbales, la grosse caisse, et les cymbales et le triangle ne suffisant plus, on leur adjoignit un tambour, puis deux cornets vinrent en aide aux trompettes, aux trombones et à l'ophicléide; l'orgue s'installa dans les coulisses à côté des cloches, et l'on vit entrer sur la scène les bandes militaires, et enfin les grands instruments de Sax, qui sont aux autres voix de l'orchestre comme une pièce de canon est à un fusil. Enfin, Halévy dans sa *Magicienne* ajouta à tous ces moyens violents de l'instrumentation, le tamtam. Les nouveaux compositeurs, irrités de l'obstacle que leur opposait l'immensité de la salle, pensèrent qu'il fallait, sous peine de mort pour leurs œuvres, le renverser. Maintenant est-on resté généralement dans les conditions de l'art digne et élevé en employant ces moyens extrêmes pour tourner l'obstacle en croyant le détruire? Non, certes! les exceptions sont rares.

L'emploi judicieux des instruments les plus vulgaires, les plus grossiers même, peut être avoué par l'art, peut servir à accroître réellement sa richesse et sa puissance. Rien n'est à dédaigner dans les moyens qui nous sont acquis aujourd'hui; mais les horreurs instrumentales dont nous sommes témoins n'en deviennent que plus odieuses, et je crois avoir démontré qu'elles ont, pour leur part, beaucoup contribué à faire naître les excès vocaux qui ont motivé ces trop longues et, je le crains, trop inutiles réflexions.

Ajoutez que ces mêmes excès, introduits graduellement par l'esprit d'imitation dans le théâtre de l'Opéra-Comique, y sont, eu égard aux conditions particulières de ce théâtre, de son orchestre, de ses chanteurs, du ton général de son répertoire, incomparablement plus révoltants.

J'ai cru devoir aborder de front, pour la première fois, cette question d'où dépend évidemment la vie de la musique théâtrale; ces vérités pourront déplaire à de grands artistes, à d'excellents et puissants esprits; mais je crois qu'en leur conscience ils reconnaîtront que ce sont des vérités.

J'ai signalé, en commençant, des causes morales à l'immense désordre dont je viens d'étudier les causes physiques. L'influence des applaudissements et de ce que les artistes dramatiques surtout ont encore l'étonnante naïveté d'appeler *le succès*, doit y figurer en première ligne. L'importance ridicule accordée aux exécutants qui sont ou que l'on croit indispensables, l'autorité qu'ils ont usurpée, ne sont pas à oublier non plus. Mais ce n'est point ici le lieu de nous livrer à l'examen de ces questions; il y aurait un livre à écrire là-dessus.

LES
MAUVAIS CHANTEURS, LES BONS CHANTEURS

LE PUBLIC, LES CLAQUEURS

Je l'ai déjà dit, un chanteur ou une cantatrice capable de chanter seize mesures seulement de bonne musique avec une voix naturelle, bien posée, sympathique, et de les chanter sans efforts, sans écarteler la phrase, sans exagérer jusqu'à la charge les accents, sans platitude, sans afféterie, sans mièvreries, sans fautes de français, sans liaisons dangereuses, sans hiatus, sans insolentes modifications du texte, sans transposition, sans hoquets, sans aboiements, sans chevrotements, sans intonations fausses, sans faire boiter le rhythme, sans ridicules ornements, sans nauséabondes appogiatures, de manière enfin que la période écrite par le compositeur devienne compréhensible, et reste tout simplement *ce qu'il l'a faite*, est un oiseau rare, très-rare, excessivement rare.

Sa rareté deviendra bien plus grande encore si les aberrations du goût du public continuent à se manifester, comme elles le font, avec éclat, avec passion, avec haine pour le sens commun.

Un homme a-t-il une voix forte, sans savoir le moins du monde s'en servir, sans posséder les notions les plus élémentaires de l'art du chant : s'il pousse un son avec violence, on applaudit violemment *la sonorité* de cette note.

Une femme possède-t-elle pour tout bien une étendue de voix exceptionnelle : quand elle donne, à propos ou non, un *sol* ou un *fa* grave plus semblable au râle d'un malade qu'à un son musical, ou bien un *fa* aigu aussi agréable que le cri d'un petit chien dont on écrase la patte, cela suffit pour que la salle retentisse d'acclamations.

Celle-ci, qui ne pourrait faire entendre la moindre mélodie simple sans vous causer des crispations, dont la chaleur d'âme égale celle d'un bloc de glace du Canada, a-t-elle le don de l'agilité instrumentale : aussitôt qu'elle lance ses serpenteaux, ses fusées volantes, à seize doubles croches par mesure, dès qu'elle peut de son trille infernal vous vriller le tympan avec une insistance féroce pendant une minute entière sans reprendre haleine, vous êtes assuré de voir *bondir et hurler d'aise*

Les claqueurs monstrueux au parterre accroupis.

Un déclamateur s'est-il fourré en tête que l'accentuation vraie ou fausse, mais outrée, est tout dans la musique dramatique, qu'elle peut tenir lieu de sonorité, de mesure, de rhythme, qu'elle suffit à remplacer le chant, la forme, la mélodie, le mouvement, la tonalité; que, pour satisfaire les exigences d'un tel style ampoulé, boursouflé, bouffi, crevant d'emphase, on a le droit de prendre avec les plus admirables productions les plus étranges libertés : quand il met ce système en pratique devant un certain public, l'enthousiasme le plus vif et le plus sincère le récompense d'avoir égorgé un grand maître, abîmé un chef-d'œuvre, mis en loque une belle mélodie, déchiré comme un haillon une passion sublime.

Ces gens-là ont une qualité qui, en tous cas, ne suffirait point à faire d'eux des chanteurs, mais qu'ils ont d'ailleurs, en l'exagérant, transformée en défaut, en vice repoussant. Ce n'est plus un grain de beauté, c'est une verrue, un polype, une loupe qui s'étale sur un visage d'une insignifiance parfaite, quand il n'est pas d'une laideur absolue. De pareils praticiens sont les fléaux de la musique; ils démoralisent le public, et c'est une mauvaise action de les encourager. Quant aux chanteurs qui ont une voix, une voix humaine et qui chantent, qui savent vocaliser et qui chantent, qui savent la musique et qui chantent, qui savent le français et qui chantent, qui savent accentuer avec discernement et qui chantent, et qui tout en chantant respectent l'œuvre et l'auteur dont ils sont les interprètes attentifs, fidèles et intelligents, le public n'a trop souvent pour eux qu'un dédain superbe ou de tièdes encouragements. Leur visage régulier, tout uni, n'a pas de grain de beauté, pas de loupe, pas la moindre verrue. Ils ne portent pas d'oripeaux, ils ne dansent pas sur la phrase. Ceux-là n'en sont pas moins les véritables chanteurs utiles et charmants, qui, restant dans les conditions de l'art, méritent les suffrages des gens de goût en général, et la reconnaissance des compositeurs en particulier. C'est par eux que l'art existe, c'est par les autres qu'il périt. Mais, direz-vous, oserait-on prétendre que le public n'applaudit pas aussi, et très-chaleureusement, de grands artistes maîtres de toutes les ressources réelles du chant dramatique musical, doués de sensibilité, d'intelligence, de virtuosité et de cette faculté si rare qu'on nomme l'inspiration? Non, sans doute; le public quelquefois applaudit *aussi* ceux-là. Le public ressemble alors à ces requins qui suivent les navires et qu'on pêche à la ligne : il avale tout, le morceau de lard et le harpon.

L'ORPHÉE DE GLUCK

AU THÉATRE LYRIQUE

Au mois de novembre 1859, M. Carvalho, directeur du Théâtre-Lyrique, a osé entreprendre de remettre en scène l'*Orphée* de Gluck, et a obtenu par ce coup d'audace un des plus grands succès dont nous ayons été témoins. Il fallait être hardi, en effet, et parfaitement convaincu que le beau est beau pour braver les préventions des esprits frivoles, les préjugés des routiniers qui de toutes parts s'élevaient contre sa tentative. Il fallait aussi fermer l'oreille aux récriminations des gens intéressés à se montrer hostiles à la résurrection des chefs-d'œuvre qu'il suffit de montrer pour faire établir par le public intelligent d'écrasantes comparaisons. Bien plus, il fallait avec des ressources bornées arriver à une de ces exécutions fidèles, animées, vivantes, faute desquelles tant et tant de magnifiques productions sont trop souvent calomniées, défigurées, anéanties.

A Paris, quand on le veut bien et qu'on sait choisir, on trouve aisément à former un excellent orchestre, un chœur satisfaisant, une collection de demi-chanteurs pour remplir passablement les demi-rôles dans un opéra; mais s'il s'agit de s'assurer d'un artiste de premier ordre pour une de ces grandes figures qui ne supportent rien d'incomplet ni de mesquin dans leur reproduction, la difficulté est presque toujours insurmontable. *Orphée* est de celles-là. Où trouver le ténor réunissant les qualités spéciales que la représentation de ce personnage exige : connaissance profonde de la musique, habileté dans le chant large; possession complète du style simple et sévère; organe puissant et noble; profonde sensibilité, expression du visage, beauté et naturel du geste; enfin compréhension parfaite et par suite amour raisonné de l'œuvre de Gluck? Heureusement le directeur du Théâtre-Lyrique savait que le rôle d'Orphée fut écrit dans l'origine pour une voix de contralto, il comprit qu'en le faisant accepter à madame Viardot il assurait le succès de son entreprise. Il y parvint. Une fois sûr du concours de la grande artiste, il fit entreprendre pour la partition un travail spécial que nous allons indiquer.

L'*Orfeo ed Euridice*, azione theatrale per la musica, del signor cavaliere Cristofano Gluck, fut d'abord un opéra en trois actes fort courts, dont le texte italien avait été écrit par Calzabigi. Il fut représenté pour la première fois à Vienne, en 1764, bientôt après à Parme, puis sur une foule d'autres théâtres d'Italie.

A Vienne, les rôles étaient ainsi distribués :

Orfeo, signor Gaetano Guadagni (contralto castrat);
Eurydice, signora Marianna Bianchi;
Amore, signora Lucia Clavarau.

On a même conservé le nom du maître des ballets, Gasparo Angiolini, et celui du metteur en scène, Maria Quaglio.

Plus tard, Gluck, étant venu en France pour reproduire *Orphée* sur la scène de l'Académie royale de musique, fit traduire le libretto de Calzabigi par M. Molines, transposa ou fit transposer le rôle principal pour la voix de haute-contre (ténor haut) du chanteur Legros, ajouta beaucoup de morceaux nouveaux à sa partition, et fit subir aux anciens une foule de modifications importantes. Parmi les morceaux nouveaux, nous signalerons seulement le premier air de l'Amour :

Si les doux accords de ta lyre;

celui d'Eurydice avec chœur :

Cet asile aimable et tranquille;

l'air de bravoure qu'il introduisit à la fin du premier acte :

L'espoir renaît dans mon âme;

l'air pantomime pour flûte seule dans la première scène des champs Élysées, et plusieurs airs de ballet fort développés.

En outre, il ajouta six mesures au premier chant d'Orphée, dans la scène infernale, trois au second, trois à la péroraison de l'air : *Che faro senza Euridice,* » une seule au chœur des ombres heureuses : « *Torna o bella al tuo consorte.* » (Il s'aperçut fort tard que l'absence de cette mesure détruisait la régularité de la phrase finale). Il réinstrumenta presque de fond en comble la délicieuse symphonie descriptive qui sert d'accompagnement au chant d'Orphée à son entrée dans les champs Elyséens :

Che puro ciel! che chiaro sol!

supprima plus de quarante mesures dans le récitatif qui commence le troisième acte et en refit entièrement un second.

Ces remaniements, et quelques-uns que je néglige d'indiquer ici, étaient tous à l'avantage de la partition. Malheureusement d'autres corrections furent faites, peut-être par une main étrangère, qui mutilèrent certains passages de la plus barbare façon. Ces mutilations ont été conservées dans la partition française gravée, et toujours reproduites aux exécutions d'*Orphée* que j'ai entendues si souvent à l'Opéra, de 1825 à 1830. Il y avait, à l'époque où Gluck écrivit l'*Orfeo* à Vienne, un instrument à vent dont on se sert encore aujourd'hui dans quelques églises d'Allemagne pour accompagner les chorals, et qu'il nomme cornetto. Il est en bois, percé de trous, et se joue avec une embouchure de cuivre ou de corne semblable à l'embouchure de la trompette.

Dans la cérémonie religieuse funèbre qui se fait autour du tombeau d'Eurydice, au premier acte d'*Orfeo*, Gluck adjoignit le cornetto aux trois trombones pour accompagner les quatre parties du chœur. Le cornetto, n'étant pas connu à l'Opéra de Paris, fut plus tard supprimé sans être remplacé par un autre instrument, et les soprani du chœur, dont il suit le dessin à l'unisson dans la partition italienne, furent ainsi privés de leur doublure instrumentale. Dans la troisième strophe de la romance du premier acte :

Piango il mio ben cosi,

l'auteur a introduit deux cors anglais. L'orchestre de l'Opéra français n'en possédant pas, les cors anglais furent remplacés par deux clarinettes.

Aux voix de contralto, d'un si heureux effet dans les chœurs, et que Gluck employa dans *Orfeo*, comme tous les maîtres italiens et allemands, on substitua à Paris les voix criardes de haute-contre. Bien plus, dans le chœur des champs Élysées :

Viens dans ce séjour paisible,

au passage des coryphées chantant :

Eurydice va paraître

si bien écrit dans la partition italienne, cette partie de haute-contre fut modifiée, sans qu'on puisse concevoir pourquoi, de manière à produire *quatre fois* la faute d'harmonie la plus plate qui se puisse commettre.

Quant aux fautes de gravure existant dans les deux partitions, l'italienne et la française, aux indications essentielles omises, aux nuances mal placées, je n'en finirais pas de les signaler.

Gluck semble avoir été d'une paresse extrême, et fort peu soucieux de rédiger, non-seulement avec la correction harmonique digne d'un maître, mais même avec le soin d'un bon copiste, ses plus belles compositions. Souvent, pour ne pas se donner la peine d'écrire la partie de l'alto de l'orchestre, il l'indique par ces mots : « col basso, » sans prendre garde que par suite de cette indication la partie d'alto qui se trouve à la double octave haute des basses va monter au-dessus des premiers violons. En quelques endroits, dans le dernier chœur des ombres heureuses, par exemple, il a même écrit en toutes notes cette partie trop haut et de façon à produire des octaves entre les deux parties extrêmes de l'harmonie; faute d'enfant qu'on est aussi surpris qu'affligé de trouver là.

Enfin des trombones furent ajoutés par l'un des anciens chefs d'orchestre de l'Opéra dans certaines parties de la scène des enfers où l'auteur n'en avait pas mis, ce qui affaiblissait nécessairement l'effet de leur intervention dans la fameuse réponse des démons (Non!) où le compositeur a voulu les faire entendre.

On conçoit maintenant le genre de travail qu'il a fallu faire pour remettre cet ouvrage en ordre, approprier à la voix de contralto les récitatifs et airs nouveaux ajoutés par Gluck au rôle principal, lors de sa transformation en Orphée ténor, ôter les trombones ajoutés par un inconnu, et remplacer par un cornet moderne en cuivre le cornetto en bois dont personne ne joue à Paris, et qui double les soprani du chœur en marchant avec le groupe des trombones au premier acte et au second.

De plus on a corrigé dans le livret quelques vers de M. Molines, dont la niaiserie paraissait dangereuse et inacceptable même par un public accoutumé au style des Molines de notre temps.

Pouvait-on, par exemple, laisser dire à Eurydice, qui veut absolument se faire regarder par son *époux* :

Contente mon envie !

et quelques autres gentillesses semblables?...

Après ce long préambule, nécessaire peut-être, nous sommes plus à l'aise pour parler de l'*Orphée* de Gluck et de la façon dont il a été remis en scène au Théâtre-Lyrique.

M. Janin l'écrivait dernièrement : « Nous ne reprenons pas les chefs-d'œuvre, ce sont les chefs-d'œuvre qui nous reprennent. »

En effet, voilà qu'*Orphée* nous a repris, nous tous qui sommes de bonne prise. Quant aux autres, quant à ces Polonius qui trouvent tout trop long et à qui il faut un conte grivois ou quelque sale parodie pour les tenir éveillés, aucun chef-d'œuvre ne voudrait d'eux, et *Orphée* n'aurait garde de les reprendre.

On sait cela, et pourtant on sent son cœur se serrer en écoutant les opinions diverses émises par la foule toutes les fois qu'une production importante de l'art est soumise à son jugement. On sent son cœur se soulever, surtout si, après de nobles émotions, on entend discuter le produit probable en gros sous de l'œuvre qui les a causées, et répéter autour de soi cette phrase infâme : « Cela fera-t-il de l'argent? »

Mais n'abordons pas ces questions de lucre et de trafic auxquelles on ramène tout aujourd'hui, laissons-nous aller franchement *aux choses qui nous prennent par les entrailles, et ne nous donnons pas de la peine pour nous empêcher d'avoir du plaisir.* Qu'est-ce que le génie? qu'est-ce que la gloire? qu'est-ce que le beau? Je ne sais, et ni vous, monsieur, ni vous, madame, ne le savez mieux que moi. Seulement il me semble que si un artiste a pu produire une œuvre capable de faire naître en tous temps des sentiments élevés, de belles passions dans le cœur d'une certaine classe d'hommes que nous croyons, par la délicatesse de leurs organes et la culture de leur esprit, supérieurs aux autres hommes, il me semble, dis-je, que cet artiste a du génie, qu'il mérite la gloire, qu'il a produit du beau. Tel fut Gluck. Son *Orphée* est presque centenaire, et après un siècle d'évolutions, de révolutions, d'agitations diverses dans l'art et dans tout, cette œuvre a profondément attendri et charmé le public du Théâtre-Lyrique. Qu'importe, après cela, l'opinion des gens à qui il faut, comme au Polonius de Shakspeare, *un conte grivois* pour les empêcher de s'endormir... Les affections et les passions d'art sont comme l'amour : on aime parce qu'on aime, et sans tenir le moindre compte des conséquences plus ou moins funestes de l'amour.

Oui, l'immense majorité des auditeurs, à la première représentation d'*Orphée*, a éprouvé une admiration sincère pour tant de traits de génie répandus dans cette ancienne partition. On a trouvé les chœurs de l'introduction d'un caractère sombre parfaitement motivé par le drame, et constamment émouvants, par la lenteur même de leur rhythme et la solennité triste de leur mélodie. Ce cri douloureux d'Orphée « Eurydice! » jeté par intervalles au milieu des lamentations du chœur, est admirable, disait-on de toutes parts. La musique de la romance :

> Objet de mon amour,
> Je te demande au jour
> Avant l'aurore,

est une digne traduction des vers de Virgile :

> *Te dulcis conjux, te solo in littore secum,*
> *Te veniente die, te decedente canebat.*

Les récitatifs dont les deux strophes de ce morceau sont précédées et suivies ont une vérité d'accent et une élégance de formes très-rares; l'orchestre lointain, placé dans la coulisse et répétant en écho la fin de chaque phrase du poëte éploré, en augmente encore le charme douloureux. Le premier air de l'Amour a une certaine grâce malicieuse comme celle que l'on prête au dieu de Paphos; le second contient beaucoup de formules de mauvais goût et qui ont en conséquence vieilli. L'air de bravoure a vieilli bien plus encore. Au reste, bâtons-nous de dire qu'il n'est pas de Gluck. Ce morceau, dont la présence dans la partition d'*Orphée* est inexplicable, est tiré d'un opéra de *Tancrede*, d'un maître italien nommé Bertoni. Nous en parlerons tout à l'heure.

Dans l'acte des Enfers, l'introduction instrumentale, l'air pantomime des Furies, le chœur des Démons, menaçants d'abord et peu à peu touchés, domptés par le chant d'Orphée, les déchirantes et pourtant mélodieuses supplications de celui-ci, tout est sublime.

Et quelle merveille que la musique des champs Élysées! ces harmonies vaporeuses, ces mélodies mélancoliques comme le bonheur, cette instrumentation douce et faible donnant si bien l'idée de la paix infinie!... tout cela caresse et fascine. On se prend à détester les sensations grossières de la vie, à désirer de mourir pour entendre éternellement ce divin murmure.

Que de gens, qui rougissent de laisser voir leur émotion, ont versé des larmes, en dépit de leurs efforts pour les contenir, au dernier chœur de cet acte :

> Près du tendre objet qu'on aime,

au suave monologue d'Orphée décrivant le séjour bienheureux :

> Quel nouveau ciel pare ces lieux!

Enfin le duo plein d'une agitation désespérée, l'accent tragique du grand air d'Eurydice, le thème mélodieux de celui d'Orphée :

> J'ai perdu mon Euridice...

entrecoupé de mouvements lents épisodiques de la plus poignante expression, et le court mais admirable largo :

> Oui, je te suis, cher objet de ma foi.

où se reconnaît si bien le sentiment de joie extatique de l'amant qui va mourir pour rejoindre son aimée, ont paru couronner dignement ce beau poëme antique que Gluck nous a légué, et dont quatre-vingt-quinze années n'ont altéré ni la force expressive ni la grâce. Je crois avoir dit tout à l'heure qu'on n'avait touché à l'instrumentation qu'afin de la rendre absolument telle que Gluck l'a composée.

Mademoiselle Marimon est gracieuse dans le rôle de l'Amour; elle laisse voir de temps en temps un désir de ralentir les mouvements contre lequel nous l'engageons à se tenir en garde. Il ne faut pas oublier que son personnage est le dieu ailé de Paphos et de Gnide, et non la déesse de la sagesse.

On a fait répéter à mademoiselle Moreau (l'Ombre heureuse) l'air avec chœur[1] : « Cet asile aimable et tranquille, » qui exige un soprano aigu, et qu'elle a purement chanté. Mademoiselle Sax met beaucoup d'énergie, un peu trop même, dans le rôle de l'amante d'Orphée. Eurydice est une jeune femme douce, timide, et son chant ne comporte guère les grands éclats de voix; mademoiselle Sax a fort bien dit toutefois son air : « Fortune ennemie. »

Pour parler maintenant de madame Viardot, c'est toute une étude à faire. Son talent est si complet, si varié, il touche à tant de points de l'art, il réunit à tant de science une si entraînante spontanéité, qu'il produit à la fois l'étonnement et l'émotion; il frappe et attendrit; il impose et persuade. Sa voix, d'une étendue exceptionnelle, est au service de la plus savante vocalisation et d'un art de phraser le chant large dont les exemples sont bien rares aujourd'hui. Elle réunit à une verve indomptable, entraînante, despotique, une sensibilité profonde et des facultés presque déplorables pour exprimer les immenses douleurs. Son geste est sobre, noble autant que vrai, et l'expres-

[1] Cet air, dans la partition, appartient au rôle d'Eurydice.

sion de son visage, toujours si puissante, l'est plus encore dans les scènes muettes que dans celles où elle doit renforcer l'accentuation du chant.

Au début du premier acte d'*Orphée*, ses poses auprès du tombeau d'Eurydice rappellent celles de certains personnages des paysages de Poussin, ou plutôt certains bas-reliefs que Poussin prit pour modèles. Le costume viril antique, d'ailleurs, lui sied on ne peut mieux.

Madame Viardot, à partir de son premier récitatif :

> Aux mânes sacrés d'Eurydice
> Rendez les suprêmes honneurs,
> Et couvrez son tombeau de fleurs,

s'est emparée de l'auditoire. Chaque mot, chaque note portaient. La grande et belle mélodie, « Objet de mon amour, » dite avec une largeur de style incomparable et une profonde douleur calme, a plusieurs fois été interrompue par les exclamations échappées aux auditeurs les plus impressionnables. Rien de plus gracieux que son geste, de plus touchant que sa voix, lorsqu'elle se tourne vers le fond de la scène, contemple les arbres du bois sacré et dit :

> Sur ces troncs dépouillés de l'écorce naissante
> On lit ce mot, gravé par une main tremblante :

Voilà l'élégie, voilà l'idylle antique, c'est Théocrite, c'est Virgile.

Mais à ce cri :

> Implacables tyrans, j'irai vous la ravir !

tout change, la rêverie et la douleur cèdent la place à l'enthousiasme et à la passion. Orphée saisit sa lyre, il va descendre aux enfers ;

> Les monstres du Ténare ne l'épouvantent pas.

il ramènera Eurydice. Dire ce que madame Viardot a fait de

7.

cet air de bravoure est à peu près impossible. On ne songe pas, en l'écoutant, au style du morceau. On est saisi, entraîné par ce torrent de vocalisations impétueuses motivées par la situation.

On sait comment madame Viardot chante la scène des enfers; elle l'a exécutée souvent à Londres et à Paris. Jamais pourtant, et cela se conçoit, elle n'y mit, au concert, cette ardeur de supplication, ces tremblements de voix, ces sons mourants qui rendent vraisemblable l'attendrissement des larves, des spectres et des monstres infernaux.

Mais, et c'est ici que s'est manifesté avec le plus d'évidence le talent de l'actrice, nous voici dans le séjour de l'éternelle paix. Émues par le chant d'Orphée, les ombres légères, simulacres privés de la vie, viennent des profondeurs de l'Érèbe, nombreuses comme ces milliers d'oiseaux qui se cachent dans les feuillages :

Matres, atque viri, defuncta que corpora vita
Magnanimum heroum, pueri, innuptæque puellæ.

Il s'agissait pour la grande artiste d'atteindre à la hauteur de la poésie virgilienne, et certes elle y est parvenue.

Rien de plus solennel que son entrée dans cette partie de l'Élysée que viennent d'abandonner les ombres, rien de plus doucement grave que ces beaux sons de contralto qu'on entend s'exhaler au fond de la scène dans cette solitude, pendant l'harmonieux murmure des eaux et du feuillage, à ces mots :

Quel nouveau ciel pare ces lieux !

Mais l'aimée ne paraît point; où la trouver? Orphée s'inquiète; le sourire qui illuminait ses traits s'efface. Eurydice! Eurydice! en quels lieux es-tu? Viennent les jeunes ombres, les jeunes belles, les amantes, les vierges « *innuptæ puellæ* » groupées de trois en trois, de deux en deux, les bras enlacés, la tête légèrement inclinée sur l'épaule, l'œil curieux, tournant en silence autour du vivant. Orphée, de plus en plus anxieux, va de groupe en groupe, examinant ces beaux jeunes visages pâles, espérant reconnaître celui d'Eurydice, et toujours trompé dans son attente. Le découragement, la crainte, s'emparent de lui, il va désespérer, quand des voix s'élevant d'un bosquet peu éloigné lui chantent sur une ineffable mélodie :

> Eurydice va paraître
> Avec de nouveaux attraits.

Alors sa joie renaît ; il sourit de ce sourire mouillé de larmes que font naître les suprêmes ravissements. Les ombres amènent enfin la douce épouse, « *dulcis conjux.* » Orphée, sans se retourner, sans la voir, et averti de son approche par le sens inconnu de l'extase, le sens du grand amour, commence à frissonner. La main d'Eurydice est mise dans la sienne ; à ce contact adoré, on le voit bouleversé, haletant, près de tomber sans force. Il s'éloigne cependant d'un pas incertain, entraînant Eurydice encore froide et étonnée, et gravit ainsi la colline qui conduit sous le ciel des vivants, pendant que les ombres immobiles et silencieuses tendent d'en bas, en signe d'adieu, leurs bras vers les deux amants. Quel tableau ! quelle musique ! et quelle pantomime de madame Viardot ! C'est le sublime dans la grâce, c'est l'idéal de l'amour, c'est divinement beau.

O Polonius sans cœur qui ne sentez pas cela, vous êtes bien à plaindre.

Nous avons à admirer beaucoup encore. Sans parler de l'agitation douloureuse avec laquelle madame Viardot a dit toute la partie d'*Orphée* dans le grand duo :

> Viens, suis un époux qui t'adore.

de son attitude et de son accent dans son aparté de l'autre duo, à ces mots placés sur une déchirante progression chromatique :

> Que mon sort est à plaindre !

Il nous reste à signaler le chef-d'œuvre culminant de la

grande artiste dans cette *création* du rôle d'Orphée ; je veux parler de son exécution de l'air célèbre :

> J'ai perdu mon Eurydice.

Gluck a dit quelque part : « Changez la moindre nuance de mouvement et d'accent à cet air, et vous en ferez un air de danse. » Madame Viardot en fait ce qu'il en fallait faire, c'est-à-dire ce qu'il est, un de ces prodiges d'expression à peu près incompréhensibles pour les chanteurs vulgaires, et qui sont, hélas! si souvent profanés. Elle en a dit le thème de trois façons différentes : d'abord dans son mouvement lent avec une douleur contenue, puis, après l'adagio épisodique :

> Mortel silence!
> Vaine espérance!

en sotto voce, pianissimo, d'une voix tremblante, étouffée par un flot de larmes, et enfin, après le second adagio, elle a repris le thème sur un mouvement plus animé, en quittant le corps d'Eurydice auprès duquel elle était agenouillée, et en s'élançant, folle de désespoir, vers le côté opposé de la scène, avec tous les cris, tous les sanglots d'une douleur éperdue. Je n'essayerai pas de décrire les transports de l'auditoire à cette scène bouleversante. Quelques admirateurs maladroits se sont même oubliés jusqu'à crier *bis* avant le sublime passage :

> Entends ma voix qui t'appelle,

et on a eu beaucoup de peine à leur imposer silence. Certaines gens crieraient *bis* pour la scène de Priam dans la tente d'Achille, ou pour le *To be or not to be* d'Hamlet. Pourquoi faut-il que l'on puisse reprocher à madame Viardot un changement déplorable à la fin de cet air, changement produit par une tenue qu'elle fait sur le sol aigu et qui oblige, non-seulement d'arrêter l'orchestre quand Gluck le précipite impétueusement vers la conclusion, mais encore de modifier l'harmonie et de substituer l'accord de la dominante à celui de la sixte sur la sous-dominante; de faire enfin *le contraire de ce que Gluck a voulu!...*

Pourquoi peut-on lui reprocher aussi quelques autres altérations du texte et quelques roulades déplacées dans un récitatif?

Hélas!

La mise en scène, je l'ai déjà dit, est digne de l'œuvre musicale. On ne saurait imaginer rien de plus ingénieux ni de plus en rapport avec le sujet, surtout pour les champs Élysées et pour la scène des enfers. Les costumes d'ailleurs sont charmants et les danses suffisantes. Cette résurrection de la poétique partition de Gluck fait le plus grand honneur à M. Carvalho et lui donne des titres à la reconnaissance de tous les amis de l'art.

LIGNES ÉCRITES QUELQUE TEMPS APRÈS

LA

PREMIÈRE REPRÉSENTATION D'ORPHÉE

Orphée commence à avoir une vogue inquiétante. Il faut espérer pourtant que Gluck ne deviendra pas à *la mode*. Que le théâtre soit plein à chacune des représentations du chef-d'œuvre, tant mieux ; que M. Carvalho gagne beaucoup d'argent, tant mieux ; que les mœurs musicales des Parisiens s'épurent, que leurs petites idées s'agrandissent et s'élèvent, tant mieux encore ; que le public artiste se complaise dans sa joie exceptionnelle, tant mieux, mille fois tant mieux. Mais que les Polonius (c'est le nouveau nom de monsieur Prud'homme) se croient obligés maintenant de rester éveillés aux représentations d'Orphée, qu'ils se cachent pour aller voir leurs chères parodies dans un théâtre qu'il est interdit de nommer, qu'ils feignent de trouver la musique de Gluck *charmante*, tant pis ! tant pis ! Pourquoi chasser le naturel, puisqu'il ne tardera pas à revenir au galop ? Pourquoi, quand on est un respectable M. Prud'homme, un Polonius barbu ou non barbu, ne pas parler la langue de son *emploi*, faire semblant de comprendre et de sentir, et ne pas dire franchement avec tant d'autres : « C'est assommant, ah ! c'est assommant ! » (Je ne cite pas le mot en usage dans la langue des Polonius, il est trop peu littéraire.) Pourquoi baisser la voix pour dire, comme je l'ai entendu dire si haut : « Veuillez m'excuser, madame, de vous avoir fait subir une telle rapsodie; assister à ce long enterrement; nous irons voir Guignol demain aux Champs-Elysées pour nous dédommager; car nous sommes volés, dans toute la force du terme, volés comme on ne l'est pas en pleine forêt de Bondy. Ce sont ces imbéciles de journalistes qui nous ont amenés dans ce traquenard. » Ou bien : « C'est de la musique savante, très-savante; mais s'il faut étudier le contre-point pour la bien goûter, vous avouerez, ma chère madame Prud'homme, qu'elle est encore au-dessus de *nos moyens.* » — Ou bien : « Il n'y a pas deux mesures de mélodie là-dedans; si nous autres jeunes compositeurs nous écrivions de pareille musique, on nous jetterait des pommes de terre. » — Ou bien : « C'est de la musique *faite par le calcul,* et bonne seulement pour des mathématiciens. » — Ou bien : « C'est beau mais c'est bien long. » — Ou bien : « C'est long, mais ce n'est pas beau. » Et tant d'autres aphorismes dignes d'admiration.

Oui, tant pis, tant pis, si ce nouveau genre de tartuferie vient à se répandre; car rien n'est plus délicieux et plus flatteur pour les gens organisés d'une certaine façon que de voir les choses qu'ils aiment et admirent insultées par les gens organisés d'autre sorte. C'est le complément de leur bonheur. Et dans le cas contraire ils sont toujours tentés de paraphraser l'aparté d'un orateur de l'antiquité, et de dire : « Les Polonius sont enchantés, admirerions-nous une platitude?... »

Mais, rassurons-nous, il n'en sera pas ainsi; Gluck ne deviendra pas à la mode, et Guignol, depuis quelques jours, voit grossir le chiffre de ses recettes, tant il y a de gens qui vont le voir pour se dédommager.

. . . .

Une des causes de l'excellent effet produit au Théâtre-Lyrique par l'œuvre de Gluck doit être attribuée aux dimensions modestes de la salle qui permettent d'entendre et les paroles si intimement unies à la musique, et les délicatesses de l'instrumentation. Je crois l'avoir prouvé, les salles trop vastes sont fatales à toute musique expressive, aux finesses et aux charmes les plus intimes de l'art. Ce sont les vastes salles qui ont amené dans les livrets d'opéras l'emploi de ces non-sens, de ces sottises audacieuses, *qu'on n'entend pas* (disent les cyniques qui les commettent). Ce sont les salles trop vastes, je ne me lasserai pas de le répéter, qui semblent justifier certains compositeurs des brutalités insensées de leur orchestre. Les salles trop vastes n'ont-elles pas ainsi contribué à produire l'école de chant dont nous jouissons, école où l'on vocifère au lieu de chanter, où, pour donner plus de force à l'émission du son, le chanteur respire de quatre en quatre notes, souvent de trois en trois, brisant, morcelant, désarticulant, détruisant ainsi toute phrase bien faite, toute noble mélodie, supprimant les élisions, faisant à tout bout de chant des vers de treize ou de quatorze pieds, sans compter l'écartèlement du rhythme musical, sans compter les hiatus et cent autres vilenies qui transforment la mélodie en récitatif, les vers en prose, le français en auvergnat? Ce sont ces gouffres à *recettes* qui ont amené de tout temps les hurlements des ténors, des basses, des soprani de l'Opéra, et ont fait les plus fameux chanteurs de ce théâtre mériter les appellations de taureaux, de paons et de pintades, que leur donnaient les gens grossiers, accoutumés à appeler les choses par leur nom.

On cite même à ce sujet un joli mot de Gluck. Pendant les répétitions d'*Orphée* à l'Académie royale de musique, Legros s'obstinait à hurler, selon sa méthode, la phrase de l'entrée au Tartare : « Laissez-vous toucher par mes pleurs! » Un jour enfin le compositeur exaspéré l'interrompit au milieu de sa période et lui envoya cette bourrade en pleine poitrine : « Monsieur! monsieur! voulez-vous bien modérer vos clameurs! De par le diable, on ne crie pas ainsi en enfer! »

Comme avec irrévérence
Parlait aux dieux ce maraud !

Et pourtant on était déjà loin du beau temps où Lulli cassait son violon sur la tête d'un mauvais musicien, où Handel jetait une cantatrice récalcitrante par la fenêtre. Mais Gluck était protégé par sa gracieuse élève, la reine de France, et Vestris, le *diou* de la danse, ayant osé dire que les airs de ballets de Gluck n'étaient pas dansants, se voyait contraint, par un ordre de Marie-Antoinette, d'aller faire des excuses au chevalier Gluck. On prétend même que cette entrevue fut très-agitée. Gluck était grand et fort ; en voyant entrer le léger petit *diou*, il courut à lui, le prit sous les aisselles en chantonnant un air de danse d'*Iphigénie en Aulide*, et le fit sauter bon gré mal gré autour de l'appartement. Après quoi, le déposant tout essoufflé sur un siège : « Eh ! eh ! lui dit-il en ricanant, vous voyez bien que mes airs de ballets sont dansants, puisque seulement à me les entendre fredonner vous ne pouvez vous empêcher de bondir comme un chevreau ! »

Le Théâtre-Lyrique a précisément les dimensions les plus convenables à l'effet complet d'une œuvre telle qu'*Orphée*. Rien n'y est perdu, ni des sons de l'orchestre, ni de ceux des voix, ni de l'expression des traits des acteurs.

. . . .

A propos d'Orphée, je signalerai ici un des plagiats les plus audacieux dont il y ait d'exemple dans l'histoire de la musique, et que je découvris il y a quelques années en parcourant une partition de Philidor. Ce savant musicien, on le sait, avait eu entre les mains des épreuves de la partition italienne d'*Orfeo* qui se publiait à Paris en l'absence de l'auteur. Il jugea à propos de s'emparer de la mélodie

Objet de mon amour,

et de l'adapter tant bien que mal aux paroles d'un morceau de son opéra le *Sorcier*, qu'il écrivait alors. Il en changea seulement les mesures 1, 5, 6, 7 et 8, et transforma la première période de Gluck, composée de trois fois trois mesures, en une autre formée de deux fois quatre mesures, parce que la coupe des vers l'y obligeait. Mais à partir de ces paroles :

> Dans son cœur on ne sent éclore
> Que le seul désir de se voir,

Philidor a copié la mélodie de Gluck, sa basse, son harmonie, et même les échos de hautbois de son petit orchestre placé dans la coulisse, en transposant le tout en *la*. Je n'avais point entendu parler alors de ce vol impudent et qui paraîtra manifeste à quiconque voudra jeter les yeux sur la romance de Bastien :

> Nous étions dans cet âge,

à la page 33 de la partition du *Sorcier*.

J'apprends que M. de Sévelinges l'avait déjà signalé dans une notice publiée par lui sur Philidor dans la *Biographie universelle* de Michaud, et que M. Fétis a voulu en défendre le musicien français. La première représentation d'*Orfeo* étant censée avoir eu lieu à Vienne dans le courant de 1764, et celle du *Sorcier* ayant eu lieu en effet à Paris le 2 janvier de la même année, il lui paraît impossible que Philidor ait eu connaissance de l'ouvrage de Gluck. Mais M. Farrenc a prouvé dernièrement par des documents authentiques que l'*Orfeo* fut joué pour la première fois à Vienne en 1762, que Favart fut chargé d'en publier la partition à Paris pendant l'année 1763, et que Philidor *s'offrit*, dans ce même temps, pour corriger les épreuves et *inspecter la gravure de l'ouvrage*.

Or il me semble très-vraisemblable que l'officieux correcteur d'épreuves, après avoir pillé la romance de Gluck, aura lui-même changé sur le titre de la partition d'*Orfeo* la date de 1762 en celle de 1764, afin de rendre plausible l'argument que cette fausse date a suggéré à M. Fétis : « Philidor ne peut avoir volé Gluck, puisque le *Sorcier* a été joué avant *Orfeo*. » Le vol est de la dernière évidence. Avec un peu plus d'audace, Philidor eût pu faire passer Gluck pour le voleur.

Je reviens maintenant à l'air de bravoure qui termine le premier acte de l'*Orphée* français. J'avais entendu dire qu'il n'était pas de Gluck, qui, pourtant, dans quelques-unes de ses partitions italiennes, a écrit plusieurs airs de cette espèce. J'ai voulu m'en assurer. Après avoir cherché inutilement à la bibliothèque du Conservatoire la partition du *Tancrede* de Bertoni, d'où on le disait tiré, j'ai fini par la trouver à la bibliothèque impériale, et en feuilletant le premier acte de cet ouvrage, j'ai reconnu du premier coup d'œil le morceau en question : il est impossible de le méconnaître ; quelques notes seulement, dans la version d'*Orphée*, ont été ajoutées à la ritournelle. Comment cet air a-t-il été introduit dans l'opéra de Gluck? et par qui le fut-il? c'est ce que j'ignore. Dans une brochure française qu'un nommé Coquiau, antagoniste de Gluck, publia à Paris en 1779, et qui a pour titre : *Entretiens sur l'état actuel de l'opéra de Paris*, le grand compositeur était violemment attaqué, et accusé de divers plagiats, notamment d'avoir pris un air entier dans une partition de Bertoni. Les partisans de Gluck ayant nié le fait, Coquiau écrivit à Bertoni, de qui il reçut la réponse suivante qu'il publia dans un supplément à sa brochure, intitulé : *Suite des entretiens sur l'état actuel de l'opéra de Paris*, ou *Lettres à M. S.*(Suard).

Malgré la circonspection et l'embarras du musicien italien, et sa crainte comique de se compromettre, la vérité n'en éclate pas moins, d'une façon surabondante, je le répète, dans cette lettre dont nous devons la communication à l'obligeance de M. Anders, de la bibliothèque impériale. La voici :

« Londres, ce 9 septembre 1779.

« Monsieur,

« Je suis très-surpris de me voir interpellé par la lettre que vous me faites l'honneur de m'écrire, et je désirerais fort n'être point compromis dans une querelle musicale qui, par la chaleur que vous y mettez, pourrait devenir d'une très-grande conséquence, puisque vous m'assurez d'ailleurs que le *fanatisme* s'en mêle, ce qui est une raison de plus pour me soustraire à ses effets; je vous prierai donc de me permettre de vous répondre simplement que l'air de *S'oche dal ciel discende* a été composé par moi à Turin, pour la signora Girelli, je ne me rappelle pas dans quelle année, je ne pourrais pas même vous dire si je l'ai réellement *faite* (sic) pour l'*Iphigénie en Tauride*, comme vous m'en assurez, je croirais plutôt qu'*elle* (sic) appartient à mon opéra de *Tancrede;* mais cela n'empêche pas que l'air ne soit de moi : c'est ce que je puis, c'est ce que je dois certifier avec toute la vérité d'un homme d'honneur, plein de respect pour tous les ouvrages des grands maîtres, mais plein de tendresse pour les siens ; c'est avec ces sentiments et la plus parfaite reconnaissance que je suis,

« Monsieur,
« Votre très-humble et très-obéissant serviteur,

« Ferdinando BERTONI. »

Tancrede fut joué à Venise pendant le carnaval de 1767, et l'*Orphée* français ne fut représenté à Paris qu'en 1774. Probablement le chanteur Legros, qui créa à Paris le rôle d'Orphée, ne s'accommodant pas du simple récitatif par lequel Calzabigi et Gluck avaient terminé leur premier acte, aura exigé un air de bravoure : Gluck, s'obstinant à ne pas vouloir l'écrire, et cédant néanmoins à ses instances, lui aura dit peut-être, en lui présentant l'air de Bertoni : « Tenez, chantez cela et laissez-moi tranquille. » Mais Gluck n'est pas justifié ainsi d'avoir laissé imprimer l'air de Bertoni dans sa partition, sans indiquer où ni à qui il l'avait pris. Cela n'explique pas davantage le silence qu'il semble avoir gardé, quand l'auteur de la brochure dont je viens de parler dénonça le plagiat.

Il faut savoir que ce Bertoni, si inconnu aujourd'hui, avait, en 1766, fait représenter au théâtre de San Benedetto, de Venise, l'*Orfeo* de Calsabigi, dont il avait refait la musique.

En publiant sa partition (que j'ai lue), il crut devoir s'excuser d'une telle hardiesse. « Je ne prétends ni n'espère, dit-il dans sa préface, obtenir pour mon *Orfeo* un succès comparable à celui qui vient d'accueillir le chef-d'œuvre de M. Gluck, dans toute l'Europe, et si je puis seulement mériter les encouragements de mes compatriotes, je m'estimerai trop heureux. »

Il avait raison d'être modeste, car sa musique est en quelque sorte calquée sur celle de Gluck; en plusieurs endroits même, dans la scène des enfers surtout, les formes rhythmiques du maître allemand sont si fidèlement imitées, que, si l'on regarde la partition d'une certaine distance, la figure des groupes de notes fait illusion, et l'on croit voir l'*Orphée* de Gluck.

Ne se peut-il pas que celui-ci ait dit, à l'occasion de l'air de *Tancrede:* « Cet Italien m'a assez pillé pour son *Orfeo*, je puis bien à mon tour lui prendre un air? » Cela est possible, mais trop peu digne d'un tel homme pour qu'on se laisse aller volontiers à le croire.

Je ne sais rien de plus sur ce fait.

. . . .

Quand Adolphe Nourrit chanta à l'Opéra le rôle d'Orphée, il supprima l'air de bravoure, soit que le morceau ne lui plût pas, soit qu'il connût la fraude, et le remplaça par un fort bel air agité de l'*Écho et Narcisse*, de Gluck,

> O transport, ô désordre extrême.

dont les paroles et la musique se trouvent par hasard convenir à la situation. C'est, je crois, ce qu'on devrait faire toujours.

L'ALCESTE D'EURIPIDE

CELLES DE QUINAULT ET DE CALSABIGI

LES PARTITIONS

DE LULLI, DE GLUCK, DE SCHWEIZER, DE GUGLIELMI ET DE HANDEL SUR CE SUJET

Alceste, tragédie d'Euripide, a servi de sujet à plusieurs opéras ; un de Quinault, mis en musique par Lulli, un autre de Calsabigi, mis en musique par Gluck, un autre de Wieland, mis en musique par Schweizer, et quelques autres. Celui de Gluck, écrit d'abord sur un texte italien pour l'Opéra de Vienne, fut ensuite traduit en français avec quelques modifications pour l'Académie royale de musique de Paris, et enrichi par Gluck de plusieurs morceaux importants. Aucune de ces œuvres lyriques ne ressemble complétement à la tragédie grecque; il n'est peut-être pas inutile, au moment de la remise en scène de l'œuvre monumentale de Gluck, d'examiner la pièce originale antique d'où les pièces modernes furent tirées.

La tragédie d'Euripide choquerait aujourd'hui les mœurs, les idées et les sentiments de tous les peuples civilisés. En la lisant peu attentivement, on conçoit presque qu'un professeur de rhétorique ait osé dire à ses élèves : « C'est une farce de Bobêche ! » tant les mœurs ont changé d'une part, et tant l'éducation littéraire de l'autre, celle des Français surtout, a pris à tâche de faire détester le naturel et la vérité. On devrait pourtant se dire que les Athéniens n'étaient ni des barbares ni des sots, et trouver au moins improbable qu'ils aient en littérature admiré et applaudi des monstruosités et des impertinences.

D'Euripide comme de Shakspeare, nous exigerions volontiers qu'ils eussent tenu compte de nos habitudes, de nos croyances religieuses même, de nos préjugés, de nos vices nouveaux, et il nous faut tout au moins un grand effort de probité littéraire et de bon sens pour reconnaître qu'un poëte grec vivant à Athènes il y a deux mille ans, et écrivant pour un peuple dont nous ne connaissons bien ni la langue ni la religion, n'a pas dû se proposer d'obtenir le suffrage des Parisiens de l'an 1861. Ceci n'est que pour le fond de la question. Ne peut-on dire encore que les grands poëtes grecs qui se sont servis de la langue la plus harmonieuse peut-être que les hommes aient jamais parlée sont fatalement et inévitablement défigurés par d'infidèles traducteurs incapables de les comprendre fort souvent, et qui se trouvent toujours dans l'impossibilité de faire passer l'harmonie du style, les images et les pensées même de l'original, dans nos langues modernes, si peu colorées et d'une pruderie si inconciliable avec l'expression vraie de certains sentiments? Les poëtes latins sont à peu près dans le même cas. Qui oserait aujourd'hui, s'il le pouvait, traduire fidèlement en français ces touchantes et naïves paroles de la Didon de Virgile :

> *Si quis mihi parvulus aulâ*
> *Luderet Æneas, qui te tamen ore referret;*

une telle traduction ferait rire. *Un petit Énée*, dirait-on, *un petit Énée jouant dans ma cour!* A quoi joue-t-il, au cerceau, à la toupie? Ce qu'il y a de plaisant, c'est que dans un certain monde littéraire on croit sincèrement connaître les poëmes antiques par nos traductions et imitations modernes, et l'on étonnerait fort beaucoup de gens en leur prouvant que Bitaubé ne donne pas plus une idée d'Homère que l'abbé Delille n'en donne une de Virgile, et que Racine des tragiques grecs.

Ces réserves faites contre les traducteurs, qui sont nécessairement les plus perfides gens du monde, voyons ce que le Père Brumoy nous laisse entrevoir de l'*Alceste* d'Euripide, ou du moins de l'enchaînement de scènes, à peu près dépourvu de ce que nous appelons aujourd'hui l'action, et qui constitue cette tragédie.

Admète, roi de Phères en Thessalie, était sur le point de mourir, quand Apollon, qui, exilé du ciel par le courroux de Jupiter, avait été pendant le temps de sa disgrâce berger chez Admète, trompe les Parques et dérobe le jeune roi à leurs coups. Les déesses pourtant ne consentent à laisser la vie à Admète que si une autre victime leur est livrée. Il faut que quelqu'un consente à mourir à sa place. Personne n'y ayant consenti, la reine s'offre à la mort pour son époux. D'un débat assez vif qui s'élève à ce sujet dès le début de la pièce entre Apollon et Orcus (le génie de la mort), il résulte que le dévouement de la reine est déjà connu et accepté d'Admète lui-même. Il aime Alceste avec passion, mais il aime la vie davantage, et se laisse, quoiqu'à regret, sauver à ce prix. Douleur profonde de tous les personnages, deuil général, cris déchirants des enfants d'Alceste, lamentations du peuple, terreurs et désespoir de la jeune reine qui s'est dévouée, mais qui tremble devant l'accomplissement de son sacrifice. Scène touchante dans laquelle la reine mourante conjure Admète éploré de lui rester fidèle et de ne pas conduire une nouvelle épouse à l'autel de l'hymen. Admète s'y engage, et la reine consolée s'éteint entre ses bras. On prépare la cérémonie funèbre, on apporte les ornements et les dons qui doivent être déposés avec Alceste dans le tombeau. C'est alors que survient le vieux Phérès, père d'Admète, et que se déroule une scène abominable selon nos idées et nos mœurs, mais qui n'en est pas moins évidemment sublime. Je laisse au traducteur la responsabilité de sa traduction.

PHÉRÈS.

« J'entre dans vos peines, mon fils. La perte que vous avez faite est considérable, on ne peut en disconvenir. Vous perdez une épouse accomplie; mais enfin, quelque accablant que soit le poids de votre malheur, il faut le supporter. Recevez de ma main ces vêtements précieux pour les mettre dans la tombe. On ne saurait trop honorer une épouse qui a bien voulu s'immoler pour vous. C'est à elle que je dois le bonheur *de m'avoir* (le traducteur veut dire *d'avoir*) conservé un fils. C'est elle qui n'a pu souffrir qu'un père au désespoir traînât sa vieillesse dans le deuil.

. . . .

ADMÈTE.

« Je ne vous ai point appelé à ces funérailles, et, pour ne vous rien celer, votre présence en ces lieux ne m'est point agréable. Remportez ces vêtements, jamais ils ne seront mis sur le corps d'Alceste. Je saurai bien faire en sorte qu'elle se passe de vos dons dans le tombeau. Vous m'avez vu sur le point de mourir. C'était le temps de pleurer. Que faisiez-vous alors? Vous sied-il à présent de verser des larmes, après avoir fui le danger qui me menaçait, après avoir laissé mourir Alceste à la fleur de l'âge, tandis que vous êtes courbé sous le poids des années? Non, je ne suis plus votre fils et je ne vous reconnais point pour mon père.

. . . .

« Il faut que vous soyez le plus lâche des hommes, puisque, arrivé au terme de la carrière, vous n'avez eu ni la volonté ni le courage de mourir pour un fils, puisque enfin vous n'avez pas eu honte de laisser remplir ce devoir à une étrangère...

. . . .

PHÉRÈS.

« Mon fils, à qui s'adresse ce discours hautain? Pensez-vous parler à quelque esclave de Lydie ou de Phrygie?... Quand la nature et la Grèce ont-elles imposé aux pères la loi de mourir pour leurs enfants? Vous m'accusez de lâcheté; et toutefois, lâche vous-même, vous n'avez pas rougi d'employer tous vos efforts pour prolonger vos jours au delà du terme fatal en sacrifiant votre épouse. L'heureux artifice pour éluder maintenant le trépas, que celui de persuader à son épouse qu'elle doit mourir pour son époux ! »

. . . .

Puis un dialogue rapide, précipité, où les interlocuteurs s'accablent de mots atroces comme ceux-ci.

ADMÈTE.

« La vieillesse a perdu toute honte.

PHÉRÈS.

« Épousez plusieurs femmes pour multiplier vos années !

. . . .

ADMÈTE.

« Allez, vous et votre indigne femme, allez traîner une misérable vieillesse sans enfants, quoique je vive encore; voilà le prix de votre lâcheté. Je ne veux plus rien de commun avec vous, pas même la demeure, et que ne puis-je avec bienséance vous interdire votre palais ! Je ne rougirais pas de le faire en public. »

On ne peut lire cela sans frémir. Shakspeare n'est pas allé plus loin. Ces deux poëtes semblent avoir connu des replis inexplorés du cœur humain, sombres cavernes dont les esprits ordinaires n'osent sonder la noire profondeur, où seul le génie aux prunelles ardentes pénètre sans crainte, pour en ressortir traînant au grand jour des monstres invraisemblables. Invraisemblables, et trop réels ! car où sont les hommes qui refuseront le sacrifice de la femme même la plus aimée se dévouant pour leur conserver la vie? Ils existent, sans doute; mais à coup sûr ils sont aussi rares que les femmes capables d'un pareil dévouement. Chacun de nous peut dire : Il me semble que je suis de ceux-là. Mais le poëte philosophe répondra : Hélas! vous vous trompez peut-être ; vous aimeriez mieux gémir que mourir.

Phérès a raison : *Chacun est ici-bas pour soi. La lumière du jour vous est précieuse et douce, pensez-vous qu'elle me le soit moins?* Molière, vingt siècles plus tard, a fait dire à l'un de ses plus honnêtes personnages parlant de son corps : « Guenille si l'on veut, ma guenille m'est chère. » Et la Fontaine a dit presque dans les mêmes termes que l'Admète d'Euripide :

Le plus semblable aux morts meurt le plus à regret.

Au milieu de ces scènes terribles, où le cœur du jeune roi se montre exaspéré par la douleur jusqu'à l'impiété parricide, survient un étranger. « O habitants de Phères, dit-il, trouverai-je Admète dans ce palais? » C'est Hercule, ce chevalier errant de l'antiquité. Il va, obéissant à un ordre d'Eurystée, roi de Tyrinthe, enlever à Diomède, fils de Mars, ses chevaux anthropophages, que Diomède lui seul a pu dompter jusqu'à ce jour. En passant à Phères pour remplir cette dangereuse mission, le vaillant fils d'Alcmène veut voir son ami. Admète s'avance et l'invite à entrer dans son palais. Mais l'air consterné du jeune roi étonne Hercule et l'arrête sur le seuil hospitalier. « Quel malheur t'a frappé? as-tu perdu ton père? — Non. — Ton fils? — Non. — Alceste? Je sais qu'elle s'est engagée à mourir pour toi... » Admète dissimule encore et assure à Hercule que la femme qu'on pleure est une étrangère élevée dans le palais. Il craint, en avouant la vérité, que son ami ne refuse l'hospitalité qui lui est offerte dans cette demeure désolée. Et ce serait pour lui un nouveau malheur. Hercule entre enfin, se laisse conduire dans l'appartement qui lui est destiné, où les esclaves lui préparent un festin somptueux. Et le roi ajoute ces mots touchants : « Fermez le vestibule du milieu. Ce serait une indécence de troubler un festin par des cris et des larmes. Il faut épargner aux yeux et aux oreilles de l'hôte que nous recevons le triste appareil des funérailles. » Hercule, rassuré tant bien que mal, se met à table, se couronne de myrte, mange, boit, s'enivre un peu, fait retentir le palais de ses chants, jusqu'au moment où, frappé de la stupeur des esclaves qui le servent, il les interpelle et apprend enfin la vérité. « Alceste est morte! Dieux! et comment dans cette situation avez-vous eu le moindre égard à l'hospitalité? « (Shakspeare fait dire aussi par Cassius à Brutus qu'il vient d'insulter : Porcia est morte! et tu ne m'as pas tué!)

HERCULE.

« Alceste n'est plus. Cependant, malheureux, j'ai fait éclater ma joie dans un festin; j'ai couronné ma tête de fleurs dans la maison d'un ami désespéré. C'est toi qui es coupable de ce crime. Que ne me découvrais-tu ce funeste mystère? Où est le tombeau? Parle. Quelle route dois-je suivre?

L'OFFICIER.

« Celle qui conduit à Larisse. A l'issue du faubourg, le tombeau s'offrira d'abord à vos yeux. »

Hercule alors se rend au tombeau royal, se place auprès en embuscade, s'élance sur Oreus, au moment où il vient pour boire le sang des victimes, et malgré ses efforts le contraint à lui rendre Alceste vivante. Revenu avec elle au palais, il la présente voilée à Admète. « Tu vois cette femme, lui dit-il, je te la confie et j'attends de ton amitié que tu la gardes jusqu'à ce qu'après avoir tué Diomède et enlevé ses coursiers je revienne triomphant. »

Admète le conjure de ne pas exiger ce service, la vue seule d'une femme lui rappelant Alceste lui déchirerait le cœur.

L'insistance d'Hercule devient telle, qu'Admète n'ose refuser sa demande et tend la main à la femme voilée. Hercule satisfait lève aussitôt le voile qui cache les traits de l'inconnue, et Admète éperdu reconnaît Alceste. Mais pourquoi reste-t-elle immobile et sans voix? Dévouée aux divinités infernales, il faut qu'elle soit purifiée, et ce n'est que dans trois jours qu'elle sera complétement rendue à la tendresse de son heureux époux. Des réjouissances publiques sont ordonnées; Hercule part pour son périlleux voyage, et la tragédie finit par cette moralité du chœur :

« Que les dieux font jouer des ressorts extraordinaires pour parvenir aux fins qu'ils se proposent! C'est par leur secrète puissance que les grands événements qu'ils ménagent semblent éclore contre l'attente des mortels. Tel est le prodige qui fait notre admiration et notre joie. »

Nos charpentiers ou charpenteurs de drames sont autrement forts qu'Euripide, et on le voit par cette rapide analyse du poëme grec, l'*Alceste* ressemble si peu à leurs pièces, qu'ils ont raison de dire : « Il n'y a pas de pièce là-dedans. »

Voyons maintenant ce que cette donnée du dévouement conjugal est devenue entre les mains de Quinault, qui ne fut pas non plus, on le sait, un très-habile charpentier.

L'opéra débute, comme la plupart des ouvrages de ce temps composés pour l'Académie royale de musique, par un prologue. Dans ce prologue, les nymphes de la Seine, de la Marne et des Tuileries expriment leur désir de voir revenir le roi et font des reproches à la Gloire de le retenir si longtemps.

> Tout languit avec moi dans ces lieux pleins d'appas.
> Le héros que j'attends ne reviendra-t-il pas?
>   Serai-je toujours languissante
>   Dans une si cruelle attente?

Quand les nymphes de la Seine, de la Marne et des Tuileries, les Plaisirs et la Gloire, les naïades et les hamadryades françaises ont chanté assez de fadeurs, la pièce commence.

Alceste vient d'épouser Admète. Deux prétendants évincés brûlent pour elle : ce sont Hercule et Lycomède, frère de Thétis, et roi de l'île de Scyros. Sous prétexte de la faire assister à une fête nautique, Lycomède invite Alceste à venir sur un de ses vaisseaux. A peine l'imprudente princesse, qui ne s'est pas fait accompagner par son mari, y est-elle montée, que le perfide Lycomède lève l'ancre, et, aidé par sa sœur Thétis qui lui envoie des vents favorables, il conduit Alceste à Scyros. Le rapt est consommé. Les deux rivaux de Lycomède se mettent aussitôt à la poursuite du ravisseur. Hercule et Admète arrivent à Scyros, assiègent la ville, en enfoncent les portes, mettent tout à feu et à sang en chantant :

> Donnons, donnons, donnons de toutes parts.
> Que chacun à l'envi combatte,
>   Que l'on abatte
> Les tours et les remparts.

Alceste est reprise, et probablement Lycomède est tué, car on n'entend plus parler de lui. Mais, dans le combat, Admète est grièvement blessé, il va mourir si quelqu'un ne meurt volontairement à sa place. Le théâtre représente un grand monument élevé par les arts. Un autel *vide* paraît au milieu pour servir à porter l'image de la personne qui s'immolera pour Admète. Cette personne ne se présente pas ; alors Alceste se dévoue. L'autel s'ouvre et l'on voit sortir l'image d'Alceste qui se perce le sein. La voilà descendue aux sombres bords. Désolation générale. Hercule, qui allait partir pour *vaincre un tyran* quelconque, se ravise alors et tient à Admète cet étrange langage :

> J'aime Alceste; il est temps de ne m'en plus défendre;
> Elle meurt; ton amour n'a plus rien à prétendre.
> Admète, cède-moi la beauté que tu perds;
> Au palais de Pluton j'entreprends de descendre :
>   J'irai jusqu'au fond des enfers
>   Forcer la mort à me la rendre.

Admète consent à cette étrange transaction et répond à Hercule :

> Qu'elle vive pour vous avec tous ses appas,
> Admète est trop heureux pourvu qu'Alceste vive.

Le grand Alcide arrive au bord du Styx. Il y trouve Caron repoussant à grand coups d'aviron les misérables ombres qui n'ont pas de quoi payer leur passage.

UNE OMBRE *qui n'a pas d'argent.*
Hélas! Caron, hélas! hélas!

CARON.
Crie hélas! tant que tu voudras;
Rien pour rien en tous lieux est une loi suivie;
Les mains vides sont sans appas,
Et ce n'est point assez de payer dans la vie,
Il faut encor payer au delà du trépas.

Hercule s'élance dans la barque, qui craque sous son poids et fait eau de toutes parts. Il parvient néanmoins sur l'autre bord. Arrivé près du palais de Pluton, Alecton donne l'alarme. Pluton furieux s'écrie :

Qu'on arrête ce téméraire;
Armez-vous, amis, armez-vous.
Qu'on déchaîne Cerbère,
Courez tous, courez tous.

On entend aboyer Cerbère.
Mais Proserpine est touchée de l'amour d'Alcide pour Alceste, et décide Pluton à la lui rendre.

Il faut que l'amour extrême
Soit plus fort
Que la mort,

Alceste, revenue sur la terre, pleure en apprenant qu'elle est devenue la propriété de son libérateur. Admète, de son côté, n'est pas gai. Hercule s'aperçoit de toutes ces tristesses.

Vous détournez les yeux! je vous trouve insensible!

ALCESTE.
Je fais ce qui m'est possible
Pour ne regarder que vous.

Ceci ne fait pas le compte d'Hercule; mais comme après tout ce demi-dieu est un brave homme, il fait un effort sur lui-même, et, remettant Alceste à son époux, il lui chante:

Non, vous ne devez pas croire
Qu'un vainqueur des tyrans soit tyran à son tour.

> Sur l'enfer, sur la mort j'emporte la victoire;
> Il ne manque plus à ma gloire
> Que de triompher de l'Amour.

Et voilà pourquoi ce curieux opéra s'appelle *Alceste ou le Triomphe d'Alcide*. On trouve encore dans cette tragédie lyrique beaucoup d'autres personnages que je n'ai pas désignés. Il y a, entre autres, une petite drôlesse de quinze ans, suivante d'Alceste, aimée de Lycas et de Straton, confidents d'Hercule et de Lycomède, et qui débite des moralités de cette force quand ses deux amoureux la pressent de faire un choix entre eux :

> Je n'ai point de choix à faire :
> Parlons d'aimer et de plaire,
> Et vivons toujours en paix.
> L'hymen détruit la tendresse
> Il rend l'amour sans attraits :
> Voulez-vous aimer sans cesse?
> Amants, n'épousez jamais.

Boileau, convenons-en, n'avait pas grand tort de fustiger cette poésie de confiseur et de perruquier :

> Et tous ces lieux communs de morale lubrique
> Que Lulli réchauffa des sons de sa musique.

Seulement il aurait dû dire : que Lulli *refroidit*, car rien de glacial, de languissant, de plat, de misérable comme les sons de cette musique à la fois vieillote et enfantine.

L'excellent chanteur Alizard a fait entendre plusieurs fois dans les concerts, et non sans succès, la scène de Caron avec les ombres.

Le rhythme donne à ce morceau une certaine rondeur bouffonne qui plaisait au public et qu'on applaudissait en riant, sans savoir précisément si l'on riait des paroles ou de la musique. L'expression de la partie de chant est vraie, et le thème :

> Il faut passer tôt ou tard,
> Il faut passer dans ma barque.

convient on ne peut mieux au caractère d'un Caron demi-grotesque tel que celui de Quinault.

Au reste, si l'on veut avoir aujourd'hui une idée assez juste du style musical de Lulli, on le peut en écoutant au Théâtre-Français les morceaux qu'il écrivit pour les comédies de Molière, et sa musique d'*Alceste* a la couleur, le ton et toutes les allures de celle du *Bourgeois gentilhomme*.

Il n'avait que de très-rares idées et appliquait à tous les genres le seul procédé de composition qu'il connût. Cela devait être chez les musiciens de l'enfance de l'art, et c'est ainsi que Palestrina, dans un genre essentiellement différent, composa des chansons de table semblables à ses messes, et que tant d'autres ont fait des messes semblables à des chansons de table.

Une opinion assez répandue attribue la monotonie des œuvres des très-anciens compositeurs au peu de ressources dont ils disposaient; on dit : « Les instruments dont nous nous servons n'étaient pas inventés. » C'est une erreur évidente; Palestrina n'écrivait que pour des voix, et les chanteurs de son époque étaient probablement fort capables d'exécuter autre chose que des contre-points à cinq ou six parties. Quant aux instrumentistes, bien qu'ils fussent, au temps de Lulli, peu exercés et d'une infériorité incontestable relativement aux nôtres, un compositeur moderne de talent pourrait tirer un assez grand parti de ceux qu'il avait à ses ordres. Il ne faut pas attribuer une telle importance aux moyens matériels de l'art des sons. Une sonate de Beethoven, exécutée sur une épinette, n'en restera pas moins une merveille d'inspiration, quand tant d'autres que je pourrais citer, exécutées sur le plus magnifique des pianos d'Érard ou de Broadwood, demeureront des non-sens et des platitudes.

Les arts enfants ne connaissent pas tous les mots de leur langue, et une foule de préjugés dont ils sont fort lents à se débarrasser les empêchent d'ailleurs de les apprendre. Qu'un homme doué d'un vrai génie, de cette réunion de facultés qui comporte nécessairement, avec la puissance créatrice, le bon sens à sa plus haute expression, la force, l'esprit, le courage et un certain mépris des jugements de la foule, paraisse à ces époques crépusculaires, et, en dépit de tous les obstacles, il fait faire à l'art spécial auquel il s'est voué, un mouvement subit de progression, s'il ne peut à lui seul opérer son émancipation complète. Tel fut Gluck, dont nous allons étudier la grande œuvre.

Nous avons vu ce que l'*Alceste* d'Euripide était devenue entre les mains de Quinault et l'étrange poésie

> Que Lulli refroidit des sons de sa musique.

Plus tard, un homme qui n'était pas, comme le musicien florentin, *écuyer, conseiller, secrétaire du roi maison couronne de France et de ses finances*, pas même *surintendant de la musique* d'une majesté quelconque, mais qui avait une puissante intelligence, un cœur chaud plein de l'amour du beau, et un esprit hardi, Gluck enfin jeta les yeux sur l'*Alceste* d'Euripide et la choisit pour texte d'un opéra. Il comptait écrire cet ouvrage d'un style tel, que ce fût le point de départ d'une révolution radicale dans la musique dramatique. Gluck vivait alors à Vienne, après avoir fait un long séjour en Italie. Et c'est pendant ce voyage qu'il avait pris en si profond mépris le système de composition musicale, seul alors en usage dans les théâtres, qui choquait à la fois le bon sens et les plus nobles instincts du cœur humain, d'après lequel un opéra devait être en général un prétexte pour faire briller des chanteurs venant sur la scène *jouer du larynx* comme dans un concert les virtuoses y viennent jouer de la clarinette ou du hautbois.

Il vit que l'art musical possédait une puissance bien autrement grande que celle de chatouiller l'oreille par d'agréables vocalisations, et il se demanda pourquoi cette puissance expressive, qu'on ne pouvait méconnaître dans la mélodie, dans l'harmonie et aussi dans l'instrumentation, ne serait pas employée à produire des œuvres raisonnables, émouvantes, dignes enfin de l'intérêt d'un auditoire sérieux et des gens de goût. Sans exclure la sensation, il voulut que la part fût faite au sentiment ; sans considérer la poésie comme l'objet principal de l'opéra, il pensa qu'elle devait être unie à la musique, de telle sorte qu'il ne pût résulter de cette union qu'un seul tout dont la force expressive serait incomparablement plus grande que celle de l'un ou de l'autre art pris isolément. Un poëte italien qui se trouvait alors à Vienne et avec lequel il eut de fréquents entretiens à ce sujet, entrant avec chaleur et conviction dans ses vues, l'aida à faire le plan de cette indispensable réforme et devint, comme nous le verrons, son intelligent collaborateur.

Il ne faut pas croire pourtant que Gluck se soit avisé tout d'un coup pour *Alceste* d'introduire sur la scène la musique expressive et dramatique. *Orfeo*, qui précéda *Alceste*, prouve le contraire. Depuis longtemps d'ailleurs il avait préludé à cette hardiesse ; son instinct l'y poussait, et déjà, en maint endroit de ses partitions italiennes, écrites en Italie pour des Italiens, il avait osé produire des morceaux du style le plus sévère, le plus expressif et le plus noblement beau. La preuve qu'ils méritent ces éloges, c'est que plus tard il les a lui-même trouvés dignes de prendre place dans ses plus illustres partitions françaises, pour lesquelles on croit à tort qu'ils furent écrits, tant ils ont été adaptés avec soin à de nouvelles scènes et mis en œuvre avec sagacité.

L'air de *Telemaco* : « *Umbra mesta del padre* » dans l'opéra italien de ce nom, a été transformé en un duo aujourd'hui fameux de l'*Armide* : « Esprits de haine et de rage. » On peut citer encore parmi les morceaux de cette partition italienne, qu'il a en quelque sorte dépouillée au bénéfice de ses opéras français, un air d'*Ulysse* qui sert de thème à l'introduction instrumentale de l'ouverture d'*Iphigénie en Aulide*; un autre air de *Télémaque*, dont une grande partie se retrouve dans celui d'Oreste d'*Iphigénie en Tauride* : « Dieux qui me poursuivez ; » la scène tout entière de Circé évoquant les esprits infernaux pour changer en bêtes les compagnons d'Ulysse, qui est devenue celle de la Haine dans *Armide*; le grand air de Circé, dont l'auteur a fait, en en développant un peu l'orchestration, l'air en *la* au quatrième acte d'*Iphigénie en Tauride*: « Je t'implore et je tremble ; » l'ouverture, qu'il a seulement enrichie d'un thème épisodique, pour la faire précéder l'opéra d'*Armide*. On se prend à regretter qu'il n'ait pas complété le pillage de *Telemaco*, en employant quelque part l'adorable air de la nymphe Asteria :

Ah! l'ho presente ognor,

une merveille. L'expression des regrets d'un amour dédaigné est telle dans cette élégie, que jamais, depuis lors, chez aucun maître, ni chez Gluck lui-même, elle ne revêtit une forme aussi belle et n'emprunta à un cœur brisé des accents aussi mélodieusement douloureux.

Enfin, pour terminer la liste des emprunts que Gluck a faits à ses partitions italiennes, et où nous trouvons la preuve évidente qu'il avait écrit de la musique *dramatique* bien longtemps avant de produire *Alceste*, citons encore l'air immortel : « O malheureuse Iphigénie » de l'*Iphigénie en Tauride*, tiré tout entier de son opéra italien de *Tito*; le charmant chœur de l'*Alceste* française : « Parez vos fronts de fleurs nouvelles; » le chœur final d'*Iphigénie en Tauride*: « Les dieux longtemps en courroux, » tirés l'un et l'autre de la partition d'*Elena e Paride*.

Le choix du sujet qu'il voulait traiter dans un nouvel opéra étant tombé sur l'*Alceste* d'Euripide, Calsabigi, alors poëte de la cour de Marie-Thérèse, et qui comprenait bien le génie et les intentions de Gluck, se mit à l'œuvre. Il élagua prudemment du poëme grec tout ce que nous appelons aujourd'hui des défauts, et sut en faire jaillir des situations nouvelles fort dramatiques et on ne peut plus favorables, il faut en convenir, aux grands développements d'un opéra. Il supprima seulement, et il eut grand tort, je le crois, le personnage d'Hercule, dont il était possible de tirer un si heureux parti. Au début de l'action, dans son poëme, le peuple thessalien est assemblé devant le palais de Phérès, attendant des nouvelles de la santé d'Admète, gravement malade. Un héraut annonce à la foule consternée que le roi touche à ses derniers moments. La reine paraît suivie de ses enfants, et invite le peuple à se rendre avec elle au temple d'Apollon pour implorer ce dieu en faveur d'Admète.

La décoration change et la cérémonie religieuse commence dans le temple. Le prêtre consulte les entrailles des victimes, et, saisi de terreur, annonce que le dieu va parler. Tous se prosternent, et au milieu d'un silence solennel la voix de l'oracle fait entendre ces mots :

Il re morrà s'altro per lui non more.

Le roi doit mourir aujourd'hui.
Si quelque autre au trépas ne se livre pour lui.

Le prêtre interroge la foule consternée : « Qui de vous à la mort veut s'offrir? Personne ne répond!... Votre roi va mourir! » Le peuple se disperse en tumulte et laisse la malheureuse reine à demi évanouie au pied de l'autel. Mais Admète ne mourra pas; Alceste, dans un mouvement sublime de tendresse héroïque, s'approche de la statue d'Apollon et jure solennellement de donner sa vie pour son époux. Le prêtre rentre annoncer à Alceste que son sacrifice est accepté, et qu'à la fin du jour les ministres du dieu des morts viendront l'attendre aux portes de l'enfer. Cet acte est rempli de mouvement et excite de vives émotions. Au second, toute la ville de Phères est dans l'ivresse, Admète est rétabli; nous le voyons, plein de joie, recevoir les félicitations de ses amis. Mais Alceste ne paraît pas, et le roi s'inquiète de son absence. Elle est au temple, dit-on, elle est allée remercier les dieux du rétablissement du roi. Alceste revient, et malgré tous ses efforts, loin de partager l'allégresse publique, elle laisse échapper de douloureux sanglots. Admète la supplie et lui ordonne enfin de faire connaître la cause de ses larmes, et la malheureuse femme avoue la vérité. Désespoir du roi, qui refuse d'accepter cet affreux sacrifice; il jure que si Alceste s'obstine à l'accomplir, il n'en mourra pas moins.

Cependant l'heure approche; Alceste a pu échapper à la surveillance du roi et s'est rendue à l'entrée du Tartare : « Que veux-tu? lui crient des voix invisibles. Le moment n'est pas encore venu; attends que le jour ait fait place aux ténèbres; tu n'attendras pas longtemps. » A ces étranges et lugubres accents, aux sombres lueurs qui s'échappent de l'antre infernal, Alceste sent la raison l'abandonner; elle court éperdue autour de l'autel de la mort, chancelante, à demi folle de terreur, et pourtant elle persiste dans son dessein. Admète accourt et redouble de supplications pour l'empêcher de l'exécuter. Pendant ce déchirant débat l'heure est venue; une divinité infernale, sortant de l'abîme, vient s'abattre sur l'autel de la Mort, du haut duquel elle somme la reine de tenir sa promesse.

Du bord du Styx Caron, le funèbre nocher, appelle Alceste en sonnant à trois reprises de sa conque aux sons rauques et caverneux. Le dieu des enfers laisse pourtant encore un refuge à Alceste contre sa terrible résolution; il peut la relever de son vœu; mais si elle le révoque Admète à l'instant mourra. « Qu'il vive! s'écrie-t-elle, et des enfers montrez-moi le chemin! » Aussitôt, malgré les cris d'Admète, une troupe de démons vient saisir la reine et l'entraîne au Tartare. Dans le drame de Calsabigi, Apollon, bientôt après, apparaissait dans un nuage et rendait Alceste vivante à son époux. Dans la pièce française, ce dénoûment avait été d'abord conservé; quelques années après la première représentation, le bailli Durollet, auteur de la traduction de l'*Alceste* italienne, crut devoir faire brusquement intervenir Hercule; et c'est lui maintenant qui descend aux enfers et en ramène Alceste. Apollon n'en paraît pas moins, mais seulement pour féliciter le héros de sa belle action et lui annoncer que sa place est déjà marquée au rang des dieux.

On le voit, Calsabigi s'est conformé aux exigences du goût et des mœurs modernes dans l'arrangement de son drame; il y a un nœud, une action, on y trouve les surprises voulues. Admète, loin d'accepter le dévouement de la reine, tombe dans le désespoir quand il en est instruit. La scène du temple, qui ne se trouve pas et ne pouvait se trouver dans Euripide, est d'une saisissante majesté. Le caractère d'Alceste, au cœur noble mais non intrépide, qui tremble devant l'accomplissement d'un vœu qu'elle ne remplit pas moins, est bien soutenu. Les réjouissances publiques après le rétablissement du roi forment le contraste le plus dramatique avec la douleur de la reine, obligée d'y assister et qui ne peut contenir ses larmes.

Mais, quoi qu'en ait dit Gluck dans son épître dédicatoire adressée à l'archiduc Léopold, grand-duc de Toscane, il y a dans le poëme d'*Alceste* peu de variété. Les accents de douleur, d'effroi, de désespoir s'y succèdent presque continuellement, et il est impossible que le public n'en soit pas promptement fatigué. De là les reproches qu'on fit à la musique de Gluck à Vienne et à Paris, reproches que la pièce seule méritait. On ne saurait au contraire assez admirer la richesse d'idées, l'inspiration constante, la véhémence des accents avec lesquelles, d'un bout à l'autre de sa partition, Gluck a su combattre, autant qu'il était possible, cette fâcheuse monotonie.

Nous avons, il y a plus de vingt ans, examiné déjà avec quelques détails le système de Gluck et l'exposé qu'il en fait dans l'épître dédicatoire qui sert de préface à l'*Alceste* italienne. On nous permettra d'y revenir en y ajoutant quelques observations nouvelles.

« Lorsque j'entrepris, dit-il, de mettre en musique l'opéra

d'*Alceste*, je me proposai d'éviter tous les abus que la vanité mal entendue des chanteurs et l'excessive complaisance des compositeurs avaient introduits dans l'opéra italien, et qui du plus pompeux et du plus beau de tous les spectacles en avaient fait le plus ennuyeux et le plus ridicule; je cherchai à réduire la musique à sa véritable fonction, celle de seconder la poésie pour fortifier l'expression des sentiments et l'intérêt des situations sans interrompre l'action et la refroidir par des ornements superflus; je crus que la musique devait ajouter à la poésie ce qu'ajoutent à un dessin correct et bien composé la vivacité des couleurs et l'accord heureux des lumières et des ombres qui servent à animer les figures sans en altérer les contours.

« Je me suis bien gardé d'interrompre un acteur dans la chaleur du dialogue, pour lui faire attendre la fin d'une ritournelle, ou de l'arrêter au milieu de son discours sur une voyelle favorable, soit pour déployer dans un long passage l'agilité de sa belle voix, soit pour attendre que l'orchestre lui donnât le temps de reprendre haleine pour faire une cadence. Je n'ai pas cru devoir passer rapidement sur la seconde partie d'un air, bien qu'elle fût la plus passionnée et la plus importante, et finir l'air quand le sens ne finit pas, pour donner facilité au chanteur de faire voir qu'il peut varier capricieusement un passage de diverses manières; en somme, j'ai tenté de bannir tous ces abus contre lesquels depuis longtemps réclamaient en vain le bon sens et la raison.

« J'ai imaginé que l'ouverture devait prévenir les spectateurs sur le caractère de l'action qu'on allait mettre sous leurs yeux et leur en indiquer le sujet; que les instruments ne devaient être mis en action qu'en proportion du degré d'intérêt ou de passion, et qu'il fallait éviter de laisser dans le dialogue une disparate trop tranchante entre l'air et le récitatif, ne pas tronquer à contre-sens la période et ne pas interrompre mal à propos le mouvement et la chaleur de la scène. J'ai cru encore que mon travail devait avoir surtout pour but de chercher une belle simplicité, et j'ai évité de faire parade de difficultés aux dépens de la clarté; je n'ai attaché aucun prix à la découverte d'une nouveauté, à moins qu'elle ne fût naturellement donnée par la situation et liée à l'expression; enfin il n'y a aucune règle que je n'aie cru devoir sacrifier de bonne grâce en faveur de l'effet. »

Cette profession de foi nous paraît admirable, en général, de franchise et de raison; les points de doctrine qui en forment le fond, et dont on a fait depuis quelques années un abus si monstrueux et si ridicule, sont basés sur des raisonnements fort justes et sur un profond sentiment de la vraie musique dramatique. A part quelques-uns que nous signalerons tout à l'heure, ces principes sont d'une telle excellence, qu'ils ont été en grande partie suivis par la plupart des grands compositeurs de toutes les nations. Maintenant Gluck, en promulguant cette théorie dont le moindre sentiment de l'art et même le simple bon sens démontraient à son époque la nécessité, n'en a-t-il pas un peu exagéré en quelques endroits les conséquences? C'est ce qu'on méconnaîtra difficilement après un examen impartial, et lui-même dans ses ouvrages ne l'a pas appliquée avec une rigoureuse exactitude. Ainsi, dans l'*Alceste* italienne, on trouve des récitatifs accompagnés seulement de la basse chiffrée et probablement par les accords du cembalo (clavecin), comme il était d'usage alors dans les théâtres italiens. Il résulte pourtant de cette sorte d'accompagnement et de ce genre de récitation vocale une *disparate fort tranchée* entre le récitatif et l'air.

Plusieurs de ses airs sont précédés d'un assez long solo instrumental; il faut bien alors que le chanteur garde le silence et *attende la fin de la ritournelle*. En outre, il emploie fréquemment une forme d'airs qu'il aurait dû proscrire dans sa théorie sur la musique dramatique. Je veux parler des airs à reprises dont chaque partie se dit deux fois sans que cette répétition soit en rien motivée et comme si le public avait demandé *bis*. Tel est l'air d'Alceste :

> Je n'ai jamais chéri la vie
> Que pour te prouver mon amour;
> Ah! pour te conserver le jour,
> Qu'elle me soit cent fois ravie !

Pourquoi, lorsque la mélodie est arrivée à la cadence sur le ton de la dominante, recommencer sans le moindre changement ni dans la partie vocale ni dans l'orchestre :

> Je n'ai jamais chéri la vie, etc.?

A coup sûr le sens dramatique est choqué d'une pareille répétition, et si quelqu'un a dû s'abstenir de cette faute contre le naturel et la vraisemblance, c'est Gluck. Pourtant il l'a commise dans presque tous ses ouvrages. On n'en trouve pas d'exemples dans la musique moderne, et les compositeurs qui succédèrent à Gluck se sont montrés sous ce rapport plus sévères que lui.

Maintenant, quand il dit que la musique d'un drame lyrique n'a d'autre but que d'ajouter à la poésie ce qu'ajoute le coloris au dessin, je crois qu'il se trompe essentiellement. La tâche du compositeur dans un opéra est, ce me semble, d'une bien autre importance. Son œuvre contient à la fois le dessin et le coloris, et, pour continuer la comparaison de Gluck, les paroles sont le *sujet* du tableau, à peine quelque chose de plus. L'expression n'est pas le seul but de la musique dramatique; il serait aussi maladroit que pédantesque de dédaigner le plaisir purement sensuel que nous trouvons à certains effets de mélodie, d'harmonie, de rhythme ou d'instrumentation, indépendamment de tous leurs rapports avec la peinture des sentiments et des passions du drame. Et, de plus, voulût-on même priver l'auditeur de cette source de jouissances et ne pas lui permettre de raviver son attention en la détournant un instant de son objet principal, il y aurait encore à citer un bon nombre de cas où le compositeur est appelé à soutenir seul l'intérêt de l'œuvre lyrique. Dans les danses de caractère, par exemple, dans les pantomimes, dans les marches, dans tous les morceaux enfin dont la musique instrumentale fait seule les frais, et qui par conséquent n'ont pas de paroles, que devient l'importance du poëte?... La musique doit bien, là, contenir forcément le dessin et le coloris.

Si l'on excepte quelques-unes de ces brillantes sonates d'orchestre où le génie de Rossini se jouait avec tant de grâce, il est certain que, il y a trente ans encore, la plupart des compilations instrumentales honorées par les Italiens du nom d'ouvertures étaient de grotesques non-sens. Mais combien ne devaient-elles pas être plus plaisantes il y a cent ans, quand Gluck lui-même, entraîné par l'exemple, et qui d'ailleurs il faut bien le reconnaître, ne fut pas à beaucoup près aussi grand comme musicien proprement dit que comme musicien scénique, ne craignait pas de laisser tomber de sa plume l'incroyable niaiserie intitulée *Ouverture d'Orphée!* Il fit mieux pour *Alceste* et surtout pour *Iphigénie en Aulide*. Sa théorie des ouvertures expressives donna l'impulsion qui produisit plus tard des chefs-d'œuvre symphoniques, qui, malgré la chute ou l'oubli profond des opéras pour lesquels ils furent écrits, sont restés debout, péristyles superbes de temples écroulés. Pourtant, ici encore, en outrant une idée juste, Gluck est sorti du vrai; non pas cette fois pour restreindre le pouvoir de la musique, mais pour lui en attribuer un au contraire qu'elle ne possédera jamais : c'est quand il dit que l'ouverture doit indiquer le *sujet* de la pièce. L'expression musicale ne saurait aller jusque-là; elle reproduira bien la joie, la douleur, la gravité, l'enjouement; elle établira une différence saillante entre la joie d'un peuple pasteur et celle d'une nation guerrière, entre la douleur d'une reine et le chagrin d'une simple villageoise, entre une méditation sérieuse et calme et les ardentes rêveries qui précèdent l'éclat des passions. Empruntant ensuite aux différents peuples le style musical qui leur est propre, il est bien évident qu'elle pourra faire distinguer la sérénade d'un brigand des Abruzzes de celle d'un chasseur tyrolien ou écossais, la marche nocturne de pèlerins aux habitudes mystiques de celle d'une troupe de marchands de bœufs revenant de la foire; elle pourra mettre l'extrême brutalité, la trivialité, le grotesque, en opposition avec la pureté angélique, la noblesse et la candeur. Mais si elle veut sortir de ce cercle immense, la musique devra, de toute nécessité, avoir recours à la parole chantée, récitée ou lue, pour combler les lacunes que ses moyens d'expression laissent dans une œuvre qui s'adresse en même temps à l'esprit et à l'imagination. Ainsi l'ouverture d'*Alceste* annoncera des scènes de désolation et de tendresse, mais elle ne saurait dire ni l'objet de cette tendresse ni les causes de cette désolation; elle n'apprendra jamais au spectateur que l'époux d'Alceste est un roi de Thessalie condamné par les dieux à perdre la vie si quelqu'un ne se dévoue à la mort pour lui; c'est là pourtant le *sujet* de la pièce. Peut-être s'étonnera-t-on de trouver l'auteur de cet article imbu de tels principes, grâce à certaines gens qui l'ont cru ou ont feint de le croire, dans ses opinions sur la puissance expressive de la musique, aussi loin au delà du vrai qu'ils le sont en deçà, et lui ont, en conséquence, prêté généreusement leur part entière de ridicule. Ceci soit dit sans rancune, en passant.

La troisième proposition dont je me permettrai de contester l'à-propos dans la théorie de Gluck est celle par laquelle il déclare n'attacher aucun prix à la *découverte d'une nouveauté*. On avait déjà barbouillé bien du papier réglé à son époque, et une découverte musicale quelconque, ne fût-elle qu'indirectement liée à l'expression scénique, n'était pas à dédaigner.

Pour toutes les autres, je crois qu'on ne saurait les combattre avec chance de succès, voire même la dernière, qui annonce une indifférence pour les règles que beaucoup de professeurs trouveront blasphématoire et impie. Gluck bien qu'il ne fut pas, je le répète, un musicien proprement dit de la force de quelques-uns de ses successeurs, l'était pourtant assez pour avoir le droit de répondre à ses critiques ce que Beethoven osa dire un jour : « Qui donc défend cette harmonie? — Fux, Albrechtsberger et vingt autres théoriciens. — Eh bien, moi, je la permets, » ou de leur faire encore cette réponse laconique d'un de nos plus grands poëtes lisant une de ses œuvres devant le comité du Théâtre-Français. Un des membres de l'aréopage l'ayant interrompu timidement au milieu de sa lecture : « Qu'y a-t-il, monsieur? répliqua le poëte avec un calme écrasant. — Mais il me semble... je trouve... — Quoi donc, monsieur? — Que cette expression n'est pas française. — Elle le sera, monsieur. »

Cette superbe assurance convient même mieux au musicien qu'au poëte; il est plus autorisé à croire possible l'admission de ses néologismes, sa langue n'étant pas une langue de convention.

Nous savons maintenant quelles furent les théories de Gluck sur la musique dramatique. Certes, l'*Alceste* est l'une des plus magnifiques applications qu'il en ait faites, l'*Alceste* française surtout. Pendant les années qui séparent la composition de cet ouvrage à Vienne de sa représentation à Paris, le génie de l'auteur semble s'être agrandi, raffermi. L'opposition qu'il rencontra chez ses compatriotes comme chez les Italiens paraît avoir doublé ses forces et donné plus de pénétration à son esprit. De là l'admirable transformation de l'*Alceste* italienne, dont plusieurs morceaux ont été conservés intégralement, il est vrai, dans l'opéra français (on ne voit pas trop, tant ils sont beaux, quelles modifications l'auteur y aurait pu apporter), mais dont beaucoup d'autres, au contraire (à une seule exception que nous signalerons), ont reçu un perfectionnement sensible en passant sur notre scène et en s'unissant à notre langue. Les contours mélodiques de ceux-là sont devenus plus amples, plus nets, certains accents plus pénétrants, l'instrumentation s'est enrichie en devenant plus ingénieuse, et en outre un nombre assez grand de morceaux nouveaux, airs, chœurs et récitatifs, ont été ajoutés à la partition, dont le compositeur semble avoir pétri l'élément musical, comme fait le sculpteur de la terre dont il façonne sa statue.

En relisant ce que j'écrivis autrefois sur la partition d'*Alceste*, je trouve des critiques qui ne me paraissent plus justes. J'avais pourtant été vivement frappé par toutes les beautés qu'elle contient, et certes je n'oublierai jamais l'impression que je ressentis à la répétition générale à laquelle j'assistai lors de la rentrée de madame Branchu dans le rôle principal, en 1825. Mais je me sentais alors si violemment passionné pour cette œuvre, que la crainte de tomber dans un fanatisme aveugle devint chez moi une préoccupation, et que je crus m'y soustraire en cherchant à blâmer certaines choses que j'admirais en réalité. Aujourd'hui je n'ai plus cette crainte, je suis sûr que mon admiration n'est point aveugle, et je ne veux pas, par des scrupules déplacés, en atténuer l'expression.

L'ouverture, sans être très-riche d'idées, contient plusieurs accents pathétiques et touchants; la couleur sombre y domine; l'instrumentation n'en a pas l'éclat ni la violence des compositions instrumentales de notre temps; elle est plus chargée et plus forte néanmoins que celle des autres ouvertures de Gluck. Les trombones y figurent dès le commencement; les trompettes et les timbales seules en sont exclues. Il est bon de dire à ce sujet que, par une singularité dont on citerait peu d'exemples, il n'y a pas une note de trompettes ni de timbales dans tout l'opéra (à l'exception des deux trompettes qui se font entendre sur la scène au moment où le héraut va parler au peuple).

Ajoutons, pour détruire certaines erreurs assez répandues, que Gluck, dans sa partition, a employé, avec les flûtes et les hautbois, les clarinettes, les bassons, les cors et les trombones. Dans l'*Alceste* italienne il a souvent recouru aux cors anglais; mais cet instrument n'étant pas connu en France quand il y arriva, il les remplaça partout très-habilement, dans l'*Alceste* française, par des clarinettes. Il n'y a pas non plus de petites flûtes dans cet ouvrage; il en a banni tout ce qui est criard, perçant et brutal, pour ne recourir qu'aux sonorités douces ou grandioses.

L'ouverture d'*Alceste,* ainsi que celles d'*Iphigénie en Aulide,* de *Don Giovanni,* de *Démophoon,* ne finit pas complétement avant le lever de la toile; elle se lie au premier morceau de l'opéra par un enchaînement harmonique au moyen duquel la cadence se trouve suspendue indéfiniment. Je ne vois pas trop, malgré l'emploi qu'en ont fait Gluck, Mozart et Vogel, quel peut être l'avantage de cette forme inachevée pour les ouvertures. Elles sont mieux liées à l'action, il est vrai; mais l'auditeur, désappointé de se voir privé de la conclusion de la préface instrumentale, en éprouve un instant de malaise fatal à ce qui précède, sans être très-favorable à ce qui suit; l'opéra y gagne peu et l'ouverture y perd beaucoup.

Au lever de la toile, le chœur, entrant sur un accord qui rompt la cadence harmonique de l'orchestre, s'écrie : « Dieux, rendez-nous notre roi, notre père! » Cette exclamation nous fournit dès la première mesure le sujet d'une observation applicable au tissu vocal de tous les autres chœurs de Gluck.

On sait que la classification naturelle des voix humaines est celle-ci : *soprano* et *contralto* pour les femmes, *ténor* et *basse* pour les hommes. Les voix féminines se trouvant à l'octave supérieure des voix masculines, et dans le même rapport entre elles, le *contralto,* dont l'échelle est d'une quinte au-dessous de celle du *soprano,* est donc à celui-ci exactement comme la *basse* est au *ténor.* On prétendait à l'Opéra, il y a trente ans encore, que la France ne produisait pas de contralti. En conséquence, les chœurs français ne possédaient que des soprani, et les contralti s'y trouvaient remplacés par une voix criarde, forcée et assez rare, qu'on appelait haute-contre, et qui n'est, à tout prendre, qu'un premier ténor.

Gluck, en arrivant à Paris, se vit forcé d'abandonner l'excellente disposition chorale adoptée en Italie et en Allemagne, pour se conformer à l'usage français. Il dérangea sa partie de contralto pour l'approprier à la voix de haute-contre. Soixante ans après, on découvrit que la nature produisait des contralti en France comme ailleurs. Nous possédons en conséquence à l'Opéra aujourd'hui beaucoup de ces voix graves de femmes et très-peu de hautes-contre. On a donc eu raison de rétablir presque partout dans *Alceste* la hiérarchie vocale naturelle que Gluck avait observée dans sa partition italienne. Je dis que cette restitution des contralti a été opérée *presque* partout, parce qu'en effet elle ne peut pas être faite sans restrictions; il est des chœurs écrits pour des voix d'hommes seulement, dans lesquels la partie de haute-contre doit nécessairement rester aux premiers ténors.

Le chœur « O dieux! qu'allons-nous devenir? » suivant l'annonce du héraut, est plein d'une tristesse noble, qui fait mieux ressortir par sa gravité l'agitation de la stretta qui lui succède : « Non, jamais le courroux céleste, » dont les principaux dessins mélodiques sont aussi bien déclamés et d'une accentuation aussi vraie que les plus savants récitatifs.

Il en est de même du chœur dialogué : « O malheureux Admète, » dont la dernière phrase surtout, « malheureuse patrie! » est d'une poignante vérité d'expression.

Dans le récitatif d'Alceste à son entrée, l'âme tout entière de la jeune reine se dévoile en quelques mesures. Le bel air : « Grands dieux, du destin qui m'accable, » est à trois mouvements : un mouvement lent à quatre temps, un autre à trois temps, et un allegro agité. C'est dans cet agitato que se trouve ce bel accent d'orchestre, repris ensuite par la voix, avec ces mots : « Quand je vous presse sur mon sein, » et dont un musicien disait un jour : « C'est le *cœur de l'orchestre* qui s'agite! » Cet air présente, pour la diction des paroles, l'enchaînement des phrases mélodiques et l'art de ménager la force des accents jusqu'à l'explosion finale, des difficultés dont la plupart des cantatrices ne se doutent pas.

La troisième scène s'ouvre dans le temple d'Apollon. Entrent le grand-prêtre, les sacrificateurs avec les trépieds enflammés et les instruments du sacrifice, ensuite Alceste conduisant ses enfants, les courtisans, le peuple. Ici Gluck a fait de la couleur locale s'il en fut jamais; c'est la Grèce antique qu'il nous révèle dans toute sa majestueuse et belle simplicité. Écoutez ce morceau instrumental, sur lequel entre le cortége; entendez (si vous n'avez pas près de vous quelque parleur impitoyable) cette mélodie douce, voilée, calme, résignée, cette pure harmonie, ce rhythme à peine sensible des basses dont les mouvements onduleux se dérobent sous l'orchestre, comme les pieds des prêtresses sous leurs blanches tuniques; prêtez l'oreille à la voix insolite de ces flûtes dans le grave, à ces enlacements des deux parties de violon dialoguant le chant, et dites s'il y a en musique quelque chose de plus beau, dans le sens antique du mot, que cette marche religieuse. L'instrumentation en est simple, mais exquise; il n'y a que les instruments à cordes et deux instruments à vent. Et là, comme en maint autre passage de ses œuvres, se décèle l'instinct de l'auteur; il a trouvé précisément les timbres qu'il fallait. Mettez deux hautbois à la place des flûtes et vous gâterez tout.

La cérémonie commence par une prière dont le grand-prêtre seul a prononcé d'un ton solennel les premiers mots : « Dieu puissant, écarte du trône, » entrecoupés de trois larges accords d'*ut* pris à demi-voix, puis enflés jusqu'au *fortissimo* par les instruments de cuivre. Rien de plus imposant que ce dialogue entre la voix du prêtre et cette harmonie pompeuse des *trompettes sacrées*. Le chœur, après un court silence, reprend les mêmes paroles dans un morceau assez animé à six-huit, dont la forme et la mélodie frappent d'étonnement par leur étrangeté. On s'attend, en effet, à ce qu'une prière soit d'un mouvement lent et dans une mesure tout autre que la mesure à six-huit. Pourquoi celle-ci, sans perdre de sa gravité, joint-elle à une espèce d'agitation tragique un rhythme fortement marqué et une instrumentation éclatante? Je penche fort à croire que certaines cérémonies religieuses de l'antiquité étant accompagnées, dit-on, de saltations ou danses symboliques, Gluck, préoccupé de cette idée, aura voulu donner à sa musique un caractère en rapport avec cet usage présumé. L'impression produite à la représentation par ce chœur semble prouver que malgré l'ignorance où sont les plus habiles chorégraphes sur le rituel des anciens sacrifices, son sens poétique n'a pas abusé le compositeur en le guidant dans cette voie.

Le récitatif obligé du grand-prêtre : « Apollon est sensible à nos gémissements, » est évidemment la plus ingénieuse et la plus étonnante application de cette partie du système de l'auteur, qui consiste à n'employer les masses instrumentales qu'en proportion du *degré d'intérêt et de passion*. Ici les instruments à cordes débutent seuls par un unisson dont le dessin se reproduit jusqu'à la fin de la scène avec une énergie croissante. Au moment où l'exaltation prophétique du prêtre commence à se manifester : « Tout m'annonce du dieu la présence suprême, » les seconds violons et les altos entament un *tremulando* arpégé, qui, s'il est bien exécuté en écrasant les cordes près du chevalet, produit un effet semblable au bruit d'une cataracte, et sur lequel tombe de temps en temps un coup violent des basses et des premiers violons. Les flûtes, les hautbois et les clarinettes n'entrent que successivement dans les intervalles des exclamations du pontife inspiré; les cors et les trombones se taisent toujours. Mais à ces mots :

> Le saint trépied s'agite,
> Tout se remplit d'un juste effroi!

la masse de cuivre vomit sa bordée si longtemps contenue, les flûtes et les hautbois font entendre leurs cris féminins; le frémissement des violons redouble, la marche terrible des basses ébranle tout l'orchestre : « Il va parler! » puis un silence subit :

> Saisi de crainte et de respect.
> Peuple, observe un profond silence.
> Reine, dépose à son aspect
> Le vain orgueil de la puissance!
> Tremble!...

Ce dernier mot, prononcé sur une seule note soutenue, pendant que le prêtre, promenant sur Alceste un regard égaré, lui indique du geste le degré inférieur de l'autel où elle doit incliner son front royal, couronne d'une manière sublime cette scène extraordinaire. C'est prodigieux, c'est de la musique de géant, dont jamais avant Gluck on n'avait soupçonné l'existence.

Après un long silence général, dont le compositeur, avec une précision qui n'était pas dans ses habitudes, a déterminé exactement la durée en faisant compter aux voix et aux instruments deux mesures et demie, on entend la voix de l'oracle :

> Le roi doit mourir aujourd'hui,
> Si quelque autre au trépas ne se livre pour lui.

Cette phrase, dite presque en entier sur une seule note, et les sombres accords de trombones qui l'accompagnent ont été imités ou plutôt copiés par Mozart dans *Don Giovanni*, pour les quelques mots prononcés par la statue du commandeur dans le cimetière. Le chœur à demi-voix qui suit est d'un grand caractère; c'est bien la stupeur et la consternation d'un peuple dont l'amour pour son roi ne va pas jusqu'à se dévouer pour lui. L'auteur a supprimé dans l'opéra français un second chœur qui, dans l'*Alceste* italienne, murmurait derrière la scène les mots : *Fuggiamo! fuggiamo!* pendant que le premier chœur, tout entier à son étonnement, répétait sans songer à fuir : *Che annunzio funesto!* (quel oracle funeste!) A la place de ce deuxième chœur, il a fait parler le grand-prêtre d'une façon tout à fait naturelle et dramatique. Nous indiquerons à ce sujet une tradition importante dont l'oubli affaiblirait l'effet de la péroraison de cette admirable scène. Voici en quoi elle consiste : à la fin du *largo* à trois temps qui précède la *coda* agitée « Fuyons, nul espoir ne nous reste, » le rôle du grand-prêtre indique, dans la partition, ces mots : « Votre roi va mourir ! » sous les notes *ut ut ré ré ré fa*, dans le *medium* et placées sur l'avant-dernier accord du chœur. A l'exécution, au contraire, le grand-prêtre attend que le chœur ne se fasse plus entendre, et au milieu de ce silence de mort il lance à l'*octave supérieure* son : « Votre roi va mourir ! » comme le cri d'alarme qui donne à cette foule épouvantée le signal de la fuite. Ce changement fut, dit-on, indiqué aux répétitions par Gluck lui-même, qui négligea de le faire reproduire dans sa partition.

Tous alors de se disperser en tumulte sur un chœur d'un admirable laconisme, abandonnant Alceste évanouie au pied de l'autel.

J. J. Rousseau a reproché à cet *allegro agitato* d'exprimer aussi bien le désordre de la joie que celui de la terreur. On peut répondre à cette critique que le musicien se trouvait là placé sur la limite ou sur le point de contact des deux passions, et qu'il lui était en conséquence à peu près impossible de ne pas encourir un pareil reproche. Et la preuve, c'est que, dans les vociférations d'une multitude qui se précipite d'un lieu à un autre, l'auditeur placé à distance ne saurait, sans être prévenu, découvrir si le sentiment qui agite la foule est celui de la frayeur ou d'une folle gaieté. Pour rendre plus complétement ma pensée, je dirai : Un compositeur peut bien écrire un chœur dont l'intention joyeuse ne saurait en aucun cas être méconnue, mais l'inverse n'a pas lieu ; et les agitations d'une foule traduites musicalement, quand elles n'ont pas pour cause la haine ou le désir de la vengeance, se rapprocheront toujours beaucoup, au moins pour le mouvement et le rhythme, du mouvement et des formes rhythmiques de la joie tumultueuse. On pourrait trouver à ce chœur un défaut plus réel au point de vue des nécessités de l'action scénique : il est trop court, et son laconisme nuit aussi à l'effet musical, puisque sur les dix-huit mesures qui le composent il est fort difficile aux choristes de trouver le temps de sortir de la scène sans sacrifier entièrement la dernière partie du morceau.

La reine, demeurée seule dans le temple, exprime son anxiété par un de ces récitatifs comme Gluck seul en a jamais su faire; ce monologue, déjà beau en italien, en français est sublime. Je ne crois pas qu'on puisse rien trouver de comparable, pour la vérité et la force de l'expression, à la musique (car un tel récitatif en est une aussi admirable que les plus beaux airs) des paroles suivantes :

> Il n'est plus pour moi d'espérance !
> Tout fuit... tout m'abandonne à mon funeste sort;
> De l'amitié, de la reconnaissance
> J'espérerais en vain un si pénible effort.
> Ah! l'amour seul en est capable !
> Cher époux, tu vivras; tu me devras le jour;
> Ce jour dont te privait la Parque impitoyable
> Te sera rendu par l'amour.

Au cinquième vers, l'orchestre commence un crescendo, image musicale de la grande idée de dévouement qui vient de poindre dans l'âme d'Alceste, l'exalte, l'embrase et aboutit à cet état d'orgueil et d'enthousiasme : « Ah! l'amour seul en est capable! » après quoi le débit devient précipité; la phrase vocale court avec tant d'ardeur que l'orchestre semble renoncer à la suivre, s'arrête haletant, et ne reparaît qu'à la fin pour s'épanouir en accords pleins de tendresse sous le dernier vers. Tout cela appartient en propre à la partition française, aussi bien que l'air suivant :

> Non, ce n'est point un sacrifice !

Dans ce morceau, qui est à la fois un air et un récitatif, la connaissance la plus complète des traditions et du style de l'auteur peut seule guider le chef d'orchestre et la cantatrice. Les changements de mouvement y sont fréquents, difficiles à prévoir, et quelques-uns ne sont pas marqués dans la partition. Ainsi, après le dernier temps d'arrêt, Alceste en disant : « Mes chers fils, je ne vous verrai plus! » doit ralentir la mesure d'un peu plus du double, de manière à donner aux notes *noires* une valeur égale à celle de *blanches pointées* du mouvement précédent. Un autre passage, le plus saisissant, deviendrait tout à fait un non-sens si le mouvement n'en était ménagé avec une extrême délicatesse; c'est à la seconde apparition du motif:

> Non, ce n'est point un sacrifice !
> Eh ! pourrai-je vivre sans toi,
> Sans toi, cher Admète?

Cette fois, au moment d'achever sa phrase, Alceste, frappée d'une idée désolante, s'arrête tout à coup à « Sans toi... » Un souvenir est venu étreindre son cœur de mère et briser l'élan héroïque qui l'entraînait à la mort... Deux hautbois élèvent leurs voix gémissantes dans le court intervalle de silence que laisse l'interruption soudaine du chant et de l'orchestre; aussitôt Alceste : « O mes enfants! ô regrets superflus! » Elle pense à ses fils, elle croit les entendre. Égarée et tremblante, elle les cherche autour d'elle, répondant aux plaintes entrecoupées de l'orchestre par une plainte folle, convulsive, qui tient autant du délire que de la douleur, et rend incomparablement plus frappant l'effort de la malheureuse pour résister à ces voix chéries, et répéter une dernière fois, avec l'accent d'une résolution inébranlable: « Non, ce n'est point un sacrifice. » En vérité, quand la musique dramatique est parvenue à ce degré d'élévation poétique, il faut plaindre les exécutants chargés de rendre la pensée du compositeur; le talent suffit à peine pour cette tâche écrasante; il faut presque du génie.

Le récitatif *Arbitres du sort des humains*, dans lequel Alceste, agenouillée aux pieds de la statue d'Apollon, prononce son terrible vœu, manque, comme l'air précédent, dans la partition italienne; l'accent en est énergique et grandiose. Il offre cela de particulier dans son instrumentation, que la voix y est presque constamment suivie à l'unisson et à l'octave par six instruments à vent, deux hautbois, deux clarinettes et deux cors, sur le *tremoto* de tous les instruments à cordes. Ce mot *tremoto* (tremblé) n'indique pas dans les partitions de Gluck ce frémissement d'orchestre qu'il a employé ailleurs fort souvent, et qu'on nomme trémolo, dans lequel la même note est répétée aussi rapidement que possible par une multitude de petits coups d'archet. Il ne s'agit ici que de ce tremblement du doigt de la main gauche appuyé sur la corde, et qui donne au son une sorte d'ondulation; Gluck l'indique par ce signe, placé sur les notes tenues : ⌇⌇⌇ et quelquefois aussi par le mot *appogiato* (appuyé). Il y a encore une autre espèce de tremblement qu'il emploie dans les récitatifs, dont l'effet est fort dramatique; il le désigne par des points placés au-dessus d'une grosse note, et couverts par un coulé ainsi : ⌒⃛ Cela signifie que les archets doivent répéter sans rapidité le même son d'une façon irrégulière, les uns faisant quatre notes par mesure, d'autres huit, d'autres cinq, ou sept, ou six, produisant ainsi une multitude de rhythmes divers qui, par leur incohérence, troublent profondément tout l'orchestre et répandent sur les accompagnements ce vague ému qui convient à tant de situations.

Dans le récitatif que je viens de citer, ce système d'orchestration avec le *tremoto appogiato*, la voix solennelle des instruments à vent suivant la partie de chant, les dessins formidables des basses descendant diatoniquement, pendant les intervalles de silence de la partie vocale, produisent un effet d'un grandiose incomparable.

Remarquons le singulier enchaînement de modulations suivi par l'auteur, pour lier ensemble les deux grands airs que chante Alceste à la fin de ce premier acte. Le premier est en *ré* majeur; le récitatif qui lui succède, et dont je viens de parler, commençant aussi en *ré*, finit en *ut* dièze mineur; l'entrée du grand prêtre rentrant pour dire que le vœu d'Alceste est accepté a lieu sur une ritournelle en *ut* dièze mineur qui aboutit à un air en *mi* bémol, et le dernier air de la reine est en *si* bémol.

Ce morceau du prêtre, « Déjà la mort s'apprête, » est à deux mouvements et d'un caractère presque menaçant dans sa seconde partie. Il est fait avec l'air d'Ismène de l'*Alceste* italienne, « *Parto ma senti*, » mais transfiguré et agrandi par l'art extrême avec lequel Gluck l'a modifié en l'adaptant à de nouvelles paroles. En français, l'*andante* est plus court, l'*allegro* plus long, et une partie de bassons assez intéressante est ajoutée à l'orchestre. Du reste, le fond de la pensée première est presque partout conservé. Il faut ici signaler une nuance très-importante dont l'indication manque à la partition française gravée, ne se trouvait pas davantage dans la partition manuscrite de l'Opéra, et fut marquée, au contraire, avec le plus grand soin dans la partition italienne. Dans le dessin continu de seconds violons qui accompagne tout *allegro*, la première moitié de chaque mesure doit être exécutée *forte* et la seconde *piano*. Malgré l'oubli des graveurs et des copistes, il est évident que cette double nuance est d'un effet trop saillant pour qu'on puisse la négliger et exécuter *mezzo forte* d'un bout à l'autre le passage en question, ainsi que je l'ai vu faire autrefois à l'Opéra.

Probablement c'est encore là une de ces fautes de rédaction que Gluck rectifiait aux répétitions, mais qui, n'étant pas corrigées sur les parties ni sur la partition, ne pouvaient manquer d'induire en erreur les exécutants longtemps après, quand le *maître-soleil* avait disparu.

J'arrive à l'air : ***Divinités du Styx!*** Alceste est seule de nouveau; le grand prêtre l'a quittée, en lui annonçant que les ministres du dieu des morts l'attendront aux abords du Tartare à la fin du jour. C'en est fait; quelques heures à peine lui restent. Mais la faible femme, la tremblante mère, ont disparu pour faire place à un être qui, jeté hors de la nature par le fana-tisme de l'amour, se croit désormais inaccessible à la crainte et capable de frapper, sans pâlir, aux portes de l'enfer.

Dans ce paroxysme d'enthousiasme héroïque, Alceste interpelle les dieux du Styx pour les braver; une voix rauque et terrible lui répond; le cri de joie des cohortes infernales, l'affreuse fanfare de la trombe tartaréenne retentit pour la première fois aux oreilles de la jeune et belle reine qui va mourir. Son courage n'en est point ébranlé; elle apostrophe, au contraire, avec un redoublement d'énergie ces dieux avides dont elle méprise les menaces et dédaigne la pitié. Elle a bien un instant d'attendrissement, mais son audace renait, ses paroles se précipitent: *Je sens une force nouvelle.* Sa voix s'élève graduellement, les inflexions en deviennent de plus en plus passionnées: *Mon cœur est animé du plus noble transport.* Et après un court silence, reprenant sa frémissante évocation, sourde aux aboiements de Cerbère comme à l'appel menaçant des ombres, elle répète encore: *Je n'invoquerai point votre pitié cruelle,* avec de tels accents, que les bruits étranges de l'abîme disparaissent vaincus par le dernier cri de cet enthousiasme mêlé d'angoisse et d'horreur.

Je crois que ce prodigieux morceau est la manifestation la plus complète des facultés de Gluck, facultés qui ne se représenteront peut-être jamais réunies au même degré chez le même musicien: inspiration entraînante, haute raison, grandeur de style, abondance de pensées, connaissance profonde de l'art de dramatiser l'orchestre, mélodie pénétrante, expression toujours juste, naturelle et pittoresque, désordre apparent qui n'est qu'un ordre plus savant, simplicité d'harmonie, clarté de dessins, et, par-dessus tout, force immense qui épouvante l'imagination capable de l'apprécier.

Cet air monumental, ce climax d'un vaste crescendo préparé pendant toute la dernière moitié du premier acte, ne manque jamais de transporter l'auditoire quand il est bien exécuté, et cause une de ces émotions qu'il serait inutile de chercher à décrire. Il faut, pour que son exécution soit fidèle et complète, que le rôle d'Alceste soit confié à une grande actrice possédant une grande voix et une certaine agilité, non pas de vocalisation, mais d'émission des sons, qui lui permette de bien faire entendre le débit rapide sans prendre des temps pour poser chaque note. Sans cela, le *prestissimo* épisodique du milieu : *Je sens une force nouvelle*, serait à peu près perdu. Remarquons la liberté grande que Gluck a prise dans ce passage, comme dans beaucoup d'autres, de se moquer de la carrure et même de la symétrie; ce prestissimo est composé de cinq membres de phrase de cinq mesures chacun et de quatre mesures en plus. Et cette succession irrégulière, loin de choquer, saisit de prime abord et entraîne l'auditeur.

Pour bien rendre cet air, il faut en outre que les mouvements en soient saisis avec sagacité au début, où se fait sentir une certaine majesté sombre, et bien délicatement modifiés ensuite, pour la dernière et si touchante mélodie :

Mourir pour ce qu'on aime est un trop doux effort,
Une vertu si naturelle!

dont chaque mesure tire larmes et sang.

De plus, il faut absolument que l'orchestre soit inspiré comme la cantatrice, que les *forte* soient terribles, les *piano* tantôt menaçants et tantôt attendris, et que les instruments de cuivre surtout donnent à leurs deux premières notes une sonorité tonnante, en les attaquant vigoureusement et en les soutenant sans fléchir pendant toute la durée de la mesure. Alors on arrive à un résultat dont les plus savants efforts de l'art musical ont offert bien peu d'exemples jusqu'ici.

Conçoit-on que Gluck, pour se prêter aux exigences de la versification française ou à l'impuissance de son traducteur, ait consenti à défigurer ou, pour parler plus juste, à détruire la merveilleuse ordonnance du début de cet air incomparable, qu'il a au contraire si avantageusement modifié dans presque tout le reste? C'est pourtant la vérité. Le premier vers du texte italien est celui-ci :

Ombre, larve, compagne di morte.

Le premier mot, *ombre*, par lequel l'air commence, étant placé sur deux larges notes, dont la première peut et doit être enflée, donne à la voix le temps de se développer et rend la réponse des dieux infernaux, représentés par les cors et les trombones, beaucoup plus saillante, le chant cessant au moment où s'élève le cri instrumental. Il en est de même des deux sons écrits une tierce plus haut que les premiers, pour le second mot *larve*. Dans la traduction française, à la place de ces deux mots italiens, qui étaient tout traduits en y ajoutant un *s*, nous avons, *Divinités du Styx*, par conséquent, au lieu d'un membre de phrase excellent pour la voix, d'un sens complet enfermé dans une mesure, le changement produit cinq répercussions insipides de la même note pour les cinq syllabes *di-vi-ni-tés du*, le mot Styx étant placé à la mesure suivante, en même temps que l'entrée des instruments à vent et le fortissimo de l'orchestre qui l'écrasent et empêchent de l'entendre. Par là, le sens demeurant incomplet dans la mesure où le chant est à découvert, l'orchestre a l'air de partir trop tôt et de répondre à une interpellation inachevée. De plus, la phrase italienne *compagne di morte*, sur laquelle la voix se déploie si bien, étant supprimée en français et remplacée par un silence, laisse dans la partie de chant une lacune que rien ne saurait justifier. La belle pensée du compositeur serait reproduite sans altération, si, au lieu des mots que je viens de désigner, on lui eût adapté ceux-ci :

Ombres, larves, pâles compagnes de la mort!

Sans doute le *poëte* n'eût pas su se contenter de la structure de ce quasi-vers, et plutôt que de manquer aux règles de l'hémistiche, il a mutilé, défiguré, détruit l'une des plus étonnantes inspirations de l'art musical. C'était quelque chose de si important, en effet, que les vers de M. du Rollet! Madame Viardot, faisant à cette occasion de l'éclectisme et n'osant pas supprimer les mots *Divinités du Styx*, devenus célèbres et que tous les amateurs attendent quand on exécute ce morceau, a conservé en partie la mutilation de du Rollet, et réinstallé la seconde phrase de l'air italien avec les mots: *Pâles compagnes de la mort*. C'est toujours cela de gagné!

Quelle fière joie doit ressentir en son cœur la cantatrice qui, sûre d'elle-même, voyant à ses pieds un auditoire frémissant, et soutenue par les ailes du génie dont elle est l'interprète, s'apprête à commencer cet air! Cela doit ressembler au bonheur de l'aigle s'élançant d'un pic élevé pour nager libre dans l'espace!..............................

Gluck a souvent mis en usage dans toutes ses partitions, mais dans *Iphigénie en Tauride* plus qu'ailleurs, un genre d'accompagnement pour le récitatif simple, qui consiste en accords à quatre parties, tenus sans interruption par la masse entière des instruments à cordes, pendant toute la durée de la récitation musicale des vers. Cette harmonie stagnante produit sur les organes des auditeurs inattentifs, et le nombre en est grand, un effet de torpeur et d'engourdissement irrésistible, et finit par les plonger dans une lourde somnolence qui les rend complétement indifférents aux plus rares efforts du compositeur pour les émouvoir. Il était vraiment impossible de trouver quelque chose de plus antipathique à des Français que ce long et obstiné bourdonnement. On ne peut donc pas s'étonner qu'il arrive à beaucoup d'entre eux d'éprouver à la représentation des ouvrages de Gluck autant d'ennui que d'admiration. Ce qui doit surprendre, c'est que le génie puisse s'abuser ainsi sur l'importance des accessoires, au point de se servir de moyens qu'un instant de réflexion lui ferait rejeter comme insuffisants ou dangereux, et dans lesquels réside la cause obscure des mécomptes cruels que ses productions les plus magnifiques lui font trop souvent éprouver.

Une autre cause encore concourt, dans l'orchestre de Gluck, à produire cette redoutable monotonie, c'est la simplicité des basses, qui ne sont presque jamais dessinées d'une façon intéressante, et se bornent à soutenir l'harmonie en frappant d'une façon monotone les temps de la mesure ou en suivant note contre note le rhythme de la mélodie. Aujourd'hui les compositeurs habiles ne dédaignent plus aucune partie de l'orchestre, s'attachent à répandre sur toutes de l'intérêt et à varier les formes rhythmiques autant que possible. L'orchestre de Gluck en général a peu d'éclat, si on le compare, non pas aux masses grossièrement bruyantes, mais aux orchestres bien écrits des vrais maîtres de notre siècle. Cela tient à l'emploi constant des instruments à timbre aigu dans le médium, défaut rendu plus sensible par la rudesse des basses, écrites fréquemment, au contraire, dans le haut et dominant alors outre mesure le reste de la masse harmonique. On trouverait aisément la raison de ce système, qui ne fut pas, du reste, exclusivement le partage de Gluck, dans la faiblesse des exécutants de ce temps-là; faiblesse telle, que l'*ut* au-dessus des portées faisait trembler les violons, le *la* aigu les flûtes, et le *ré* les hautbois. D'un autre côté, les violoncelles paraissant (comme aujourd'hui encore en Italie) un instrument de luxe dont on tâchait de se passer dans les théâtres, les contre-basses demeuraient chargées presque seules de la partie grave; de sorte que si le compositeur avait besoin de serrer son harmonie, il devait nécessairement, vu l'impossibilité de faire entendre assez les violoncelles et l'extrême gravité du son des contre-basses, écrire cette partie très-haut afin de la rapprocher davantage des violons.

Depuis lors on a senti en France et en Allemagne l'absurdité de cet usage; les violoncelles ont été introduits dans l'orchestre en nombre supérieur à celui des contre-basses; d'où il est résulté que les basses de Gluck, dans plusieurs endroits de ses ouvrages, se trouvent aujourd'hui placées dans des circonstances essentiellement différentes de celles qui existaient de son temps, et qu'il ne faut pas lui reprocher l'exubérance qu'elles ont acquise malgré lui aux dépens du reste de l'orchestre. Il s'est abstenu si constamment des sons graves de la clarinette, de ceux du cor et des trombones, qu'il semble ne les avoir pas connus. Une étude approfondie de son instrumentation nous entraînerait trop loin de notre sujet ; disons seulement qu'il a employé le premier en France, et une seule fois, la grosse caisse (sans cymbales) dans le chœur final d'*Iphigénie en Aulide*, les cymbales (sans grosse caisse) le triangle et le tambourin dans le premier acte d'*Iphigénie en Tauride* ; instruments dont on fait aujourd'hui un emploi si stupide et un abus si révoltant.

Les second et troisième actes d'*Alceste* passent, dans l'opinion de quelques juges superficiels, pour inférieurs au premier. Les situations seules du drame sont moins saillantes et se nuisen entre elles par leur ressemblance et leur fâcheuse monotonie. Mais le musicien ne fléchit pas un instant ; il semble même redoubler d'inspiration pour combattre ce défaut ; jusqu'au dernier moment le même souffle l'anime ; il trouve des formes nouvelles pour peindre, et toujours avec une puissance plus irrésistible, le deuil, le désespoir, l'effroi, l'attendrissement, l'angoisse, la stupeur ; il vous inonde de mélodies navrantes, d'accents douloureux, dans les voix, dans les parties hautes, dans les parties intermédiaires de l'orchestre ; tout supplie, tout pleure, gémit ; et ces pleurs intarissables nous touchent cependant ; telles sont la force et la beauté de l'inspiration du poëte musicien.

Au second acte, d'ailleurs, les réjouissances motivées par le rétablissement du roi amènent les morceaux les plus gracieux, les mélodies les plus riantes, dont le charme est doublé par leur contraste avec tout le reste.

Le chœur, « Que les plus doux transports, » et celui, « Livrons-nous à l'allégresse, » n'ont pas précisément le brio que désireraient certains auditeurs ; la gaieté que ces morceaux expriment est une sorte de gaieté tendre et naïve, où je trouve un grand mérite spécial. C'est la joie d'un peuple qui aime son roi ; les cœurs sont encore endoloris par l'anxiété dont ils viennent à peine d'être délivrés. Et comme le dit Admète à son entrée, les Thessaliens sont moins ses sujets que ses amis.

La mélodie :

> Admète va faire encore
> De son peuple qui l'adore
> Et la gloire et le bonheur,

est tout entière dans ce sentiment.

Au milieu de ce même air de danse chanté, la reine, passant au travers des groupes, s'écrie :

> Ces chants me déchirent le cœur !

et la joie publique redouble.

Dans une étude comme celle-ci, où la critique est presque toujours admirative, il faut relever les défaillances de l'auteur, ne fût-ce que pour constater les points par lesquels il se rattache à la nature humaine.

Au milieu du premier chœur du peuple thessalien dont la joie douce est, je le répète, exprimée d'une façon si vraie et si charmante, se trouve une absurdité d'instrumentation, une partie de cor faisant des sauts d'octave et des successions diatoniques impossibles à exécuter dans un mouvement aussi animé. Le moindre musicien, témoin de ce *lapsus calami*, aurait pu dire à Gluck : « Eh! monseigneur, que faites-vous donc? Vous savez bien que cette façon d'arpéger des octaves et que tout ce dessin rapide, déjà difficile pour des violoncelles, est impraticable pour des instruments à embouchure tels que des cors, des cors en *sol* surtout ! et vous n'ignorez pas que si par impossible on parvenait à exécuter un semblable passage, son effet, loin d'être bon, provoquerait le rire. » Une telle distraction chez un grand maître est absolument inexplicable.

Un troisième chœur joyeux me paraît plus empreint encore que les deux précédents de cette affection du peuple pour son roi ; c'est celui :

> Vivez, coulez des jours dignes d'envie !

Il est à reprises, comme ces airs dont j'ai signalé l'incompatibilité avec la vraisemblance dramatique. Mais ici le défaut de cette forme disparaît, parce que la première reprise de chaque fragment chantée par les coryphées seuls est répétée ensuite par le grand chœur, comme si le peuple s'associait au sentiment exprimé d'abord par les principaux amis d'Admète. La répétition de chaque période est ainsi parfaitement justifiée. Le chant placé sur les deux vers :

> Ah ! quel que soit cet ami généreux
> Qui pour son roi se sacrifie...

est d'une rare beauté, et les mots *son roi* y forment une sorte d'exclamation dans laquelle les sentiments affectueux du peuple se révèlent avec force et une sorte d'admiration. Vient maintenant un autre chœur dansé, où tout ce que la grâce mélodique a de plus séduisant est répandu à profusion. On chante :

> Parez vos fronts de fleurs nouvelles,
> Tendres amants, heureux époux,
> Et l'hymen et l'amour de leurs mains immortelles
> S'empressent d'en cueillir pour vous.

Et l'orchestre accompagne doucement en pizzicato. Tout n'est que charme et voluptueux sourires, on se croit transporté dans un gynécée antique, on imagine voir les beautés de l'Ionie enlacer aux sons de la lyre leurs bras divins et balancer leur torse digne du ciseau de Phidias.

Le thème de ce délicieux morceau a été, je l'ai déjà dit, emprunté par Gluck à sa partition d'*Elena e Paride*. Il y a ajouté les deux strophes chantées par une jeune Grecque, qui ramènent la mélodie principale avec un si rare bonheur, et encore le solo de flûte dans le mode mineur, sur lequel on danse pendant qu'Alceste éplorée, et détournant la tête, dit avec de si déchirantes inflexions

> O dieux ! soutenez mon courage,
> Je ne puis plus cacher l'excès de mes douleurs.
> Ah ! malgré moi des pleurs
> S'échappent de mes yeux et baignent mon visage.

Puis le divin sourire rayonne de nouveau, et le chœur reprend dans le mode majeur, avec son accompagnement pizzicato :

> Parez vos fronts de fleurs nouvelles.

Un grand poëte l'a dit,

> Les forts sont les plus doux.

L'air d'Admète : *Bannis la crainte et les alarmes*, est plein d'une tendre sérénité ; la joie du jeune roi revenu à la vie est aussi complète que son amour pour Alceste est profond. La mélodie de ce morceau me paraît d'une exquise élégance, et les accompagnements des violons l'enlacent comme des caresses d'une charmante chasteté. Signalons en passant l'effet des deux hautbois à la tierce l'un de l'autre et des sanglots haletants des instruments à cordes pendant ces deux vers du récitatif suivant :

> Je cherche tes regards, tu détournes les yeux ;
> Ton cœur me fuit, je l'entends qui soupire.

et cette admirable exclamation de la reine :

> Ils savent, ces dieux, si je t'aime,

Ici la répétition des premiers mots : *Ils savent, ces dieux*, que le musicien s'est permise, au lieu d'être un non-sens ou une fadeur comme il arrive trop souvent en pareil cas dans les œuvres d'un style vulgaire, double la puissance excessive de la phrase et l'intensité du sentiment exprimé.

La mélodie de l'air : *Je n'ai jamais chéri la vie*, est suave autant que noble ; son accent est celui d'une tendresse ardente qui éclate surtout au vers :

Qu'elle me soit cent fois ravie !

Il était certes impossible de mieux jeter les deux mots *cent fois*, où se décèle l'immense amour de ce cœur dévoué. On est frappé par l'image produite au passage : *Jusque dans la nuit éternelle*, dont l'effet des cors à l'octave de la partie vocale augmente la solennité ; mais ce n'est pas parce que la phrase parcourt un intervalle de dixième, de l'aigu au grave ; ce n'est pas parce que la voix *descend* jusqu'aux mots « la nuit éternelle. » Je crois avoir prouvé ailleurs qu'il n'y a pas, en réalité, de sons qui *montent* ou *descendent*, et que ces termes de sons *hauts* et *bas* ont été admis seulement par suite de l'habitude des yeux suivant les notes qui se dirigent de haut en bas ou de bas en haut *sur le papier*. La beauté de ce passage et l'image musicale qui en résulte sont dues à ce que la voix, en passant des sons aigus aux sons plus graves, prend par cela même un caractère plus sombre, augmenté par la transition du mode majeur au mineur et par l'accord sinistre que produit l'entrée des basses au mot *éternelle*. Ce n'est pas non plus pour le plaisir puéril de jouer sur les mots que Gluck a mis là cette teinte noire dont le temps d'arrêt qui se trouve sur la pénultième syllabe semble compléter l'obscurité, mais bien parce qu'il est naturel qu'Alceste, sur le point de mourir, ne puisse contenir sa terreur en parlant de la mort, qui pour elle est si prochaine.

Cet air, je l'ai déjà dit, est, à reprises, composé de deux périodes dont chacune se dit deux fois, sans qu'aucun motif plausible justifie cette répétition. L'oreille s'en accommode fort bien, parce qu'on ne se lasse pas d'écouter d'aussi belle musique ; mais le sens dramatique en est choqué, et Gluck se met ici en contradiction évidente avec lui-même.

L'immense récitatif pendant lequel Admète, à force d'instances, arrache enfin à Alceste le secret de son dévouement, est l'un des plus étonnants de la partition. Pas un mot qui n'y soit bien dit, pas une intention qui n'y soit mise en relief. Les interpellations d'Admète, les aparté douloureux d'Alceste, la chaleur croissante du dialogue, l'emportement furieux de l'orchestre quand le roi désespéré s'écrie :

> Non, je cours réclamer leur suprême justice !

font presque de cette scène le pendant du récitatif du prêtre au premier acte ; et l'air qui la termine la couronne magnifiquement. On ne conçoit pas que par des moyens aussi simples la musique puisse atteindre à une pareille intensité d'expression, à un pathétique aussi élevé. Il s'agissait ici de mêler l'accent du reproche à celui de l'amour, de confondre la fureur et la tendresse, et le compositeur y est parvenu.

> Barbare ! non sans toi je ne puis vivre,
> Tu le sais, tu n'en doutes pas !

s'écrie le malheureux Admète, et quand, interrompu un instant par Alceste, qui ne peut contenir cette exclamation : « *Ah ! cher époux !* » il reprend avec plus de véhémence qu'auparavant : *Je ne puis vivre, tu le sais, tu n'en doutes pas !* et se précipite éperdu hors de la scène, c'est à peine si le spectateur a la force d'applaudir.

Le récitatif qui suit nous montre la reine plus calme. Sa résignation ne sera pas de longue durée.

Le chœur prend la parole à son tour :

> Tant de grâces ! tant de beauté !
> Son amour, sa fidélité,
> Tant de vertus, de si doux charmes,
> Nos vœux, nos prières, nos larmes,
> Grands dieux ! ne peuvent vous fléchir,
> Et vous allez nous la ravir !

A une voix isolée répond une autre voix, puis les deux voix

s'unissent, le chœur entier s'exclame, se lamente, et quand toutes les voix se sont éteintes dans un *pianissimo*, les instruments, restés seuls, terminent et complètent ce concert de douleurs par quatre mesures d'une expression grave et résignée qui, dans la langue mystérieuse de l'orchestre, semblent dire au cœur et à la pensée bien plus que n'ont dit les vers du poëte.

> Dérobez-moi ces pleurs, cessez de m'attendrir.

reprend Alceste en se levant du siége sur lequel elle était tombée pendant la lamentation précédente. Après cet instant de résignation, le désespoir est sur le point d'envahir de nouveau son âme. Elle se tait. Un instrument de l'orchestre élève une plainte mélodieuse qu'accompagnent d'autres instruments avec une sorte d'arpége obstiné lent, dont la quatrième note est toujours accentuée. Ce retour constant du même accent, au même endroit, avec le même degré d'intensité, est l'image de la douleur qu'éveille chaque pulsation du cœur d'Alceste sous l'obsession d'une implacable pensée. La reine pleure sur elle-même et implore la pitié de ses amis dans cet immortel adagio qui dépasse en grandeur de style tout ce que l'on connaît du même genre en musique :

> Ah ! malgré moi mon faible cœur partage...

Quel tissu mélodique ! quelles modulations ! quelle gradation dans les accents sur cet accompagnement acharné de l'orchestre !

> Voyez quelle est la rigueur de mon sort !
> Epouse, mère et reine si chérie,
> Rien ne manquait au bonheur de ma vie,
> Et je n'ai plus d'autre espoir que la mort !

Mais voilà l'accès revenu, le désespoir encore est le maître, le délire fiévreux reparaît plus brûlant ; l'orchestre tremble dans un mouvement rapide :

> O ciel! quel supplice et quelle douleur !
> Il faut quitter tout ce que j'aime !
> Cet effort, ce tourment extrême,
> Et me déchire et m'arrache le cœur !

Les paroles sont entrecoupées : *Il faut — quitter — tout ce — que j'aime.* Ici la faute de prosodie (*tout ce*) est une beauté. Alceste sanglote et ne peut plus parler; et enfin la voix parvenue sur le *la* bémol aigu se porte avec effort vers le *la* naturel à ces mots : *M'arrache le cœur !*

Rendons ici justice au traducteur français; il a trouvé cette expression incomparablement plus forte et qui rend bien mieux l'image musicale que le vers de Calsabigi dans l'*Alceste* italienne :

> *E lasciar li nel pianto cosi.*

Alceste tombe de nouveau sur son siége, à demi évanouie. Le chœur reprend, un chœur moralisant comme le chœur antique :

> Ah ! que le songe de la vie
> Avec rapidité s'enfuit !

Dans ce morceau se trouve, vers la fin, une belle période dite par toutes les voix à l'octave et à l'unisson :

> Et la parque injuste et cruelle
> De son bonheur tranche le cours.

dont l'effet est d'autant meilleur que Gluck a plus rarement usé de ce procédé aujourd'hui banal.

L'acte se termine par Alceste seule, à qui l'on vient d'amener ses enfants et qui répète en les pressant sur son sein, avec un redoublement d'anxiété, son *agitato* :

> O ciel! quel supplice et quelle douleur !

pendant que le chœur, consterné par ce douloureux spectacle, garde le silence. Cette scène est de celles qui ont fait dire avec tant de raison à l'un des contemporains de Gluck qu'il avait *retrouvé la douleur antique.* Ce à quoi le marquis de Carraccioli a répondu *qu'il aimait mieux le plaisir moderne.*

Mon Dieu! que le pauvre esprit est donc bête et qu'il paraît ridicule quand, avec ses petites dents, il veut ainsi mordre le diamant...

A entendre cela le cœur se gonfle, on voudrait avoir quelque chose à étreindre. Il me semble alors que si j'avais devant moi le marbre de la Niobé je le briserais entre mes bras.

Au troisième acte le peuple encombre le palais d'Admète. On sait que la reine s'est dirigée vers l'entrée du Tartare pour accomplir son vœu. La consternation est à son comble : « Pleure! » s'écrie la foule, sur de larges accords mineurs :

> Pleure, ô patrie!
> O Thessalie!
> Alceste va mourir!

Par une idée de mise en scène musicale très-belle et que son poëte n'avait pas même indiquée, Gluck a trouvé là encore un effet sublime. Il a placé au loin dans le fond du théâtre, un deuxième groupe de voix ainsi désigné : *Coro di dentro* (chœur de l'intérieur), lequel, sur la dernière syllabe du premier chœur, reprend la phrase : « Pleure, ô patrie, » comme un écho douloureux. Le palais tout entier retentit ainsi de lamentations, le deuil est au dehors, au dedans, dans les cours, sur les balcons, dans les vastes salles, partout.

C'est pour accompagner ce groupe de voix lointaines que le compositeur, pour la première fois, a employé l'*ut* grave du trombone-basse, que nos trombones-ténors ne possèdent pas, et pour lequel on emploie maintenant à l'Opéra un grand trombone en *fa*. L'effet en est majestueusement lugubre.

A ce moment intervient Hercule. L'air qu'il chante après son robuste récitatif débute par quelques mesures d'une belle énergie; mais bientôt le style en devient plat, redondant; l'orchestre fait entendre des passages d'instruments à vent d'une tournure vulgaire. L'air n'est pas de Gluck.

Hercule, on le sait, ne paraît pas dans l'*Alceste* de Calsabigi; il ne figurait pas non plus d'abord dans l'*Alceste* française, traduite et arrangée par du Rollet.

Après les quatre premières représentations, disent les journaux du temps, Gluck, ayant reçu la nouvelle de la mort de sa nièce, qu'il aimait tendrement, partit pour Vienne, où ce deuil de famille l'appelait. Aussitôt après son départ, l'*Alceste*, contre laquelle les habitués de l'Opéra se prononçaient de plus en plus, disparut de l'affiche. On voulut *dédommager* le public en montant à grands frais un ballet nouveau. Le ballet tomba à plat. L'administration de l'Opéra, ne sachant alors de quel bois faire flèche, *osa* reprendre l'opéra de Gluck, mais en y ajoutant ce rôle d'Hercule qui, présenté de la sorte vers la fin du drame, n'offre aucun intérêt et ne sert absolument à rien, le dénoûment pouvant s'opérer par la seule intervention d'Apollon, ainsi que l'avait pensé Calsabigi. Il contient en outre une scène dont le ridicule est injustement attribué à Euripide par beaucoup de gens qui n'ont pas lu la tragédie grecque.

Dans Euripide, Hercule ne vient point avec une naïveté grotesque chasser les ombres à coups de massue; il ne descend pas même aux enfers. Il force Orcus, le génie de la mort, à lui rendre Alceste vivante, et son combat près de la tombe royale a lieu hors de la vue du spectateur.

Ce fut donc une idée malheureuse qu'on suggéra à du Rollet pour cette reprise, et l'on peut supposer que Gluck, à qui on la soumit sans doute par lettres pendant son séjour à Vienne, ne l'adopta qu'à regret, puisqu'il refusa obstinément d'écrire un air pour le nouveau personnage.

Un jeune musicien français nommé Gossec fut alors chargé de le composer. Mais comment Gluck a-t-il consenti à laisser introduire ainsi et graver dans sa partition un pareil morceau, dû à une main étrangère? Je ne puis me l'expliquer,

. . . .

La scène change et représente les abords du Tartare. Ici

Gluck, dans le style descriptif, se montre presque aussi grand qu'il l'a été dans le style expressif et passionné. L'orchestre est morne, stagnant, il laisse dire au silence :

> Tout de la mort, dans ces horribles lieux,
> Reconnaît la loi souveraine.

Un long murmure roule dans ses profondeurs pendant que dans les parties moins graves s'élève le cri des oiseaux de nuit. Alceste succombe à l'épouvante; sa terreur, son vertige, l'incertitude de ses pas sont admirablement décrits, et son suprême effort l'est encore mieux quand elle s'écrie :

> Ah! l'amour me redonne une force nouvelle;
> A l'autel de la mort lui-même me conduit,
> Et des antres profonds de l'éternelle nuit
> J'entends sa voix qui m'appelle !

A la place de ce merveilleux récitatif, terminé par de si tendres accents, on a dernièrement, à l'Opéra, réinstallé le morceau de l'Alceste italienne : *Chi mi parla! che rispondo?* supprimé par du Rollet. On pouvait nous le rendre sans faire cette horrible coupure; l'intérêt de toutes ces pages est si grand, qu'on eût été heureux d'entendre l'un et l'autre morceau. Dans celui-ci, Gluck a voulu peindre surtout la peur de la malheureuse femme. Ce n'est pas un air, puisque pas une phrase formulée ne s'y trouve; ce n'est pas un récitatif, puisque le rhythme en est impérieux et entraînant. Ce ne sont que des exclamations désordonnées en apparence : « Qui me parle?... que répondre?... Ah! que vois-je?... quelle épouvante!... où fuir?... où me cacher? Je brûle... j'ai froid... Le cœur me manque... je le sens... dans mon sein... len...te...ment... pal...piter... Ah! la force... me reste... à peine... pour me plaindre... et... pour... trembler... » L'enthousiasme et l'amour sont bien loin maintenant du cœur d'Alceste; l'élan de dévouement qui l'a conduite vers cet antre affreux est brisé. Le sentiment de la conservation l'emporte; elle court effarée çà et là, bouleversée de terreur, pendant que l'orchestre, agité d'une façon étrange, fait entendre son rhythme précipité des instruments à cordes, avec sourdines, qu'entrecoupe une sorte de râle des instruments à vent dans le grave, où l'on croit reconnaître la voix des pâles habitants du séjour ténébreux. Cela s'enchaîne sans interruption avec un chœur d'ombres invisibles : « Malheureuse, où vas-tu? » chanté sur une seule note qu'accompagnent les cors, les trombones, les clarinettes et les instruments à cordes. Les lugubres accords de l'orchestre tournent autour de cette morne pédale vocale, la heurtent, la couvrent quelquefois, sans qu'elle cesse de faire partie intégrante de l'harmonie... C'est d'une rigidité terrible, cela glace d'effroi. Alceste répond aussitôt par un air d'une expression humble, où l'accent de la résignation domine dans une forme mélodique d'une incomparable beauté :

>   Ah! divinités implacables,
>   Ne craignez pas que par mes pleurs
>   Je veuille fléchir les rigueurs
>   De vos cœurs impitoyables.

Remarquons ici la sagacité avec laquelle le compositeur a senti qu'à cet air il ne fallait pas de ritournelle, pas même un accord de préparation. A peine les dieux infernaux ont-ils terminé leur phrase monotone :

>   Tu n'attendras pas longtemps,

qu'Alceste leur répond. Évidemment le moindre retard apporté à sa réponse par un moyen musical quelconque serait là un grossier contre-sens. Cet air, dont je suis parfaitement incapable de décrire le charme douloureux, est encore à reprises, pour sa première partie du moins. Dans la seconde, les paroles se répètent bien aussi, mais avec des changements dans la musique. Les vers suivants se disent deux fois :

>   La mort a pour moi trop d'appas,
>   Elle est mon unique espérance!

> Ce n'est pas vous faire une offense
> Que de vous conjurer de hâter mon trépas.

Dans la deuxième version musicale, la prière devient plus instante, l'imploration plus vive; le vers :

> Ce n'est pas vous faire une offense,

est dit avec une sorte de timidité, puis la voix s'élève de plus en plus sur les mots : *que de vous conjurer*, et retombe solennellement pour la cadence finale sur ceux : *de hâter mon trépas.*

Il faudrait être un grand écrivain, un poëte au cœur brûlant, pour décrire dignement un tel chef-d'œuvre de grâce éplorée, un tel modèle de beauté antique, un si frappant exemple de philosophie musicale unie à tant de sensibilité et de noblesse. Et encore le plus grand des poëtes y parviendrait-il? Une pareille musique ne se décrit pas; il faut l'entendre et la sentir. De ceux qui ne la sentent pas ou qui la sentent peu..... que dire?..... ils sont très-malheureux, on doit les plaindre.

Il en est de même du grand air d'Admète :

> Alceste, au nom des dieux!

car si l'on a justement appelé Beethoven un infatigable Titan, Gluck, dans un autre genre, a tout autant de droits à ce nom. Quand il s'agit d'exprimer la passion, de faire parler le cœur humain, son éloquence ne tarit pas; sa pensée et sa force de conception, à la fin de ses œuvres, ont autant de puissance qu'au début. Il va jusqu'à ce que la terre lui manque. Seulement, en écoutant Beethoven, on sent que c'est lui qui chante; en écoutant Gluck, on croit reconnaître que ce sont ses personnages, dont il n'a fait que noter les accents. Après tant de douleurs exprimées, il trouve encore de nouvelles formes mélodiques, de nouvelles combinaisons harmoniques, de nouveaux rhythmes, de nouveaux cris du cœur, de nouveaux effets d'orchestre, pour ce grand air d'Admète. On y remarque même une audacieuse modulation, d'*ut* mineur en *ré* mineur, qui produit une impression admirablement pénible à laquelle on est loin de s'attendre, tant la transition est inusitée. Beethoven a souvent passé avec le plus rare bonheur d'une tonique mineure à une autre placée sur le degré diatonique inférieur; d'*ut* mineur à *si* bémol mineur, par exemple. Au début de son ouverture de *Coriolan*, cette modulation subite donne à sa phrase un bel accent de fierté farouche, presque sauvage. Mais de l'emploi de la modulation ascendante (d'*ut* mineur en *ré* mineur), je ne trouve pas dans ma mémoire d'autre exemple que celui de Gluck. Cet air est de ceux dans lesquels l'emploi d'un dessin obstiné fait de l'orchestre un personnage. Les instruments, on peut le dire, n'accompagnent pas la voix, ils parlent, ils chantent en même temps que le chanteur; ils souffrent de sa souffrance, ils pleurent ses larmes. Ici, en outre du dessin obstiné, l'orchestre fait entendre une phrase mélodique revenant à chaque instant, qui précède ou suit la phrase vocale dont elle augmente la force expressive. Cette partie vocale est pourtant semée de traits frappants qui pourraient se passer d'auxiliaires. Tel est celui :

Je pousserais des cris que tu n'entendrais pas;

et cet autre passage encore où la voix, se portant du *fa* grave au *la* bémol aigu, franchit brusquement un intervalle de dixième mineure à ces mots : « *Me reprocher ta mort* » pour finir par une navrante conclusion sur le vers :

Me demander leur mère.

Et cette progression ascendante :

Au nom des dieux
Sois sensible au sort qui m'accable,

où le même membre de phrase se répétant quatre fois avec une instance de plus en plus vive semble indiquer les mouvements d'Admète qui se traîne sanglotant aux pieds de sa femme.

Quiconque, ayant le sentiment de ce genre de beautés musicales a pu entendre cet air bien exécuté, en conservera la mémoire toute sa vie. Il est des impressions dont le souvenir ne s'efface jamais.

Le morceau suivant, sans être de la même valeur que l'air d'Admète, est cependant fort remarquable par sa contexture spéciale. C'est le seul duo de la partition, et le compositeur, qui ne s'est pas astreint dans ses autres ouvrages à une logique aussi rigoureuse, n'y a permis aux voix de chanter ensemble que lorsque l'impatience de l'un des personnages ne lui permet pas d'attendre que l'autre ait fini de parler. De là la terminaison du duo par Admète seul, Alceste ayant plutôt que lui achevé sa phrase. C'est curieux.

L'air du dieu infernal venant annoncer à Alceste que l'heure est venue et que Caron l'appelle est l'un des plus célèbres de la partition. C'est un morceau d'une physionomie toute spéciale. Bien que le développement intérieur, à partir du vers ;

Si tu révoques le vœu qui t'engage,

ait un accent menaçant qu'accroît encore le timbre des trois trombones à l'unisson accompagnant la voix à demi-jeu, l'aspect général de l'air est d'un calme terrible. La mort est puissante et sans efforts elle saisit sa proie. Le thème

Caron t'appelle, entends sa voix!

est encore monotone comme le chœur des dieux infernaux : « Malheureuse où vas-tu? » Il se dit trois fois, d'abord sur la tonique, puis sur la dominante, et une dernière fois sur la tonique. Il est toujours précédé et suivi de trois sons de cors donnant la même note que la voix, mais d'un caractère mystérieux, rauque, caverneux. C'est la conque du vieux nocher du Styx, retentissant dans les profondeurs du Tartare. Les notes naturelles (dites *ouvertes*) du cor sont fort loin d'avoir cette sonorité bizarrement lugubre que Gluck rêvait pour l'appel de Caron, et si l'on s'avisait de laisser les cornistes exécuter tout sim plement les notes écrites, on commettrait une grave erreur et une infidélité capitale. Gluck ne trouva pas tout d'abord cet étonnant effet d'orchestre. Dans l'*Alceste* italienne, il avait employé, pour représenter la conque de Caron, trois trombones avec les deux cors, et sur une note assez élevée (le *ré* au-dessus des portées, clef de *fa*). C'était trop sonore, c'était presque violent, c'était vulgaire. Pour la nouvelle version du même morceau, il changea le rhythme de ce lointain appel, et il supprima les trombones. Mais les deux cors à l'unisson, avec leurs notes toniques et dominantes, et par conséquent leurs sons *ouverts*, ne produisaient point du tout ce qu'il cherchait. Enfin il s'avisa de faire aboucher les cors pavillon contre pavillon; les deux instruments se servant ainsi mutuellement de sourdine, et, les sons s'entre-choquant à leur sortie, le timbre extraordinaire fut trouvé. Ce procédé offre des inconvénients que les cornistes ne manquent pas de mettre en avant quand on leur demande de l'employer. Il faut, pour jouer ainsi du cor, prendre une posture forcée qui peut aisément déranger l'embouchure et rendre incertaine l'attaque du son. De là la résistance des artistes qui, dans certains concerts où ce morceau a été exécuté, se sont abstenus de rien changer à leurs habitudes, et ont détruit ainsi un si remarquable effet. La même chose allait arriver à l'Opéra, quand on s'est avisé de remplacer le moyen dangereux inventé par Gluck par un autre qui amène un résultat plus frappant encore.

L'air du dieu infernal ayant été baissé d'un ton, se chante maintenant en *ut*. On a dit alors aux cornistes de prendre des cors en *mi naturel* au lieu des cors en *ut*, et de donner les notes *la bémol, mi bémol*, qui, sur le ton de *mi*, produisent *ut, sol*, pour l'auditeur. Ces deux notes étant ce qu'on appelle des sons *bouchés*, la main droite fermant aux deux tiers pour l'une et à demi pour l'autre le pavillon de l'instrument, leur timbre est précisément celui que Gluck voulait obtenir. Le grand maître connaissait probablement l'effet de ces sons *bouchés* du cor, mais l'inhabileté des cornistes de son époque l'aura empêché d'y recourir.

Le chœur des esprits infernaux venant chercher Alceste répond bien à l'idée que l'on s'en peut faire. C'est la vaste clameur de l'avare Achéron qui réclame sa proie. Les grands accords plaqués des trombones et le violent tremolo des instruments à cordes, reprenant à intervalles irréguliers, en augmentent le caractère sauvage. Le dernier solo d'Admète :

> Aux enfers je suivrai tes pas !

est un bel élan désespéré. Seulement, et ici encore la faute n'en est pas au compositeur, il dure trop longtemps. Admète, demeuré seul, et répétant si souvent : « Que votre main barbare porte sur moi ses coups ! Frappez ! frappez ! » à des démons qui ne sont plus présents, au lieu de se précipiter dans l'antre infernal sur les pas d'Hercule, est invraisemblable et ridicule, quelles que soient la force et la vérité des accents que lui prête le compositeur. Mais *le fils de Jupiter de l'enfer est vainqueur*, Alceste est rendue à la vie. Apollon descend des cieux quand son intervention n'est plus nécessaire, et y remonte après avoir félicité les deux époux sur leur bonheur et Hercule sur son courage. Ces trois personnages chantent alors un petit trio d'un style assez peu élevé, qui pourrait bien être encore de Gossec, et qu'on a cru devoir supprimer à la dernière reprise qu'on vient de faire d'*Alceste* à l'Opéra. Il en est de même du chœur final : « Qu'ils vivent à jamais, ces fortunés époux ! » Non qu'il puisse y avoir le moindre doute sur l'authenticité du morceau, qui est bien de Gluck, mais parce qu'on a craint de manquer de respect à l'homme de génie, en faisant entendre à la fin de son chef-d'œuvre, et après tant de merveilles, une page si indigne de lui. C'est en effet trivial, mesquin, détestable de tout point. « C'est le chœur des banquettes, disait-on aux répétitions ; Gluck n'aura pas voulu se donner la peine de l'écrire, et il aura dit un jour à son domestique :

« Fritz, quand tu auras ciré mes bottes, fais-moi la musique
« de ce chœur final. » Mais cette explication n'est pas admissible;
non-seulement le morceau est bien de Gluck, mais il ne fut jamais considéré par lui comme un chœur de banquettes, puisque
dans la partition de l'*Alceste* italienne il sert de final au PREMIER ACTE. Bien plus, dans la partition française où l'addition
de quelques mesures, exigée par la coupe des vers, en a rendu
en certains endroits la mélodie difforme, désordonnée, bancroche, au moins n'est-il pas en opposition avec le sentiment de
joie populaire exprimé par les paroles, tandis que dans la partition italienne, cette musique, convenable à un chœur de
masques avinés gambadant au sortir du cabaret, est un abominable contre-sens et produit le plus choquant contraste avec les
vers de Calsabigi, renfermant une sorte de moralité sur les vicissitudes humaines. Ces vers sont chantés, après la scène de
l'oracle et le vœu d'Alceste, par les courtisans qui viennent de
se reconnaître incapables de se dévouer pour leur roi.

Voici la traduction exacte des paroles de ce chœur cabriolant :

> Qui sert et qui règne
> Est né pour les peines;
> Le trône n'est pas
> Le comble du bonheur.
> Douleurs, soucis,
> Soupçons, inquiétudes,
> Sont les tyrans des rois.

Et il faut voir, vers la fin du morceau, sur quel bouffon crescendo et avec quel redoublement de jovialité dans les voix et
dans l'orchestre sont ramenés ces mots :

> *Vi sono le cure,*
> *Gli affani, i sospetti,*
> *Tiranni de' re.*

On n'en peut croire ses yeux. C'est bien le cas de modifier
l'expression d'Horace ;

Homère ici ne *sommeille* pas, il délire.

Que se passe-t-il donc à certains moments dans ces grands grands cerveaux ?... On pleurerait de douleur à ce spectacle.

. . . .

Je n'ai rien dit des airs de danse d'*Alceste*. La plupart sont gracieux et d'une gaieté charmante. Ils ne me semblent pas néanmoins avoir la valeur musicale des ballets d'*Armide* et des deux *Iphigénies*.

J'ai à parler maintenant de trois autres opéras écrits sur le sujet d'Alceste.

Commençons par celui de Guglielmi. Si, en analysant la partition de Gluck, j'ai été souvent au-dessous de ma tâche et embarrassé pour varier les formes de l'éloge, ici mon embarras ne sera pas moindre pour exprimer le contraire de l'admiration.

Il y eut trois Guglielmi, et dans le catalogue des œuvres d'aucun d'eux, l'*Alceste* ne se trouve mentionnée. C'est heureux pour tous les trois. Croirait-on que le malheureux qui écrivit celle que j'ai sous les yeux a pris le texte même de Calsabigi mis en musique par Gluck ? Il a osé, ce pygmée, lutter corps à corps avec le géant, comme Bertoni l'avait déjà fait pour Orfeo. L'histoire de l'art fournit plusieurs exemples d'un même livret d'opéra ainsi mis en musique par plusieurs compositeurs. Mais on n'a conservé le souvenir que des partitions victorieuses dont l'auteur a tué son prédécesseur. Rossini, en refaisant la musique du *Barbiere*, a tué Paisiello ; Gluck, en refaisant *Armide*, a tué Lulli. En pareil cas, le meurtre seul peut justifier le vol. Cela est vrai, même quand un musicien traite le sujet d'un de ses devanciers, sans lui prendre précisément le texte de son opéra. Ainsi Beethoven, en écrivant la partition de *Fidelio*, dont le sujet est emprunté à la *Léonore* de M. Bouilly, tua du même coup Gaveaux et Paër, auteurs l'un et l'autre d'une *Léonore*, et le *Guillaume Tell* de Grétry me semble bien malade depuis la naissance de celui de Rossini.

Le Guglielmi, quel qu'il soit, auteur de la nouvelle *Alceste*, n'a pas de meurtre semblable à se reprocher. Sa partition est bien écrite, dans le style à la mode au commencement de notre siècle; cela ressemble à tout ce qu'on produisait alors sur les théâtres d'Italie. La mélodie est en général banale, l'harmonie pure, correcte, mais banale aussi, l'instrumentation honnêtement insignifiante; quant à l'expression, il faut en reconnaître presque partout la nullité, quand elle n'est pas d'une fausseté absolue; et l'ensemble de l'œuvre est tout à fait sans caractère. Alceste chante des airs à roulades, riches en gammes ascendantes, en trilles, mais fort pauvres d'accents et de sentiment dramatique. Quelques scènes paraissent même tellement dépourvues de prétentions à ces qualités, qu'elles en sont comiques. Dans la scène du temple, le récitatif du prêtre :

> *L'altare ondeggia*
> *Il tripode vacilla*

ne peut être mis en regard du sublime récitatif du prêtre de Gluck :

> Le marbre est animé,
> Le saint trépied s'agite,

sans provoquer le rire du lecteur; que serait-ce de l'auditeur ?

Guglielmi s'est gardé, pour cette scène imposante, d'écrire une marche religieuse. C'est un trait d'esprit de sa part. Il n'a point fait non plus d'ouverture. En revanche, un trait monumental de sottise nous est offert par le chœur du peuple après l'oracle :

> *Che annunzio funesto!*
> *Fuggiamo da questo*
> *Soggiorno d'orrore!*
>
> Quel oracle funeste
> Fuyons! nul espoir ne nous reste!

Le compositeur italien a cru trouver là une belle occasion de faire étalage de son savoir de contre-pointiste. Comme il est question d'une foule qui *fuit* consternée, et que le mot *fuga* veut dire *fuite* (mais fuite des parties de chant qui, entrant successivement, semblent se fuir et se poursuivre), il a imaginé d'écrire une longue fugue, très-bien faite, ma foi, mais où il est question de l'art de traiter un thème, de faire une *exposition*, une *contre-exposition*, une *stretta* sur la pédale, d'amener épisodiquement des imitations canoniques, etc., et point du tout d'exprimer le sentiment de terreur des personnages. Dans Gluck, après un mouvement très-lent, où elle dit d'un ton bas et consterné : « *Quel oracle funeste!* » la foule se disperse rapidement en répétant sur un mouvement vif, d'une façon en apparence désordonnée : « *Fuyons, nul espoir ne nous reste!* » Cet allegro, d'un admirable laconisme, n'a que dix-huit mesures. La fugue de Guglielmi en a cent vingt; il faut en conséquence que les choristes, en chantant : *Fuyons!* restent fort longtemps et fort tranquillement en place. Le contraste entre les deux partitions est plus plaisant encore pour l'air suivant.

Une agréable gaieté respire dans le thème de Guglielmi :

> *Ombre, larve, compagne di morte,*
> *Non vi chiedo, non voglio pieta.*
>
> (Divinités du Styx, ministres de la mort,
> Je n'implorerai point votre pitié cruelle!)

Il y a de plus, dans le milieu de l'air, à ces mots : « *Non v' offenda si giusta pieta!* » un trait vocalisé volant comme une flèche jusqu'à l'*ut* suraigu, qui a dû faire chaudement applaudir la prima-donna chargée du rôle d'Alceste. Le chœur final de ce premier acte,

> *Qui serve e chi regna*
> *E nato alle pene,*

est plus brillant et tout aussi jovial que celui de Gluck, et, je dois l'avouer, moins plat. Il paraît que décidément il faut parler gaiement des malheurs de la condition humaine.

Au second acte, le fameux morceau d'Alceste, éperdue de terreur :

> *Chi mi parla? che rispondo?*

est intitulé *cavata*. C'est dans le fait une espèce de cavatine fort régulière et surtout fort tranquille, plus tranquille encore dans l'orchestre que dans le chant. L'Alceste de Guglielmi est courageuse, et n'a pas, comme celle de Gluck, de folles terreurs en entendant la voix des dieux infernaux, en voyant les sombres lueurs du Tartare. Son sang-froid atteint surtout les dernières limites du comique, à la conclusion de la phrase :

> *Il vigor mi resta a pena*
> *Per doler mi e per tremar,*

où le musicien, pour mieux accomplir la cadence, répète trois fois

> *E per tremar, e per tremar,*
> *E per tremar.*

comme on répétait alors le mot *felicità*.

Le chœur des esprits infernaux :

> *E vuoi morire o misera!*

celui que Gluck écrivit sur une seule note entourée de si terribles harmonies, est à deux parties et d'un tour mélodique... gracieux. Le troisième acte, entre autres bouffonneries, contient un grand air de bravoure d'Admète et un duo, dans lequel les deux époux cherchent à consoler leurs enfants, avec accompagnement d'un orchestre très-consolé. On me permettra de ne pas pousser plus loin cette analyse...

L'*Alceste* de Schweizer fut écrite sur un texte allemand de Wieland. La pièce diffère beaucoup du poëme de Calsabigi. Il y a seulement quatre personnages : Alceste, Admète, Parthenia et Hercule. On y trouve deux chœurs, deux duos, deux trios et beaucoup d'airs à plusieurs mouvements, composés d'un petit andante s'enchaînant avec un petit allegro, et contenant chacun une longue vocalise. Tout cela est correctement écrit selon les us et coutumes d'une petite école mixte germano-italienne, qui fut longtemps en honneur en Allemagne. Le chant y est plus lourd sans être plus expressif que chez Guglielmi ; on subit dans tous les airs les mêmes traits vocalisés, mais un peu plus roides et tout aussi ridicules. Le petit orchestre y est traité avec soin ; il faut y louer une certaine adresse dans l'art de tisser l'harmonie et d'enchaîner les modulations. C'est la musique d'un bon maître d'école qui a longtemps enseigné le contre-point, que tout le monde dans son endroit respecte, le saluant avec affection, l'appelant Herr doctor, ou Herr professor, ou Herr capell meister ; qui a beaucoup d'enfants, lesquels savent tous un peu de musique, voire même un peu de français. A six heures du soir, ce petit monde s'assemble dans la maison paternelle autour d'une grande table. On lit pieusement la Bible ; une moitié de l'auditoire tricote, l'autre moitié fume en avalant de temps en temps un verre de bière, et toutes ces honnêtes personnes s'endorment à neuf heures avec la conscience d'une journée bien remplie et la certitude de n'avoir pas écrit ou frappé sur le clavecin une dissonance mal préparée ou mal résolue. Ce Schweizer, dont la musique me donne de lui des idées si patriarcales, fut peut-être garçon et n'eut des qualités de famille que je lui attribue que celles de bien savoir le contre-point, de bien fumer et de bien boire. Il fut, en tout cas, maître de chapelle du duc de Gotha, et son *Alceste*, digne ménagère s'il en fut, obtint assez de succès dans cette résidence pour faire ensuite le tour de l'Allemagne, dont tous les théâtres la représentèrent pendant plusieurs années, quand celle de Gluck y était à peine connue. Tel est l'immense avantage de la musique économique, employant de petits moyens pour rendre de petites idées, et d'une incontestable médiocrité.

Il y a une ouverture à cette partition, une honnête ouverture, dans le genre des ouvertures de Handel, commençant par un mouvement grave dans lequel se trouvent les marches de basses et les progressions de septièmes voulues ; puis vient une fugue d'un mouvement modéré, une fugue à un sujet, claire, pure, mais insipide aussi et froide comme de l'eau de puits. Ce n'est pas plus l'ouverture d'*Alceste* que celle de tout autre opéra, c'est de la musique bien portante, sans mauvaises passions, et qui ne peut faire ni tort ni honneur au brave homme qui l'écrivit. Je n'en dirai pas autant d'un air d'Alceste au premier acte, où se trouve une vocalise terminée par un trille, sur ces mots « *mein Tod* » (ma mort), qui eût fait Gluck s'évanouir d'indignation. La Parthenia en fait bien d'autres dans ses airs; elle vous lance à tout bout de chant des fusées, des arpéges, montant jusqu'au contre-ré et au contre-fa suraigus, et ornés de ces notes piquées semblables pour le rhythme au caquet des poules en gaieté, et pour le timbre, au cri d'un petit chien dont on écrase la queue, des traits enfin trop fidèlement imités de ceux que Mozart eut le malheur d'écrire pour la reine de la nuit dans la *Flûte magique*, et pour dona Anna dans un air de *Don Juan*. Hercule ne roule et ne roucoule pas mal non plus; il roule même depuis le *fa* aigu de la voix de basse jusqu'au contre-*ut* grave, le dernier du violoncelle; deux octaves et demie. Il paraît qu'il y avait alors à Gotha un gaillard doué d'une voix exceptionnelle. Admète seul ne se livre pas à de trop grandes excentricités, les traits et les trilles de son rôle ne s'y trouvent que pour constater la filiation de cette œuvre, appartenant, je l'ai déjà dit, à une école italienne germanisée. Ce n'est pas la peine de citer les deux chœurs; ils viennent là seulement pour dire... qu'ils n'ont rien à vous dire. (Ce *mot* est de Wagner, je ne veux pas le lui voler.)

Il me reste à parler maintenant de l'*Admetus* de Handel, dont je connaissais un morceau seulement et dont j'ai pu dernièrement me procurer la grande partition. Malgré son titre à désinence latine, c'est encore un opéra italien écrit pour un théâtre de Londres par le célèbre maître allemand naturalisé Anglais. Il fait partie de la nombreuse collection d'ouvrages de ce genre dus à la plume infatigable de Handel et qu'il destinait chaque année aux chanteurs italiens engagés pour la saison, comme on écrit maintenant des albums pour le premier jour de l'an. ***Admetus***, canevas lyrique sur le sujet d'*Alceste*, n'est en effet qu'une grosse collection d'airs; ainsi que ***Julius Cæsar, Tamerlane, Rodelinda, Scipio, Lotharius, Alexander***, etc., du même auteur, ainsi que les opéras de Buononcini, son prétendu rival, et ceux de beaucoup d'autres.

Le premier acte d'*Admetus* contient neuf airs, le deuxième en contient douze, et le troisième neuf et un duo, et un petit chœur des banquettes. Il s'y trouve de plus une ouverture et une *sinfonia* servant d'introduction au second acte. Quant aux récitatifs, accompagnés probablement au clavecin, suivant l'usage du temps, on ne les a pas jugés d'assez d'importance pour les publier dans la grande partition, et il est permis de croire que Handel ne s'était même pas donné la peine de les écrire. Il y avait alors des copistes intelligents, dont le métier consistait à noter, selon une formule invariable, le dialogue servant à amener les morceaux de musique, et à donner à ces espèces de concerts en costumes une apparence de drame. Il est impossible, à la lecture de ces trente airs, de reconnaître quelle fut précisément la donnée du canevas scénique d'*Admetus*. Il n'y est jamais question de l'action, et pas un nom de personnage ne s'y trouve même prononcé. Chacun des airs est désigné seulement par le nom du chanteur ou de la cantatrice qui l'exécutait.

Ainsi il y en a sept pour le signor Senesino, huit pour la signora Faustina, sept pour la signora Cuzzoni, quatre pour le signor Baldi, deux pour le signor Boschi, et un seulement pour la pauvre signora Dotti et pour le malheureux signor Palmerini, qui venaient sans doute tous les deux dire leur petite affaire, pour donner aux dieux et aux déesses, si richement partagés, le temps de respirer. L'unique duetto est chanté un peu avant la fin du *concert* par le signor Senesino et la signora Faustina, sans doute Admète et Alceste. Les paroles n'indiquent rien autre que deux amants ou époux heureux de se retrouver :

Alma mia
Dolce ristore,
Io ti stringo,
Io t' abbrachio,
In questo sen.

Il est accompagné par deux parties d'orchestre seulement, les violons et les basses; et l'on trouve dans les parties de chant une ombre de sentiment, quelques velléités de passion, d'autant plus agréables que ces qualités sont fort rares dans les vingt-neuf airs qui précèdent ce duo. Malheureusement l'orchestre fait entendre, avant et après l'entrée des voix, de petites ritournelles d'une grosse gaieté, dont le caractère un peu grotesque ramène l'auditeur, bien loin de toute impression poétique, à la lourde prose du contre-pointiste. Quant aux trente airs, ils sont à peu près tous taillés sur le même patron. L'orchestre, soit à quatre parties d'instruments à cordes, soit à trois ou à deux parties seulement, enrichi parfois de deux hautbois, ou de deux flûtes traversières, ou de deux cors et de deux bassons, déroule d'abord une ritournelle, en général assez longue, après laquelle le chant expose le thème à son tour. Ce thème, d'un tour mélodique peu gracieux, est accompagné souvent par les basses seules, qui frappent lourdement un dessin analogue à celui du chant. Après quelques mesures de développements faits dans un système de parties à rhythme semblable ou à peu près, la voix presque toujours s'empare d'une syllabe quelconque, favorable à la vocalisation ou non, coupe ainsi un mot en deux et déroule sur la première moitié un long *passage*. Souvent ce *passage* est interrompu par des silences, sans que le mot soit achevé pour cela; il est semé de trilles, de notes syncopées et répercutées qui conviendraient beaucoup mieux à un trait instrumental qu'à une roulade vocale; le tout est lourd et roide comme une chaîne de cabestan. Ajoutons que souvent aussi une partie d'orchestre suit la voix à l'unisson ou à l'octave, et augmente par son adjonction la roideur de la vocalise. Le plus curieux de tous ces *passages* se trouve dans l'air de la signora Faustina (que je suppose être Alceste) sur la seconde syllabe du mot *risor-ge*,

> In me a poco a poco
> Risorge l'amor.

En général le compositeur paraît avoir mesuré la longueur de ses vocalises à la célébrité du dio ou de la diva qui devait le chanter. Les *passages* des airs de la Faustina, cette déesse élève de Marcello et qui fut la femme de Hasse, sont interminables; ceux de la Cuzzoni sont un peu moins longs; ceux du signor Baldi moins longs encore; la povera Ignota Dotti, dans son air unique, n'en a pas. Quand le *passage* de rigueur est arrivé à sa cadence de conclusion, une seconde partie de l'air conduit le chant dans un des tons relatifs du ton principal, une nouvelle cadence s'accomplit dans ce nouveau ton, presque toujours avec accompagnement des basses seules, et l'on recommence jusqu'au point d'orgue final.

On doit supposer qu'assujetti à l'application constante de ce procédé, le musicien ne pouvait guère se préoccuper de la vérité d'expression et de caractère. Handel en effet n'y songeait guère et ses chanteurs se fussent révoltés s'il y eût songé.

Je n'ai rien dit de l'ouverture ni de la sinfonia qui ouvre le second acte. Je ne saurais, par l'analyse, donner une idée d'une pareille musique instrumentale. Cet *Admetus* précéda de plusieurs années l'*Alceste* italienne de Gluck. Peut-être même fut-il représenté à l'époque où ce dernier, jeune encore, écrivait pour le théâtre italien de Londres de mauvais ouvrages, tels que *Pyrame et Thisbé* et la *Chute des Géants*. On peut supposer alors que l'*Admetus* donna à Gluck l'idée de son *Alceste*.

C'est sans doute aussi après avoir entendu les deux mauvais opéras italiens de Gluck que Handel dit un jour, en parlant de lui : « Mon cuisinier est plus musicien que cet homme-là. »

Handel, il faut le croire, était trop impartial pour ne pas rendre pleine justice à son cuisinier. Reconnaissons seulement que, depuis le jour où l'auteur du *Messie* formula ce jugement sur Gluck, celui-ci a fait de notables progrès et laissé bien loin derrière lui l'artiste culinaire.

Je me résume, et, tout en tenant compte de l'état où se trouvait l'art en France, en Allemagne et en Italie, aux époques diverses où ces ouvrages furent écrits, l'*Alceste* de Handel me paraît supérieure à l'*Alceste* de Lulli, celle de Schweiser à celle de Handel, celle de Guglielmi à celle de Schweiser, et, en somme, ces quatre ouvrages, à mon avis, ressemblent à l'*Alceste* de Gluck, comme les figures grotesques taillées avec un canif dans un marron d'Inde pour divertir les enfants ressemblent à une tête de Phidias.

REPRISE DE L'ALCESTE DE GLUCK

A L'OPÉRA

Cette reprise tant de fois annoncée, et retardée par diverses causes, a eu lieu le 21 octobre 1861, avec un magnifique succès; et ce-jour-là les prévisions fâcheuses, les pronostics malveillants ont reçu le plus éclatant démenti.

L'auditoire a paru frappé de la majestueuse ordonnance de l'œuvre dans son ensemble, de la profondeur de l'expression mélodique, de la chaleur du mouvement scénique et de mille beautés qui sont pour lui originales et nouvelles, telle est leur dissemblance avec ce qu'on produit, en général, sur notre grande scène aujourd'hui. Je penche à croire une notable partie du public plus capable qu'autrefois de sentir et de comprendre une partition pareille. L'éducation musicale a fait des progrès d'une part, et, de l'autre, à force d'indifférence, on en est venu à ne plus éprouver de haine pour le beau. La plupart des habitués de l'Opéra, contre leur usage, étaient venus pour entendre et non pour voir et pour être vus. On a écouté, on a réfléchi, et, comme le disait Gluck d'un enfant qui avait pleuré à la première représentation d'*Alceste,* on s'est *laissé faire.* Les Polonius n'ont pas manqué, tout comme pour *Orphée,* de déclarer le chef-d'œuvre assommant, insupportable.

Mais on s'y attendait, et l'on n'a tenu compte de leurs doléances.

Cette reprise, venue à point, nous le croyons, ne peut qu'exercer une excellente influence sur le goût général des amateurs de musique et détruire bien des préjugés. Il est seulement à regretter qu'on n'ait pas pu la faire dans des conditions de fidélité plus rigoureuses. L'obligation de transposer d'un bout à l'autre le rôle d'Alceste, pour l'approprier à la voix de madame Viardot, et les modifications de détails qui devaient nécessairement résulter de cette transposition, ont, en maint endroit, altéré la physionomie de l'ouvrage. Quelques airs perdent peu, il est vrai, à être ainsi baissés, mais l'effet de beaucoup d'autres est affaibli, pour ne pas dire détruit; l'orchestration devient flasque, sourde; l'enchaînement des modulations n'est plus celui de l'auteur, puisque la nécessité de préparer la transposition et celle de rentrer dans le ton primitif après les morceaux transposés oblige d'en suivre un autre. Ce n'est pas ici le lieu de faire un cours de composition musicale; on comprendra aisément, d'ailleurs, que de tels bouleversements, praticables, dans une certaine mesure, pour des fragments isolés, destinés au concert, deviennent désastreux apportés à un opéra entier qu'on rend à la scène.

« Plus on s'attache à chercher la perfection et la vérité, a dit Gluck dans sa préface d'*Elena et Paride*, plus la précision et l'exactitude deviennent nécessaires. Les traits qui distinguent Raphaël de la foule des peintres sont en quelque sorte insensibles; de légères altérations dans les contours ne détruiront point la ressemblance dans une tête de caricature, mais elles défigureront entièrement le visage d'une belle personne. »

Cette proposition s'applique à tous les genres d'infidélité dans l'exécution des œuvres musicales, mais elle est surtout vraie quand il s'agit des œuvres de Gluck.

Hâtons-nous de reconnaître que, sous tous les autres rapports, l'exécution d'*Alceste* à l'Opéra est d'une assez respectueuse exactitude. Les chanteurs ne changent presque pas une note de leurs rôles; les mélodies, les récitatifs, les chœurs sont reproduits absolument tels que l'auteur les écrivit. Quelques personnes croient qu'on a ajouté à l'orchestration des instruments à vent; c'est une erreur. M. Royer, considérant que les instruments à cordes remplissent le rôle principal dans l'orchestre d'*Alceste*, a seulement voulu leur donner plus de puissance en en augmentant un peu le nombre. Celui des violons, en conséquence, a été porté à vingt-huit, celui des altos à dix, celui des violoncelles à onze, et celui des contre-basses à neuf. On ne peut qu'applaudir à cette mesure, qui ne sera pas, il faut l'espérer, adoptée désormais pour *Alceste* seulement, et qui rendra l'orchestre de l'Opéra plus riche encore que celui de Covent-Garden, à Londres, l'un des plus puissants de l'Europe. On a engagé aussi un trombone-basse, nécessaire pour l'exécution de certaines notes graves que les trombones-ténors dont on se sert exclusivement à l'Opéra ne possèdent pas. La reprise d'*Alceste*, qui eut lieu en 1825, ne fut, à beaucoup près, ni aussi soignée ni aussi complète que celle à laquelle nous venons d'assister. Plusieurs morceaux furent alors indignement mutilés, quantité d'autres, et des plus admirables, supprimés. On vient de nous les rendre à peu près tous, et intacts. « Comment, *à peu près?* direz-vous. Les chefs du service musical de l'Opéra parlent pourtant, avec une satisfaction qui les honore, de leur respect pour la partition, et se montrent tout fiers de n'avoir point à se reprocher les attentats de 1825. » Cela me rappelle ces héros populaires qui, le 29 juillet 1830, s'écriaient dans l'ardeur de leur enthousiasme: « Ah! on ne dira rien contre la révolution cette fois, ni contre nous. Nous sommes es maîtres de Paris, depuis quarante-huit heures, et nous n'avons rien volé, rien détruit! » Ils étaient tout fiers de n'être pas des brigands.

Il y avait pourtant bien quelques petites choses à dire.

Mais il faut rendre justice à cette probité relative. Ici le mieux est ami du bien. L'esprit général du personnel de l'Opéra a d'ailleurs été excellent pendant les études. que tout le monde a faites avec zèle et le plus grand soin. Et, certes, la tâche n'était facile à remplir pour personne. Le désordre dans lequel se trouvaient la partition et les parties de chœur et d'orchestre eût été tel, augmenté par les transpositions, qu'on a dû recopier tout comme s'il se fût agi d'un opéra nouveau. On pouvait voir, par l'inexactitude des anciennes copies, par l'absence des nuances, des indications de mouvement, par les fautes qu'on y remarquait, combien nos pères étaient peu exigeants pour l'exécution des opéras. Pourvu que le rôle principal fût confié à un grand artiste, ils faisaient bon marché du reste, et n'allaient pas trop s'enquérir de l'intelligence de l'orchestre ni de celle de son chef, nommé alors (avec juste raison) batteur de mesure. Les choristes et les coryphées chantaient toujours assez juste, et quelques fausses notes dans l'harmonie des instruments ou des voix ne les choquaient pas trop.

> Les délicats sont malheureux,
> Rien ne saurait les satisfaire.

Le public, cette fois, n'a pourtant pas paru trop malheureux.

Disons que, pour *Alceste*, les erreurs et les grossièretés de l'exécution ont toujours été dues en grande partie à la paresse de Gluck, pour qui il semble que la rédaction attentive et soignée de ses œuvres ait été un travail au-dessus de ses forces. Ses partitions furent toutes écrites avec un incroyable laisser-aller. Quand on en vint ensuite à les graver, le graveur ajouta ses fautes à celles du manuscrit, et il ne paraît pas que l'auteur ait daigné s'occuper alors de la correction des épreuves. Tantôt les premiers violons sont écrits sur la ligne des seconds, tantôt les altos, devant être à l'unisson des basses, se trouvent, par suite d'un *col basso* négligemment jeté, écrits à la double octave haute de celles-ci, et font, en conséquence, entendre parfois les notes de la basse au-dessus de celles de la mélodie;

l'auteur ici oublie d'indiquer le ton des cors; ailleurs il a négligé d'indiquer même l'instrument à vent qui doit exécuter une partie saillante; est-ce une flûte, un hautbois, une clarinette? on ne sait. Quelquefois il écrit sur la ligne des contrebasses quelques notes importantes pour les bassons, puis il ne s'occupe plus d'eux et l'on ne peut savoir ce qu'ils deviennent ensuite.

Dans la partition de l'*Alceste* italienne, imprimée à Vienne et un peu moins incorrecte que la partition française, on trouve des causes d'erreurs pour les copistes et les exécutants, telles que celles-ci : Le mot *Bos* s'y trouve fréquemment; qu'est-ce que *Bos*? C'est une faute d'impression; il fallait *Pos*. Mais qu'est-ce donc que *Pos*? C'est l'abréviation du mot allemand *Posaunen*, qui signifie trombones; et l'on est d'autant plus pardonnable de ne pas le deviner que partout ailleurs, dans la même partition, il désigne les trombones par leur nom italien de *tromboni*. Je n'ai pu savoir exactement quel instrument il a voulu désigner dans l'*Alceste* italienne par le mot bizarre de *chalamaux*; est-ce la clarinette employée dans le *chalumeau*? le doute est permis.

Je n'en finirais pas de décrire un tel désordre. Il y a même, dans la grande partition française, par suite d'une faute de copie, une cacophonie d'instruments de cuivre, digne de certaines partitions modernes, qui ferait bondir et hurler de douleur l'auditoire le plus amoureux de l'horrible, et qui a l'air d'avoir été écrite, comme on en écrit maintenant, avec la plus scrupuleuse férocité.

Gluck dit dans une de ses lettres: « Ma présence aux répétitions de mes ouvrages est aussi indispensable que le soleil l'est à la création. » Je le crois bien, mais elle l'eût été un peu moins s'il se fût donné la peine d'écrire avec plus d'attention et s'il n'eût pas laissé aux exécutants tant d'intentions à deviner et tant d'erreurs à rectifier. Aussi ne se figure-t-on pas ce que ses œuvres deviennent quand on les représente dans les théâtres où les traditions ne se sont pas conservées. J'ai vu une représentation d'*Iphigénie en Tauride*, à Prague, qui m'eût donné le choléra, si je n'avais fini par en rire de tout mon cœur. La mise en scène était digne du reste. Au dénouement, le vaisseau sur lequel Oreste et sa sœur allaient monter pour retourner en Grèce, était orné d'une triple rangée de canons.

L'exécution musicale ni la mise en scène des œuvres de Gluck à l'Opéra de Paris n'ont rien de commun avec ces exhibitions grotesques. Cette fois-ci surtout, on a donné au grand homme un palais peuplé de serviteurs dévoués et intelligents ; partout ailleurs (excepté à Berlin), il serait dans une grange. Les chanteurs et les instrumentistes de l'Opéra ne sont pas, il faut en convenir, entrés tout d'abord dans l'esprit de ce noble style ; mais au fur et à mesure que le nombre des répétitions augmentait, ils sentaient le charme les prendre, et l'intelligence leur venait avec le sentiment de ces beautés si nouvelles pour eux. C'est que, lorsqu'il s'agit des œuvres de Gluck, rien n'est plus différent de l'exécution rêvée par l'auteur qu'une certaine exécution fidèle, mais plate, et qui consisterait à dire la note seulement. Il faut à une fidélité absolue dans le chant, dans le rhythme, dans les accents, dans tout, unir en outre une manière de phraser les mélodies, un ménagement des nuances, une articulation des mots tels que, sans ces qualités, la divine fleur d'expression qui rend ces œuvres si émouvantes n'a plus ni couleurs ni parfums, et que l'œuvre entière périt. Gluck avait raison de trouver sa présence aux répétitions de ses ouvrages aussi indispensable que le soleil l'est à la création.

Lui seul pouvait tout éclairer, tout animer, donner à tout la chaleur et la vie. Mais il eut cruellement à souffrir. Ses interprètes mirent sa patience à de rudes épreuves.

A son époque, les chœurs n'agissaient pas ; plantés à droite et à gauche de la scène comme des tuyaux d'orgues, ils récitaient leur leçon avec un calme désespérant. Ce fut lui qui tenta de les ranimer ; il leur indiquait les gestes et les mouvements à faire ; il se consumait en efforts, et il eût succombé à la peine sans la robuste nature dont il était doué. A l'une des dernières répétitions d'*Alceste*, il venait de tomber sur un siége ruisselant et fumant, comme s'il eût été plongé dans le Styx, quand la femme du maître des ballets, qui s'était constituée sa garde attentive, lui apporta un grand verre de punch : « O ma houri, dit-il en lui baisant les mains, vous me ranimez. Sans vous, j'allais boire au Cocyte. »

Je ne sais quelle fut la nature du talent de mademoiselle Levasseur, qui joua la première à Paris le rôle d'Alceste; cette actrice passe pour avoir eu une grande voix dont elle faisait un assez médiocre emploi. La Saint-Huberti, qui lui succéda, fut au contraire une véritable artiste; il n'en pouvait guère être autrement, Gluck lui-même s'était chargé de son éducation musicale. Mademoiselle Maillard, la troisième Alceste, était grande, belle et bête.

La quatrième, madame Branchu, que j'ai vue et qui n'était ni grande ni belle, m'a semblé la tragédie lyrique incarnée. Son soprano, d'une puissance extraordinaire, se prêtait comme nul autre aux accents doux. Elle chantait le pianissimo d'une façon irréprochable, qui tenait à l'extrême facilité d'émission de sa voix dans le medium; et l'instant d'après, cette même voix remplissait de ses éclats la vaste salle de l'Opéra et couvrait les plus violents *tutti* de l'orchestre. Ses yeux noirs lançaient des éclairs. Elle se faisait illusion à elle-même; une fois en scène, elle croyait fermement être Alceste, Clytemnestre, Iphigénie, la Vestale, Statira. Elle m'a assuré avoir eu dans sa jeunesse une extrême facilité de vocalisation, que Garat, son maître, l'avait empêchée de développer, l'avertissant que si elle se livrait à ce genre d'études elle ne chanterait jamais bien le style large.

Elle disait les vers avec une pureté remarquable; talent nécessaire pour bien chanter comme pour bien composer dans le grand genre dramatique. Je fus témoin d'une ovation qu'elle obtint un jour dans une soirée de bénéfice à l'Opéra-Comique, en jouant le rôle de la femme de Sylvain, dans un opéra de Grétry, dont le dialogue parlé est en vers.

J'étais alors presque un enfant. Je me souviens du triste tableau que me fit madame Branchu de la carrière du compositeur français. « Ce n'est rien, me dit-elle, que d'écrire un bel opéra, il faut le faire jouer. Ce n'est rien encore, il faut le faire *bien* jouer; et ce n'est guère d'en obtenir une représentation excellente, il faut amener le public à le comprendre. Gluck n'eût jamais pu devenir ce qu'il est devenu à Paris sans la protection directe et active de la reine Marie-Antoinette, à qui il avait appris la musique à Vienne, et qui conservait pour son maître une affectueuse reconnaissance. Cette haute protection et le génie de Gluck et la valeur immense de ses œuvres ne l'ont pas empêché d'être accablé d'injures par le marquis de Carracioli, par Marmontel, par La Harpe et cent autres *gens d'esprit*. Vous me parlez d'*Alceste*, ce chef-d'œuvre fut très-froidement accueilli à sa première représentation; le public ne sentit, ne comprit rien.

« En France, le plus grand mérite musical est presque sans valeur pour celui qui le possède; trop peu de gens peuvent le reconnaître et trop de gens ont intérêt à le nier ou à le cacher. Les hommes puissants qui tiennent en leurs mains le sort des artistes sont trop aisément trompés, et se trouvent dans l'impossibilité de découvrir d'eux-mêmes la vérité. Tout n'est que hasard dans cette terrible carrière. Les compositeurs rencontrent quelquefois même des ennemis parmi leurs interprètes. Moi qui vous parle, quand on commença les études de la *Vestale*, j'ai fait partie pendant quinze jours d'une cabale contre Spontini. Ses merveilleux récitatifs me donnaient trop de peine à apprendre, ils me paraissaient inchantables; à la vérité, j'ai promptement et bien changé d'opinion. Enfin, ce que je sais de la carrière du compositeur me la fait regarder comme presque impraticable chez nous. Si mon fils voulait la suivre, je l'en détournerais de tout mon pouvoir. » . . . . . .

Après sa retraite de l'Opéra en 1826 ou 1827, madame Branchu alla vivre en Suisse. Vingt ans après, je me trouvais à Paris dans un magasin de musique où elle entra. Pendant qu'on lui cherchait un morceau qu'elle venait acheter, elle me regarda assez attentivement, puis ressortit sans m'adresser la parole. Elle ne m'avait pas reconnu.

Notre monde musical seul n'avait pas changé.

Ces souvenirs, réveillés avec beaucoup d'autres par la récente représentation d'*Alceste*, ne sont pas tout à fait étrangers à mon sujet; ils me conduisent naturellement à parler de la grande artiste qui vient d'aborder avec tant de succès ce rôle presque inabordable de la reine de Thessalie.

On sait l'effet extraordinaire que madame Viardot produisit, il y a quelques mois, en chantant au Conservatoire quelques fragments d'*Alceste*; ce fut alors la cantatrice seulement qui fut applaudie. A l'Opéra, c'est aussi l'actrice éminente, l'artiste enthousiaste, inspirée et savante, qui a excité pendant toute la durée de trois grands actes l'émotion de l'assemblée. En lutte avec les révoltes de sa voix, comme Gluck l'est avec la monotonie de son poëme, ils sont restés les plus forts tous les deux. Madame Viardot a été admirable de douloureuse tendresse, d'énergie, d'accablement; sa démarche, ses quelques gestes en entrant dans le temple; son attitude brisée pendant la fête du second acte; son égarement au troisième; son jeu de physionomie au moment de l'interrogatoire que lui fait subir Admète; son regard fixe pendant le chœur des ombres : « Malheureuse, où vas-tu? » toutes ces attitudes de bas-reliefs antiques, toutes ces belles poses sculpturales ont excité la plus vive admiration. Dans l'air : « Divinités du Styx ! » la phrase « pâles compagnes de la mort » a excité des applaudissements qui ont presque empêché d'entendre la mélodie suivante : « Mourir pour ce qu'on aime, » qu'elle a dite avec une profonde sensibilité. Au dernier acte, l'air « Ah ! divinités implacables, » chanté avec cet accent de résignation désolée si difficile à trouver, a été interrompu trois fois par les applaudissements. En un mot, *Alceste* est pour madame Viardot un nouveau triomphe, et celui qui se trouvait pour elle le plus difficile à obtenir [1]. Michot (Admète) a surpris tout le monde comme chanteur et comme acteur. Sa voix de ténor haut, qui lui permet de tout chanter en sons de poitrine, convient parfaitement au rôle. Il a dit ses airs et la plupart de ses difficiles récitatifs d'une belle manière et avec ces accents émus qu'on entend trop rarement. Citons surtout l'air « Non, sans toi je ne puis vivre! » dont la dernière phrase, reprise sur quatre notes aiguës :

> Je ne puis vivre;
> Tu le sais, tu n'en doutes pas,

a remué toute la salle. Il a bien fait ressortir la tendre sérénité de celui :

> Bannis la crainte et les alarmes.

Le dernier, qui est la clef de voûte du rôle, et dont Michot a parfaitement rendu les principaux passages, celui-ci surtout :

> Je pousserais des cris que tu n'entendrais pas.

perd la moitié de son effet à être chanté si lentement. C'est une andante, et pour Gluck, *andante* ne veut pas dire *lent*, il indique un mouvement d'une certaine animation relative à la nature du sentiment qu'il s'agit d'exprimer, quelque chose qui *va*, qui *marche*. Ici, d'ailleurs, le caractère de la partie de chant, celui du dessin d'accompagnement des seconds violons, le tissu général du morceau, indiquent une sorte d'agitation que les paroles, en outre, exigent impérieusement.

Il en est de même de quelques récitatifs qui veulent être *dits* sans emphase et non *posés*, et de quelques autres dont l'en-

---

[1] Ajoutons qu'elle n'a pris avec le texte de son rôle aucune des libertés qu'on a dû lui reprocher dans *Orphée*.

traînement passionné ne permet pas une telle largeur dans le débit. Ainsi les vers :

> Parle, quel est celui dont la pitié cruelle
> L'entraîne à s'immoler pour moi ?

doivent absolument être jetés avec une sorte de précipitation anxieuse. Nourrit père, qui, à mon sens, ne valait pas Michot, produisait dans ce rôle de grands effets précisément par cette rapidité de débit. Les artistes, en général, répondent, quand on la leur demande : « Il est très-difficile, en chantant si vite, de trouver le moyen de poser la voix. » Sans doute c'est difficile, mais l'*art* consiste à vaincre les difficultés ; s'il en était autrement, à quoi serviraient les études ? Le premier venu, doué d'une voix quelconque, serait un chanteur.

Ce n'est pour Michot qu'un léger effort à faire ; quand il voudra l'animer davantage, il doublera l'effet de ce rôle d'Admète qui lui fait le plus grand honneur.

La splendide voix de Cazaux ne pouvait manquer de faire merveilles dans le rôle du grand prêtre ; aussi Cazaux a-t-il été couvert d'applaudissements pendant et après sa scène :

> Apollon est sensible à nos gémissements,

et au passage :

> Perce d'un rayon éclatant
> Le voile affreux qui l'environne.

Il a été tout à fait à la hauteur de l'inspiration de Gluck quand il a dit avec sa voix tonnante :

> Le marbre est animé,
> Le saint trépied s'agite.

Je ne crois pas pouvoir lui adresser un plus flatteur éloge.

Je l'engage à travailler son *ré* d'en haut, qu'il attaque toujours un peu bas.

Borchardt, qui débutait dans le petit rôle d'Hercule, a reçu un accueil qui doit l'encourager. Sa stature, sa voix robuste, le caractère de sa tête, conviennent parfaitement au personnage.

L'étendue de sa voix de baryton-basse lui permet, en outre, d'attaquer sans danger les notes hautes du rôle, impossibles à atteindre pour la plupart des chanteurs. Borchardt est une bonne acquisition pour l'Opéra.

Mademoiselle de Taisy avait eu la complaisance de se charger du solo de la jeune Grecque dans la fête. Elle a dit avec une grâce exquise ce ravissant morceau épisodique placé au milieu du chœur :

> Parez vos fronts de fleurs nouvelles.

Autrefois c'était une choriste qui, chantant indignement faux avec une petite voix aigre, venait défigurer cette charmante page et jeter du ridicule sur l'ensemble de l'exécution.

L'exemple de mademoiselle de Taisy doit être suivi ; désormais tout solo, court ou non, sera chanté, il faut l'espérer, par un artiste. Kœnig s'acquitte bien aussi de son petit rôle du confident Évandre ; enfin Coulon a fait frissonner la salle dans son air du dieu infernal :

> Caron t'appelle.

Le ténor frais et jeune de Grisy convient tout à fait au blond Phœbus, dont on avait à tort voulu confier d'abord le court récitatif de la fin à une voix de basse.

Les chœurs bien exercés, sous la direction de M. Massé, ne laissent rien à désirer. Les choristes qui chantent au loin, derrière le théâtre, suivent avec une régularité parfaite la mesure de l'orchestre, qu'ils ne peuvent entendre cependant. Il y a quinze jours, cet ensemble eût été impossible ; le métronome électrique n'était pas encore introduit à l'Opéra. Quant à M. Dietsch, la reprise d'*Alceste* a été pour lui l'occasion d'un succès qui comptera dans sa vie. Il n'a pas, ce me semble, commis la moindre erreur de mouvement et il a fait observer toutes les nuances avec un scrupule intelligent. Aussi, de toutes parts, entendait-on dans la salle louer l'exécution de l'orchestre, sa discrétion dans les accompagnements, son ensemble, sa précision, sa force imposante. Jamais la scène du temple ne fut exécutée nulle part de la sorte. La marche religieuse a été applaudie à trois reprises; l'auditoire, recueilli, était entièrement absorbé par la contemplation de ce divin morceau. MM. Dorus et Altès ont trouvé précisément le degré de force qu'il faut y donner aux sons graves de la flûte et qui revêtent la mélodie d'un si chaste coloris. Autrefois, quand j'entendis *Alceste*, le premier flûtiste de l'Opéra, qui n'était ni modeste ni le premier dans son art, comme M. Dorus, détruisait complétement ce bel effet d'instrumentation. Il ne voulait pas que la seconde flûte jouât avec lui, et il transposait, pour mieux dominer l'orchestre, sa partie à l'octave supérieure, se moquant parfaitement de l'intention de Gluck. Et on le laissait faire. Après une telle incartade, il méritait d'être renvoyé de l'Opéra et condamné à six mois de prison.

Il ne faut pas oublier le petit solo de hautbois de M. Cras, dans l'air: « Grands dieux, du destin qui m'accable, » dont il joue seulement un peu trop piano les deux dernières mesures, et moins encore la belle ritournelle de clarinette de celui « Ah! malgré moi, » exécutée par M. Leroy avec les beaux sons et le beau style dont ce virtuose a le secret.

Les danses gracieuses ont été dessinées par M. Petipa. M. Cormon a su vaincre avec un rare bonheur les difficultés de la mise en scène. Tout y est réglé avec une intelligence parfaite des exigences de la musique, dont les metteurs en scène ne tiennent pas compte ordinairement, et avec un grand goût de l'antique. C'est la première fois que l'on voit à l'Opéra des démons et des ombres assez ingénieusement costumés et groupés pour paraître fantastiques et non ridicules.

Enfin, après cent ans et plus, voici l'*Alceste* placée presque dans son jour, et admirée et comprise; et bien des gens répètent depuis lundi le mot de l'abbé Arnault. Quelqu'un disant devant lui qu'*Alceste* était tombée à sa première représentation: « Oui, répliqua-t-il, tombée du ciel. »

Mais cette reprise d'*Alceste*, bien qu'elle ne soit pas de tout point irréprochable, constitue seulement une exception à la règle. En général, quand un ancien chef-d'œuvre est remis en scène après la mort de l'auteur, c'est le roi Lear qui n'est plus roi; le théâtre c'est le palais de ses filles, Goneril et Régane, où fourmillent des serviteurs irrévérencieux qui maltraitent les officiers de l'hôte illustre, lui manquent à lui-même de respect, et sont toujours prêts à dire, si l'on se plaint de leurs indignes procédés : « Oui, nous avons mis Kent dans les Ceps; il commandait ici en maître, et cela nous déplaît. Oui, nous avons chassé vingt-cinq des chevaliers de Lear; ils étaient incommodes et encombraient le palais. Il en reste vingt-cinq autres, et c'est assez. Quel besoin avait le roi de cinquante chevaliers pour le servir? Quel besoin a-t-il de vingt-cinq, de vingt, de dix, d'un seul même? Ceux du palais ne sont-ils pas suffisants pour satisfaire les caprices du vieillard entêté, impérieux et chagrin? » jusqu'à ce que Lear, poussé à bout par tant d'outrages, sorte enfin courroucé, renonçant à cette hospitalité parricide, et, seul avec son fidèle Kent et son fou, dans la nuit et l'orage, sur la bruyère déserte, délirant de douleur, s'écrie : « Foudres du ciel, grondez, frappez ma tête blanche! crevez sur moi, froids nuages! ouragans, arrachez et dispersez ma chevelure! vous le pouvez, je vous pardonne, à vous, vous n'êtes pas mes filles!... » Et nous qui sommes les fous dévoués, avec le fidèle Kent, le noble Edgard et la douce Cordelia, nous ne pouvons que gémir et environner la majesté mourante de notre amour et de nos respects. O Shakspeare! Shakspeare! grand outragé! toi qui eus pour rivaux les ours combattant dans les cirques de Londres et les bambins du théâtre du Globe, c'était pour toi, mais c'était aussi pour tes successeurs de tous les temps, de tous les lieux, que tu mettais dans la bouche de ton Hamlet ces amères paroles :

« Vous me déchirez de la passion comme des lambeaux de vieille étoffe. — C'est trop long, dites-vous; c'est comme votre barbe, on pourra raccourcir le tout en même temps. — N'écoute pas cet idiot; il lui faut une ballade, quelque conte licencieux, ou il s'endort. — N'allez pas ajouter des sottises à vos rôles pour exciter les applaudissements des imbéciles du parterre. » Et tant d'autres.

Et l'on raille un grand maître, encore vivant par bonheur, pour les murailles fortifiées qu'il élève autour de ses œuvres, pour ses impitoyables exigences, pour ses prévisions inquiètes, pour sa méfiance de tous les instants et de tous les hommes. Ah! qu'il a bien raison, le savant musicien, le savant homme, de toujours imposer pour la représentation de ses nouvelles œuvres des conditions ainsi formulées : Vous me donnerez tels chanteurs, telles cantatrices, tant de choristes, tant de musiciens, tels musiciens et tels choristes ; ils feront tant de répétitions sous ma direction ; on ne répétera rien autre que mon ouvrage pendant tant de mois; je dirigerai ces études comme je l'entendrai, etc., etc., etc., ou vous *me payerez cinquante mille francs!*

C'est seulement ainsi que les grandes compositions complexes de l'art musical peuvent être sauvées et garanties de la morsure des rats qui grouillent dans les théâtres, dans les théâtres de France, d'Angleterre, d'Italie, d'Allemagne même, de partout. Car, il ne faut pas se faire illusion, les théâtres lyriques sont tous les mêmes; ce sont les mauvais lieux de la musique, et la chaste muse qu'on y traîne ne peut y rentrer qu'en frémissant. Pourquoi cela? Oh! nous le savons trop, on l'a trop souvent dit, il n'y a nul besoin de le redire. Répétons seulement qu'une œuvre de la nature d'*Alceste* ne sera jamais dignement exécutée *en l'absence de l'auteur*, que sous la surveillance d'un artiste dévoué qui la connaît parfaitement, depuis longtemps familier avec le style du maître, possédant à fond toutes les questions qui se rattachent à la musique et aux études musicales, profondément pénétré de ce qu'il y a de grand et de beau dans l'art, et qui, jouissant d'une autorité justifiée par son caractère, ses connaissances spéciales et l'élévation de ses vues, l'exerce tantôt avec douceur, tantôt avec une rigidité absolue; qui ne connaît ni amis ni ennemis; un Brutus l'Ancien qui, une fois ses ordres donnés et les voyant transgressés, est toujours prêt à dire : *I lictor, liga ad palum!* Va, licteur, lie au poteau le coupable! » — Mais c'est M. ***, c'est mademoiselle ***, c'est madame ***. — *I lictor!*

Vous demandez l'établissement du despotisme dans les théâtres? me dira-t-on. Et je répondrai : Oui, dans les théâtres lyriques surtout, et dans les établissements qui ont pour objet d'obtenir un beau résultat musical au moyen d'un personnel nombreux d'exécutants de divers ordres, obligés de concourir à un seul et même but; il faut le despotisme, souverainement intelligent sans doute, mais le despotisme enfin, le despotisme militaire, le despotisme d'un général en chef, d'un amiral en temps de guerre. Hors de là il n'y a que résultats incomplets, contre sens, désordre et cacophonie.

LES
INSTRUMENTS AJOUTÉS PAR LES MODERNES
AUX PARTITIONS DES MAITRES ANCIENS

. . . .

On remarquait dernièrement à l'un des concerts du Conservatoire que, dans le duo de l'*Armide* de Gluck (Esprits de haine et de rage), les voix étaient très-souvent couvertes par de grands cris de trombones, et perdaient ainsi beaucoup de leur effet. Ces trombones ont été ajoutés à Paris par je ne sais qui, et d'une manière assez plate; on en a ajouté bien plus encore dans le même ouvrage à Berlin. Or, il n'est pas inutile de dire à ce sujet que, pour *Armide* comme pour *Iphigénie en Aulide*, Gluck n'a pas écrit une seule note de trombone. Il ne faut pas répondre que, s'il s'est abstenu d'employer cet instrument dans *Armide*, c'est qu'il n'y avait pas alors de trombones à l'orchestre de l'Opéra, car ils jouent un grand rôle dans *Alceste*, il y en a dans *Orphée*, partitions qui l'une et l'autre furent représentées avant *Armide*. Il y en a dans *Iphigénie en Tauride*.

Il est singulier qu'un compositeur, si grand qu'il soit, ne puisse pas écrire son orchestre comme il l'entend, et surtout qu'il ne soit pas libre de s'abstenir de l'emploi de certains instruments quand il le juge convenable. D'illustres maîtres eux-mêmes ont pris maintes fois la liberté de corriger l'instrumentation de leurs prédécesseurs, à qui ils faisaient ainsi l'aumône de leur science et de leur goût. Mozart a instrumenté les oratorios de Handel. La justice divine a voulu que plus tard les opéras de Mozart fussent à leur tour réinstrumentés en Angleterre et qu'on bourrât *Figaro* et *Don Juan* de trombones, d'ophicléides et de grosses caisses. Spontini m'avouait un jour avoir ajouté, avec bien de la discrétion il est vrai, des instruments à vent à ceux qui se trouvent déjà dans l'*Iphigénie en Tauride* de Gluck. Deux ans après, se plaignant avec amertume devant moi des excès de ce genre dont il était témoin, des abominables grossièretés ajoutées à l'orchestre de pauvres morts qui ne pouvaient se défendre contre de telles calomnies, Spontini s'écria : « C'est indigne ! affreux ! Mais on me corrigera donc aussi, moi, quand je serai mort ?... » — Ce à quoi je répondis tristement : « Hélas ! cher maître, vous avez bien corrigé Gluck ! »

Le plus grand symphoniste qui ait jamais existé n'a pas échappé lui-même à ces inqualifiables outrages. Sans compter l'ouverture de *Fidelio*, trombonisée d'un bout à l'autre en Angleterre, où l'on trouve que Beethoven dans cette ouverture a employé les trombones avec trop de réserve, on a déjà commencé ailleurs à corriger l'instrumentation de la SYMPHONIE EN UT MINEUR....

Je vous dirai quelque jour, dans un travail spécial, le nom de tous ces ravageurs de chefs-d'œuvre......

LES SONS HAUTS ET LES SONS BAS

LE HAUT ET LE BAS DU CLAVIER

Je remarquais un jour dans un opéra une *gamme descendante* vocalisée, une roulade, sur ces mots : *Je roulais dans l'abîme*, dont l'intention imitative est des plus plaisantes.

Il est clair que le musicien a pensé qu'une roulade descendante exprimait parfaitement le mouvement d'un corps roulant de haut en bas. Les notes écrites sur la portée représentent en effet *à l'œil* cette direction descendante; si le système de la musique chiffrée venait à prévaloir, les signes de l'écriture musicale ne parleraient plus ainsi *à l'œil*. Bien plus, si, par un caprice de l'exécutant lecteur, il venait à tenir son cahier de musique à rebours, les notes représenteraient au contraire un mouvement ascendant.

N'est-il pas pitoyable que l'on puisse citer en musique de nombreux exemples de ces enfantillages causés par une fausse interprétation des mots?

On dit *monter*, *descendre*, pour exprimer le mouvement des corps qui s'éloignent du centre de la terre ou qui s'en rapprochent. Je défie que l'on trouve un autre sens à ces deux verbes. Or, le son, impondérable comme l'électricité, comme la lumière, peut-il, en tant que son plus ou moins grave, se rapprocher ou s'éloigner du centre de la terre?

On appelle son haut ou aigu le son produit par un corps sonore, exécutant, dans un temps donné, un certain nombre de vibrations; le son bas ou grave est celui qui résulte d'un nombre de vibrations moins grand, et par conséquent de vibrations plus lentes exécutées dans le même espace de temps. Voilà pourquoi l'expression de *son grave* ou *lent* est plus convenable que celle de son *bas*, qui ne signifie rien; de même celle de son *aigu* (qui perce l'oreille comme un corps aigu) est raisonnable, prise au figuré, tandis que celle de son *haut* est absurde. Car pourquoi le son produit par une corde exécutant trente-deux vibrations par seconde serait-il plus rapproché du centre de la terre que le son produit par une autre corde exécutant par seconde huit cents vibrations?

Comment le côté droit du clavier de l'orgue ou du piano est-il le *haut* du clavier, ainsi qu'on a l'habitude de l'appeler? Le clavier est horizontal. Quand un violoniste, tenant son violon à la manière ordinaire, veut produire des sons aigus, sa main gauche, en se rapprochant du chevalet, monte en effet; mais un violoncelliste, dont l'instrument est placé d'une façon contraire, se voit obligé de faire *descendre* sa main pour produire les mêmes sons aigus, dits sons hauts si improprement.

Il est pourtant vrai que ces abus de mots, dont le moindre examen attentif suffit à démontrer le ridicule, ont amené même de grands maîtres à écrire les plus incroyables non-sens, et par contre-coup ensuite des gens d'esprit, impatientés par de telles niaiseries, à confondre dans une réprobation commune toutes les images musicales et à ridiculiser celles même que le bon sens et le goût peuvent avouer et qui parlent le plus clairement à l'imagination de l'*auditeur*.

Je me souviens de la naïve sincérité avec laquelle un maître de composition faisait admirer à ses élèves l'accompagnement en gammes descendantes d'un passage d'*Alceste*, où le grand-prêtre, invoquant Apollon le dieu du jour, dit :

> Perce d'un rayon éclatant
> Le voile affreux qui l'environne.

« Voyez-vous, disait-il, cette gamme obstinée en triples croches *descendant* d'*ut* à *ut* dans les premiers violons? C'est le *rayon*, le *rayon éclatant*, qui *descend* à la voix du grand prêtre. » Et ce qu'il y a de plus triste encore à avouer, c'est que Gluck évidemment a cru imiter ainsi le *rayon*.

LE FREYSCHÜTZ

DE WEBER

Le public français comprend et apprécie aujourd'hui dans son ensemble et ses détails cette composition qui naguère encore ne lui paraissait qu'une amusante excentricité. Il voit la raison des choses demeurées obscures pour lui jusqu'ici; il reconnaît dans Weber la plus sévère unité de pensée, le sentiment le plus juste de l'expression, des convenances dramatiques, unis à une surabondance d'idées musicales mises en œuvre avec une réserve pleine de sagesse, à une imagination dont les ailes immenses n'emportent cependant jamais l'auteur hors des limites où finit l'idéal, où l'absurde commence.

Il est difficile, en effet, en cherchant dans l'ancienne et la nouvelle école, de trouver une partition aussi irréprochable de tout point que celle du *Freyschütz;* aussi constamment intéressante d'un bout à l'autre; dont la mélodie ait plus de fraîcheur dans les formes diverses qu'il lui plaît de revêtir; dont les rhythmes soient plus saisissants, les inventions harmoniques plus nombreuses, plus saillantes, et l'emploi des masses de voix et d'instruments plus énergique sans efforts, plus suave sans afféterie. Depuis le début de l'ouverture jusqu'au dernier accord du chœur final, il m'est impossible de trouver une mesure dont la suppression ou le changement me paraisse désirable. L'intelligence, l'imagination, le génie brillent de toutes parts avec une force de rayonnement dont les yeux d'aigle pourraient seuls n'être point fatigués, si une sensibilité inépuisable, autant que contenue, ne venait en adoucir l'éclat et étendre sur l'auditeur le doux abri de son voile.

L'ouverture est couronnée reine aujourd'hui; personne ne songe à le contester. On la cite comme le modèle du genre. Le thème de l'*andante* et celui de l'*allegro* se chantent partout. Il en est un que je dois citer, parce qu'on le remarque moins et qu'il m'émeut incomparablement plus que tout le reste. C'est cette longue mélodie gémissante, jetée par la clarinette au travers du *tremolo* de l'orchestre, comme une plainte lointaine dispersée par les vents dans les profondeurs des bois. Cela frappe droit au cœur; et, pour moi du moins, ce chant virginal qui semble exhaler vers le ciel un timide reproche, pendant qu'une sombre harmonie frémit et menace au-dessous de lui, est une des oppositions les plus neuves, les plus poétiques et les plus belles qu'ait produites en musique l'art moderne. Dans cette inspiration instrumentale on peut aisément reconnaître déjà un reflet du caractère d'Agathe qui va se développer bientôt avec toute sa candeur passionnée. Elle est pourtant empruntée au rôle de Max. C'est l'exclamation du jeune chasseur au moment où, du haut des rochers, il sonde de l'œil les abîmes de l'infernale vallée. Mais, un peu modifiée dans ses contours, et instrumentée de la sorte, cette phrase change complétement d'aspect et d'accent.

L'auteur possédait au suprême degré l'art d'opérer ces transformations mélodiques.

Il faudrait écrire un volume pour étudier isolément chacune des faces de cette œuvre si riche de beautés diverses. Les principaux traits de sa physionomie sont d'ailleurs à peu près généralement connus. Chacun admire la mordante gaieté des couplets de Kilian, avec le refrain du chœur riant aux éclats;

le surprenant effet de ces voix de femmes, groupées en *seconde majeure*, et le rhythme heurté des voix d'hommes qui complètent ce bizarre concert de railleries. Qui n'a senti l'accablement, la désolation de Max, la bonté touchante qui respire dans le thème du chœur cherchant à le consoler, la joie exubérante de ces robustes paysans partant pour la chasse, la platitude comique de cette marche jouée par les ménétriers villageois en tête du cortége de Kilian triomphant ; et cette chanson diabolique de Gaspard, dont le rire grimace, et cette clameur sauvage de son grand air : *Triomphe ! triomphe !* qui prépare d'une façon si menaçante l'explosion finale ! Tous à présent, amateurs et artistes, écoutent avec ravissement ce délicieux duo, où se dessinent dès l'abord les caractères contrastants des deux jeunes filles. Cette idée du maître une fois reconnue, on n'a plus de peine à en suivre jusqu'au bout le développement. Toujours Agathe est tendre et rêveuse; toujours Annette, l'heureuse enfant qui n'a point aimé, se plaît en d'innocentes coquetteries; toujours son joyeux babillage, son chant de linotte, viennent jeter d'étincelantes saillies au milieu des entretiens des deux amants inquiets, tristement préoccupés. Rien n'échappe à l'auditeur de ces soupirs de l'orchestre pendant la prière de la jeune vierge attendant son fiancé, de ces bruissements doucement étranges, où l'oreille attentive croit retrouver

> Le bruit sourd du noir sapin
> Que le vent des nuits balance.

et il semble que l'obscurité devienne tout d'un coup plus intense et plus froide, à cette magique modulation en *ut* majeur :

> Tout s'endort dans le silence.

De quel frémissement sympathique n'est-on pas agité plus loin à cet élan : *C'est lui ! c'est lui !*

Et surtout à ce cri immortel qui ébranle l'âme entière :

> C'est le ciel ouvert pour moi !

Non, non, il faut le dire, il n'y a point de si bel air. Jamais aucun maître, allemand, italien ou français, n'a fait ainsi parler successivement dans la même scène la prière sainte, la mélancolie, l'inquiétude, la méditation, le sommeil de la nature, la silencieuse éloquence de la nuit, l'harmonieux mystère des cieux étoilés, le tourment de l'attente, l'espoir, la demi-certitude, la joie, l'ivresse, le transport, l'amour éperdu! Et quel orchestre pour accompagner ces nobles mélodies vocales! Quelles inventions! Quelles recherches ingénieuses! Quels trésors qu'une inspiration soudaine fit découvrir! Ces flûtes dans le grave, ces violons en quatuor, ces dessins d'altos et de violoncelles à la sixte, ce rhythme palpitant des basses, ce crescendo qui monte et éclate au terme de sa lumineuse ascension, ces silences pendant lesquels la passion semble recueillir ses forces pour s'élancer ensuite avec plus de violence. Il n'y a rien de pareil! c'est l'art divin! c'est la poésie! c'est l'amour même! Le jour où Weber entendit pour la première fois cette scène rendue comme il avait rêvé qu'elle pût l'être, s'il l'entendit jamais ainsi, ce jour radieux sans doute, lui montra bien tristes et bien pâles tous les jours qui devaient lui succéder. Il aurait dû mourir! que faire de la vie après des joies pareilles!

. . . .
. . . .
. . . .

Certains théâtres d'Allemagne, pour aller aussi avant que possible dans une vérité en horreur à l'art, font entendre, dit-on, pendant la scène de la fonte des balles, les plus discordantes rumeurs, cris d'animaux, aboiements, glapissements, hurlements, bruits d'arbres fracassés, etc., etc. Comment entendre la musique au milieu de ce hideux tumulte? Et pourquoi, dans le cas même où on l'entendrait, mettre la réalité auprès de l'imitation? Si j'admire le rauque aboiement des cors à l'orchestre, la voix de vos chiens du théâtre ne peut m'inspirer que le dégoût. La cascade naturelle au contraire n'est point de ces effets scéniques incompatibles avec l'intérêt de la partition; loin de là, elle y ajoute. Ce bruit d'eau égal et continu, porte à la rêverie; il impressionne surtout durant ces longs points d'orgue que le compositeur a si habilement amenés, et s'unit on ne peut mieux avec les sons de la cloche éloignée qui tinte lentement l'heure fatale.

Lorsqu'en 1837 ou 1838 on voulut mettre en scène le *Freyschütz* à l'Opéra, on sait que j'acceptai la tâche d'écrire les récitatifs pour remplacer le dialogue parlé de l'ouvrage original, dont le règlement de l'Opéra interdit l'usage. Je n'ai pas besoin de dire aux Allemands que dans cette scène étrange et hardie, entre Samiel et Gaspard, je me suis abstenu de faire chanter Samiel. Il y avait là une intention trop formelle; Weber a fait Gaspard chanter, et Samiel parler les quelques mots de sa réponse. Une fois seulement la parole du diable est rhythmée, chacune de ses syllabes portant sur une note de timbales. La rigueur du règlement qui interdit le dialogue parlé à l'Opéra n'est pas telle qu'on ne puisse introduire dans une scène musicale quelques mots prononcés de la sorte; on s'est donc empressé d'user de la latitude qu'il laissait pour conserver aussi cette idée du compositeur.

La partition du *Freyschütz*, grâce à mon insistance, fut exécutée intégralement et dans l'ordre exact où l'auteur l'a écrite.

Le livret fut traduit et non arrangé par M. Emilien Pacini.

Il résulta de la fidélité, trop rare en tout temps et partout, avec laquelle l'Opéra monta ce chef-d'œuvre, que le finale du troisième acte fut pour les Parisiens à peu près une nouveauté. Quelques-uns l'avaient entendu quatorze ans auparavant aux représentations d'été de la troupe allemande; le plus grand nombre ne le connaissait pas. Ce finale est une magnifique conception. Tout ce que chante Max aux pieds du prince est empreint de repentir et de honte; le premier chœur en *ut* mineur, après la chute d'Agathe et de Gaspard, est d'une belle couleur tragique et annonce on ne peut mieux la catastrophe qui va s'accomplir. Puis le retour d'Agathe à la vie, sa tendre exclamation *ô Max!* les *vivat* du peuple, les menaces d'Ottokar, l'intervention religieuse de l'ermite, l'onction de sa parole conciliatrice, les instances de tous ces paysans et chasseurs pour obtenir la grâce de Max, noble cœur un instant égaré; ce sextuor où l'on voit l'espérance et le bonheur renaître, cette bénédiction du vieux moine qui courbe tous ces fronts émus et, du sein de la foule prosternée, fait jaillir un hymne immense dans son laconisme; et enfin ce chœur final où reparaît pour la troisième fois le thème de l'*allegro* de l'air d'Agathe, déjà entendu dans l'ouverture; tout cela est beau et digne d'admiration comme ce qui précède, ni plus ni moins. Il n'y a pas une note qui ne soit à sa place, et qui puisse être supprimée sans détruire l'harmonie de l'ensemble. Les esprits superficiels ne seront pas de cet avis peut-être, mais pour tout auditeur attentif la chose est certaine, et plus on entendra ce finale plus on en sera convaincu.

Quelques années après cette mise en scène du *Freyschütz* à l'Opéra, pendant que j'étais absent de Paris, le chef-d'œuvre de Weber, raccourci, mutilé de vingt façons, a été transformé en lever de rideau pour les ballets; l'exécution en est devenue détestable, scandaleuse même; se relèvera-t-elle jamais?.... On ne peut que l'espérer.

OBÉRON

OPÉRA FANTASTIQUE DE CH. M. WEBER

SA PREMIÈRE REPRÉSENTATION AU THÉATRE-LYRIQUE

6 mars 1857.

L'atmosphère musicale de Paris est en général brumeuse, humide, sombre, froide, orageuse même parfois. Les saisons y manifestent des caprices étranges. A certains moments il neige des cirons, il pleut des sauterelles, il grêle des crapauds, et il n'y a parapluies de toile ni de tôle qui puissent garantir les honnêtes gens de cette vermine. Puis tout d'un coup le ciel s'éclaircit, il ne tombe pas de la manne, il est vrai, mais on jouit d'un air tiède et pur, on découvre çà et là de splendides fleurs épanouies parmi les chardons, les ronces, les orties, les euphorbes, et l'on court avec ravissement les respirer et les cueillir. Nous jouissons à cette heure des caresses de ce bienfaisant rayon; plusieurs très-belles fleurs de l'art viennent d'éclore et nous sommes dans la joie de les avoir découvertes. Citons d'abord le plus grand événement musical qu'on ait eu à signaler chez nous depuis bien des années, la mise en scène récente de l'*Obéron* de Weber au Théâtre-Lyrique. Ce chef-d'œuvre (c'est un vrai chef-d'œuvre, pur, radieux, complet) existe depuis trente et un ans. Il fut représenté pour la première fois le 12 avril 1826. Weber l'avait composé en Allemagne sur les paroles d'un librettiste anglais, M. Planchet, à la demande du directeur d'un théâtre lyrique de Londres qui croyait au génie de l'auteur du *Freyschütz*, et qui comptait sur une belle partition et sur une bonne *affaire*.

Le rôle principal (Huon) fut écrit pour le célèbre ténor Braham, qui le chanta, dit-on, avec une verve extraordinaire; ce qui n'empêcha pas l'œuvre nouvelle d'éprouver devant le public britannique un échec à peu près complet. Dieu sait ce qu'était alors l'éducation musicale des dilettanti d'outre-Manche!..... Weber venait de subir une autre quasi-défaite dans son propre pays; sa partition d'*Euryanthe* y avait été froidement reçue. Des gaillards qui vous avalent sans sourciller d'effroyables oratorios capables de changer les hommes en pierre et de congeler l'esprit-de-vin, s'avisèrent de s'ennuyer à *Euryanthe*. Ils étaient tout fiers d'avoir pu s'ennuyer à quelque chose et de prouver ainsi que leur sang circulait. Cela leur donnait un petit air sémillant, léger, Français, Parisien; et pour y ajouter l'air spirituel, ils inventèrent un calembour par *à peu près* et nommèrent l'*Euryanthe* l'*Ennuyante*, en prononçant l'*ennyante*. Dire le succès de cette lourde bêtise est impossible; il dure encore. Il y a trente-trois ans que le mot circule en Allemagne, et l'on n'est pas à cette heure parvenu à persuader aux facétieux qu'il n'est pas français, qu'on dit une pièce ennuyeuse et non une pièce ennuyante, et que les garçons épiciers de France eux-mêmes ne commettent pas de cuirs de cette force-là.

L'*Euryanthe* tomba donc, pour le moment, écrasée sous cette stupide plaisanterie. Weber, triste et découragé quand on lui proposa d'écrire *Obéron*, ne se décida pas sans hésitation à entreprendre une nouvelle lutte avec le public. Il s'y résigna pourtant, et demanda dix-huit mois pour écrire sa partition. Il n'improvisait pas. Arrivé à Londres, il eut beaucoup à souffrir tout d'abord des *idées* de quelques-uns de ses chanteurs; il les mit pourtant enfin tant bien que mal à la raison. L'exécution d'*Obéron* fut satisfaisante. Weber, l'un des plus habiles chefs d'orchestre de son temps, avait été prié de la diriger. Mais l'auditoire resta froid, sérieux, morne (*very grave*) pour employer encore un jeu de mots qui au moins est anglais. Et *Obéron* ne fit pas d'argent, et l'entrepreneur ne put couvrir ses frais; il avait obtenu la belle partition et fait une mauvaise affaire. Qui peut savoir ce qui se passa alors dans l'âme de l'artiste, sûr de la valeur de son œuvre?... Afin de le ranimer par un succès qu'ils croyaient facile de lui faire obtenir, ses amis lui persuadèrent de donner un concert, pour lequel Weber composa une grande cantate intitulée, si je ne me trompe, le *Triomphe de la paix*. Le concert eut lieu, la cantate fut exécutée devant une salle presque vide, et la recette n'égala pas les dépenses de la soirée...

Weber, à son arrivée à Londres, avait accepté l'hospitalité de l'honorable maître de chapelle sir George Smart. Je ne sais si ce fut en rentrant de ce triste concert ou quelques jours plus tard seulement; mais un soir, après avoir causé une heure avec son hôte, Weber, accablé, se mit au lit, où, le lendemain, sir George le trouva déjà froid, la tête appuyée sur l'une de ses mains, mort d'une rupture du cœur.

Aussitôt on annonça une représentation solennelle d'*Obéron*; toutes les loges furent rapidement louées; les spectateurs se présentèrent *tous en deuil*; la salle fut pleine d'un public recueilli, dont l'attitude, exprimant des regrets sincères, semblait dire : « Nous sommes désolés de n'avoir pas compris son œuvre, mais nous savons que c'était *un homme* (*He was a man, we shall not look upon his like again*) et que nous ne reverrons pas son pareil !..... »

Peu de mois après, l'ouverture d'*Obéron* fut publiée; le théâtre de l'Odéon de Paris, qui avait fait fortune avec le *Freyschütz* désossé et écorché, fut curieux de connaître au moins un morceau du dernier ouvrage de Weber. Le directeur ordonna la mise à l'étude de cette merveille symphonique. L'orchestre n'y vit qu'un tissu de bizarreries, de duretés et de non-sens, et je ne sais même si l'ouverture obtint les honneurs d'un égorgement en public.

Dix ou douze ans plus tard, ces mêmes musiciens de l'Odéon, transplantés dans l'orchestre monumental du Conservatoire, exécutaient sous une vraie direction, sous la direction d'Habeneck, cette même ouverture, et mêlaient leurs cris d'admiration aux applaudissements du public... Huit ou neuf autres années ensuite, la Société des concerts du Conservatoire exécuta un chœur de génies et le finale du premier acte d'*Obéron* que le public acclama avec un enthousiasme égal à celui qui avait accueilli l'ouverture; plus tard encore, deux autres fragments eurent le même bonheur... et ce fut tout.

Une petite troupe allemande venue à Paris perdre son temps et son argent pendant l'été fit seule entendre deux fois, il y a quelque vingt-sept ans, l'*Obéron* complet au théâtre Favart (aujourd'hui l'Opéra-Comique). Le rôle de Rezia y fut chanté par la célèbre madame Schrœder-Devrient. Mais cette troupe était fort insuffisante; le chœur mesquin, l'orchestre misérable; les décors troués, vermoulus; les costumes délabrés inspiraient la pitié; le public musical un peu intelligent était absent de Paris; *Obéron* passa inaperçu. Quelques artistes et amateurs clairvoyants adoraient seuls dans le secret de leur cœur ce divin poëme, et répétaient, en pensant à Weber, les paroles d'Hamlet:

« C'était un homme et nous ne reverrons pas son pareil! »

Pourtant l'Allemagne avait recueilli la perle éclose dans l'huître britannique et que dédaignait le coq gaulois, si friand de grains de mil. Une traduction allemande de la pièce de M. Planchet se répandit peu à peu dans les théâtres de Berlin, de Dresde, de Hambourg, de Leipzig, de Francfort, de Munich, et la partition d'*Obéron* fut sauvée. Je ne sais si on l'a jamais exécutée en entier dans la ville spirituelle et malicieuse qui avait trouvé l'œuvre précédente de Weber *Ennyante*. Cela est probable. Les générations se suivent sans se ressembler.

Enfin, *après trente et un ans*, le hasard ayant placé à la tête de l'un des théâtres lyriques de Paris un homme qui comprend et sent la musique de style, un homme intelligent, hardi, actif et dévoué à l'idée qu'il a une fois adoptée, le merveilleux poëme de Weber nous a enfin été révélé. Le public n'a fait sur le maître ni sur son œuvre aucun nauséabond jeu de mots, n'est pas resté *grave*, mais a applaudi avec des transports véritables de plus en plus ardents; bien que cette musique dérange, culbute, bouscule avec un prodigieux mépris ses habitudes les plus chères, les plus enracinées, les plus inhérentes à ses instincts secrets ou avoués.

Le succès d'*Obéron* au Théâtre-Lyrique est très-grand, très-loyal, très-réel. C'est un succès de bonne compagnie qui attirera même la mauvaise. Tout Paris voudra entendre et voir *Obéron*, admirer sa délicieuse musique, ses beaux décors, ses riches costumes, et applaudir son nouveau ténor. Car il y en a un qui s'y révèle; M. Carvalho a découvert pour le rôle d'Huon un vrai ténor (Michot), et à chaque représentation la faveur du phénix augmente. Et pour achever d'expliquer la vogue de ce chef-d'œuvre, sachez qu'au dénoûment on rit à se tordre, et que la salle entière entre en convulsions.

On n'a pas cru devoir faire une traduction pure et simple du livret anglais de M. Planchet, mais une sorte d'imitation de ce livret et du poëme d'*Obéron* de Wieland. Je ne sais si c'est à tort ou à raison que cette liberté a été prise; au moins la partition a-t-elle été à peu près respectée. On ne l'a ni mutilée, ni instrumentée, ni insultée d'aucune façon, selon l'usage. Quelques morceaux seulement ont été transplantés d'une scène dans une autre, mais toujours dans une situation semblable à celle pour laquelle ils furent composés. Voici ce dont il s'agit dans cette féerie. Obéron, le roi des génies, aime tendrement sa reine Titania. Pourtant ces deux époux se disputent souvent. Titania s'obstine à soutenir la cause des femmes coupables (sans doute en souvenir de ses étranges amours avec le savetier

Bottom. Un savetier qui porte une tête d'âne et qui s'appelle Bottom!... Je ne vous dirai pas ce que signifie ce nom anglais. Cherchez. Lisez le *Songe d'une nuit d'été*. L'ironie de Shakspeare a dépassé là de cent coudées celle des plus terribles railleurs). Obéron défend la cause des hommes plus ou moins injustement trompés. Une belle nuit d'été, la patience lui échappe, et il se sépare de Titania en jurant de ne jamais la revoir. Il lui pardonnera seulement, si deux jeunes amants, épris l'un pour l'autre d'un amour chaste et fidèle, résistent à toutes les épreuves où pourront être soumises leur constance et leur vertu. Clause bizarre, car enfin les belles qualités quelconques d'un couple humain ne font rien aux mauvaises qualités de sa féerique majesté la reine Titania, et je ne vois pas ce que le roi des génies pourra gagner, en reprenant sa femme, au triomphe de la vertu de deux étrangers. Mais tel est le nœud de la pièce. Obéron a pour génie familier un petit esprit gracieux, doucement malicieux, espiègle sans méchanceté, adorable, charmant (du moins tel est le lutin de Shakspeare) qui se nomme Puck. Puck voit son maître triste et languissant. Il veut le réunir à Titania; il sait à quelles conditions il y parviendra. A l'œuvre donc. Il a découvert en France un beau chevalier, Huon, de Bordeaux; à Bagdad, une ravissante princesse, Rezia, fille du calife, et à l'aide d'un songe qu'il envoie simultanément à chacun d'eux, il les rend épris l'un de l'autre. Déjà Huon est en marche par monts et par vaux à la recherche de la princesse qu'il adore. Une bonne vieille qu'il rencontre au milieu d'une forêt lui apprend que Rezia habite Bagdad, et propose au chevalier et à son écuyer Chérasmin de les y transporter en une minute, si Huon veut jurer de rester toute sa vie fidèle à sa bien-aimée, et de ne pas lui demander la plus légère faveur jusqu'au moment de leur union. Huon prononce le double serment. Aussitôt la vieille se change en un gracieux esprit. C'est Puck qui reprend sa forme. Obéron survient, confirme les paroles de Puck, et nos voyageurs sont tout d'un coup transportés à cinq cents lieues de là, dans les jardins du harem du calife de Bagdad. Rezia y pleure l'absence de son chevalier inconnu et se désespère d'un mariage odieux auquel son père veut la contraindre. En promenant ses langueurs dans le jardin du palais, elle rencontre les nouveaux débarqués; dans l'un d'eux elle reconnaît le chevalier de son rêve : « O bonheur, c'est donc vous? — Je vous adore. — Je vous sauverai. — Revenez ce soir. Quand l'iman appellera les croyants à la prière, je serai là et nous concerterons tout pour notre fuite. Le soir, en effet, nos amants se retrouvent, mais les gardes du palais saisissent les deux étrangers, les jettent en prison et le calife ordonne leur mort. La puissance surnaturelle d'Obéron vient à leur aide; ils sont libres; ils enlèvent de vive force un léger navire sur lequel Aboukan (le mari imposé à Rezia) venait chercher sa fiancée, Rezia reparaît avec sa suivante Fatime, ils partent tous les quatre.

<blockquote>Et vogue la nacelle qui porte leurs amours.</blockquote>

Hélas! la chair est faible, et longs sont les ennuis de la navigation. On conçoit que deux amants, tels que les nôtres, enfermés dans un étroit navire, puissent avoir quelque peine à contenir l'élan de leurs pensers d'amour. Obéron lit dans le cœur du chevalier, et furieux des désirs qu'il y découvre, il se résout à le séparer de Rezia. « Souffle, tempête, bouleverse l'Océan, que le vaisseau périsse! » Les vents accourent, Eurus, et Notus, et Borée, et vingt autres, suivis des esprits du feu, des météores, etc.

La nuit noire s'étend sur les eaux. Rezia est jetée seule sur un rocher, un autre écueil reçoit Fatime et Chérasmin. On ne sait ce qu'est devenu le chevalier. Les naufragés ne sont pas au bout de leurs peines. Pris par des pirates barbaresques, ils sont conduits sur la côte d'Afrique et vendus au bey de Tunis. Rezia est exposée aux honneurs du harem; elle a inspiré une passion violente au bey. Les deux autres amants (car Chérasmin et Fatime ont fini, eux aussi, par s'aimer d'amour tendre) sont plus heureux; ils n'ont point été séparés et leur tâche d'esclave se borne à cultiver l'un des jardins de Sa Hautesse.

L'eunuque Aboulifar leur apprend la révolution qui va s'accomplir dans le harem, c'est-à-dire la déchéance de l'ancienne favorite et l'élévation de Rezia.

Mais Rezia repousse avec mépris les hommages du bey, elle restera fidèle jusqu'à la mort à son chevalier. Puck, faisant habilement valoir cette noble constance, obtient d'Obéron qu'une dernière et solennelle épreuve soit accordée au chevalier. Le roi des génies y consent. Aussitôt Puck repêche quelque part le pauvre Huon et le transporte dans le jardin du bey de Tunis. Et nous le voyons entouré d'une foule de houris, toutes plus ravissantes les unes que les autres, qui dansent, qui chantent, qui l'enlacent dans leurs bras, le brûlent de leurs œillades, le dévorent de leurs sourires... Vains efforts, Huon résiste aux séductions; il aime Rezia, il n'aime qu'elle, il lui restera fidèle. Survient le bey qui, trouvant un étranger au milieu de ses femmes, ordonne son empalement immédiat. On va procéder à cette opération. Mais l'épreuve des amants a été décisive : l'amour a triomphé; Obéron est satisfait. Son cor enchanté se fait entendre, et aussitôt le bey, le chef des eunuques, les gardes du harem, tout le harem de céder à une impulsion irrésistible qui les force de danser, de pivoter comme des derviches tourneurs, de tourbillonner enfin dans un mouvement de rotation de plus en plus rapide, sous l'influence de plus en plus vive et impérieuse de l'impitoyable cor; jusqu'à ce que, sur un coup de tamtam, cette foule étourdie tombant à terre à demi-morte, Obéron, sa belle Titania et leur fidèle Puck s'élèvent au ciel dans une gloire. Et le roi des génies s'adressant aux amants : « Vous êtes restés fidèles l'un à l'autre, vous avez résisté à toutes les séductions, soyez heureux ! Retourne en France, Huon; va présenter à la cour ta Rezia; ma protection t'y suivra. »

Il faudrait écrire beaucoup trop pour analyser dignement la partition d'*Obéron*, pour examiner les questions que le style de cet ouvrage fait naître, expliquer les procédés employés par l'auteur et trouver la cause du ravissement dans lequel cette musique plonge des auditeurs même étrangers à toute notion, sinon à tout sentiment de l'art des sons.

Obéron est le pendant du *Freyschütz*. L'un appartient au fantastique sombre, violent, diabolique; l'autre est du domaine des féeries souriantes, gracieuses, enchanteresses. Le surnaturel dans *Obéron* se trouve si habilement combiné avec le monde réel, qu'on ne sait précisément où l'un et l'autre commencent et finissent, et que la passion et le sentiment s'y expriment dans un langage et avec des accents qu'il semble qu'on n'ait jamais entendus auparavant.

Cette musique est essentiellement mélodieuse, mais d'une autre façon que celle des plus grands mélodistes. La mélodie s'y exhale des voix et des instruments comme un parfum subtil qu'on respire avec bonheur, sans pouvoir tout d'abord en déterminer le caractère. Une phrase qu'on n'a pas entendu commencer est déjà maîtresse de l'auditeur au moment précis où il la remarque; une autre qu'il n'a pas vu s'évanouir le préoccupe encore quelque temps après qu'il a cessé de l'entendre. Ce qui en fait le charme principal, c'est la grâce, une grâce exquise et un peu étrange. On pourrait dire de l'inspiration de Weber dans *Obéron* ce que Laërtes dit de sa sœur Ophélia :

> *Thought and affliction; passion, hell itself,*
> *She turns to favour and to prettiness.*

(La rêverie, l'affliction, la passion, l'enfer lui-même, elle change tout en charme et en grâce.)

N'était l'*enfer* qui n'y figure pas, et qui d'ailleurs, sous la main de Weber, n'a jamais pris des formes gracieuses, mais bien des formes effrayantes et terribles au contraire.

Les enchaînements harmoniques de Weber ont un coloris

qu'on ne retrouve chez aucun autre maître, et qui se reflète plus qu'on ne croit sur sa mélodie. Leur effet est dû tantôt à l'altération de quelques notes de l'accord, tantôt à des renversements peu usités, quelquefois même à la suppression de certains sons réputés indispensables. Tel est, par exemple, l'accord final du morceau des nymphes de la mer, où la tonique est supprimée, et dans lequel, bien que le morceau soit en *mi*, l'auteur n'a voulu laisser entendre que *sol* dièse et *si*. De là le vague de cette désinence et la rêverie où elle plonge l'auditeur.

On en peut dire à peu près autant de ses modulations; si étranges qu'elles soient, elles sont toujours amenées avec un grand art, sans duretés, sans secousse, d'une façon presque toujours imprévue, pour concourir à l'expression d'un sentiment et non pour causer à l'oreille une puérile surprise.

Weber admet la liberté absolue des formes rhythmiques; jamais personne autant que lui ne s'est affranchi de la tyrannie de ce qu'on appelle la *carrure*, et dont l'emploi exclusif et borné aux agglomérations de nombres pairs contribue si cruellement, non-seulement à faire naître la monotonie, mais à produire la platitude. Dans le *Freyschütz*, il avait déjà donné des exemples nombreux d'une phraséologie nouvelle. Parmi ces exemples, les musiciens français, les plus carrés des mélodistes après les Italiens, furent tout surpris d'applaudir la chanson à boire de Gaspard, qui se compose, dans sa première moitié, d'une succession de phrases de trois mesures, et, dans sa seconde moitié, d'une succession de phrases de quatre. Dans *Obéron* on trouve divers passages où le tissu mélodique est rhythmé de cinq en cinq. En général, chaque phrase de cinq mesures ou de trois a son pendant qui constitue alors la symétrie, produisant le nombre pair, si cher aux musiciens vulgaires, en dépit du proverbe : *Numero Deus impare gaudet*. Mais Weber ne se croit point obligé d'établir à tout prix et partout cette symétrie; très-souvent sa phrase impaire n'a pas de pendant. Je m'adresserai aux gens de lettres pour savoir si la Fontaine a employé une forme excellente en jetant un petit vers isolé de deux pieds à la fin d'une de ses fables :

> Mais qu'en sort-il souvent ?
> Du vent,

Leur réponse affirmative, je n'en doute pas, explique et justifie le procédé analogue introduit dans la musique par beaucoup de musiciens, au nombre desquels il faut citer avec Weber, Gluck et Beethoven. Il nous semble aussi absurde de vouloir rhythmer la musique exclusivement de quatre en quatre mesures, que de n'admettre en poésie qu'une seule espèce de vers.

Si, au lieu d'avoir dit si finement :

> Mais qu'en sort-il souvent ?
> Du vent.

le fabuliste eût écrit :

> Mais qu'en sort-il souvent ?
> Il n'en sort que du vent.

il eût terminé sa fable par une insupportable platitude. L'analogie de cet exemple avec la question musicale qui nous occupe est frappante. L'entêtement de la routine peut seul la méconnaître ou en nier les conséquences.

Maintenant s'il nous paraît évident que la musique ne peut ni ne doit se conformer aveuglément à l'usage de certaines écoles qui veulent conserver la plus carrée des carrures en tout et partout, si nous trouvons dans cette persistance ridicule à maintenir un préjugé la cause de la fadeur, de la lâcheté de style, de l'exaspérant vulgarisme d'une foule de productions de tous les temps et de tous les pays, nous n'en reconnaîtrons pas moins qu'il est des irrégularités choquantes et qu'il faut éviter avec soin. Gluck (dans *Iphigénie en Aulide* surtout) en a commis un grand nombre, il faut l'avouer, qui blessent le sentiment de l'harmonie rhythmique. Weber n'en est pas exempt; nous en trouvons même un exemple très-regrettable dans l'un des plus délicieux morceaux d'*Obéron*, dans le chant des naïades, dont je parlais tout à l'heure. Après la première grande phrase vocale, composée de quatre fois quatre mesures, l'auteur a voulu donner à la voix un court repos. Ce silence est rempli par l'orchestre. Croyant sans doute que l'oreille ne tiendrait aucun compte du fragment instrumental, l'auteur a repris ensuite son chant vocal, rhythmé carrément, comme si la mesure d'orchestre n'existait pas. Mais, selon nous, il s'est trompé. L'oreille souffre de cette addition d'une mesure dans la mélodie; on s'aperçoit parfaitement que le mouvement d'oscillation a été rompu, que la phrase a perdu la régularité du balancement qui lui donne tant de charme. Revenant à ma comparaison de la mélodie avec la versification, je dirai encore que, dans le cas dont il s'agit, le défaut est aussi évident qu'il le serait dans une strophe de vers de dix pieds *dont un seul en aurait onze.*

De l'instrumentation de Weber je dirai seulement qu'elle est d'une richesse, d'une variété et d'une nouveauté admirables. La distinction encore est sa qualité dominante; jamais de moyens réprouvés par le goût, de brutalités, de non-sens. Partout un coloris charmant, une sonorité vive mais harmonieuse, une force contenue et une connaissance profonde de la nature de chaque instrument, de ses divers caractères, de ses sympathies ou de ses antipathies avec les autres membres de la famille orchestrale; partout enfin les plus intimes rapports sont conservés entre le théâtre et l'orchestre, nulle part ne se trouve un *effet* sans but, un *accent* non motivé.

On reproche à Weber sa manière d'écrire pour les voix; malheureusement le reproche est fondé. Souvent il leur impose des successions d'une difficulté excessive, qui seraient à peine convenables pour tout autre instrument que le piano. Mais ce défaut, qui ne s'étend pas aussi loin qu'on veut bien le dire, n'en est pas un quand la bizarrerie du dessin vocal est motivée par une intention dramatique. C'est alors au contraire une qualité; l'auteur en ce cas n'est blâmable qu'aux yeux des chanteurs, obligés de prendre de la peine et de se livrer à des études que la musique banale ne leur impose pas.

Tels sont plusieurs passages vraiment diaboliques du rôle de Gaspard dans le *Freyschütz*, passages qui, à mon sens, sont des traits évidents de génie.

Sur les vingt morceaux dont se compose la partition d'*Obéron*, je n'en vois pas un de faible. L'invention, l'inspiration, le savoir, le bon sens brillent dans tous : et c'est presque à regret que nous citerons de préférence aux autres pièces le chœur mystérieux et suave de l'introduction chanté par les génies autour du lit de fleurs où sommeille Obéron; — l'air chevaleresque d'Huon dans lequel se trouve une ravissante phrase déjà présentée au milieu de l'ouverture; — la merveilleuse marche nocturne des gardes du sérail qui termine le premier acte; — le chœur énergique et si rudement caractérisé : « Gloire au chef des croyants! » — la prière d'Huon accompagnée seulement par les altos, les violoncelles et les contrebasses; — la dramatique scène de Rezia sur le bord de l'Océan; — le chant des nymphes confié aujourd'hui à Puck seul, dans la nouvelle version du livret (à tort, selon moi; il devrait être chanté au fond du théâtre, sur l'un des arrière-plans de la mer, par plusieurs voix de choix à l'unisson, et avec une douceur extrême); — le chœur de danse des esprits terminant le second acte; — l'air si gracieusement gai de Fatime; — le duo suivant avec son trait obstiné d'orchestre revenant à intervalles irréguliers; — le trio si harmonieux, si admirablement modulé qu'accompagnent pianissimo les instruments de cuivre; — et enfin le chœur dansé de la scène de séduction, morceau unique dans son genre. Jamais la mélodie n'eut de pareils sourires, le rhythme des caresses plus irrésistibles. Pour que le chevalier

Huon échappe aux enlacements de femmes chantant de telles mélodies, il faut qu'il ait la vertu chevillée dans le corps.

L'auditoire a fait répéter quatre morceaux et l'ouverture; la foule, qui pendant trois heures avait bu avec délices cette musique d'une saveur si nouvelle, est sortie dans un état de véritable enivrement. C'est un succès, je le répète, un noble et grand succès.

Le ténor Michot est doué d'une belle voix, d'un timbre riche et sympathique, que l'étude ne tardera pas à assouplir. On le rappelle chaque soir. Le voilà, comme on dit dans les théâtres, *posé*. Il deviendra, il est déjà un sujet précieux. Madame Rossi-Caccia, après une longue absence de la scène, y a reparu dans le rôle difficile de Rezia, qu'elle chante avec talent. Mademoiselle Girard est une excellente Fatime; que ne peut-elle corriger le tremblement de sa voix! Mademoiselle Borghèse chante et joue bien le rôle du lutin Puck; seulement elle est trop grande; mais le moyen de remédier à cela?... Grillon s'acquitte fort bien de son rôle de Chérasmin, et Fromant de celui d'Obéron. Quant à l'eunuque Girardot, il excite l'hilarité par son costume, ses poses, sa voix étrange et *ses mots*.

Désireux de reproduire sans mesquinerie le chef-d'œuvre de Weber, M. Carvalho a ajouté à l'orchestre dix instruments à cordes qu'on n'a pu y introduire qu'en prenant sur les places du public, et enrichi de douze voix de femmes le chœur des génies. La mise en scène d'ailleurs est extrêmement soignée; l'effet de l'apothéose de Titania et d'Obéron est des plus poétiques.

ABOU-HASSAN
OPÉRA EN UN ACTE DU JEUNE WEBER

L'ENLÈVEMENT AU SÉRAIL
OPÉRA EN DEUX ACTES, DU JEUNE MOZART

LEUR PREMIÈRE REPRÉSENTATION AU THÉATRE-LYRIQUE

19 mai 1859.

Abou-Hassan est une sorte de Turc amoureux d'une sorte de jeune Turque; il a mauvaise tête et bon cœur, dit-on; il fait des dettes. On lui donne de l'argent; au lieu de l'employer à satisfaire ses créanciers, il achète des présents pour sa belle. Il faut payer enfin; il ne le peut. Or le pacha son maître a pour habitude de donner 1,000 piastres (je ne suis pas sûr de l'espèce de la monnaie) pour les funérailles de chacun de ses serviteurs. Abou-Hassan imagine de contrefaire le mort. Sa maîtresse (c'est peut-être bien sa femme) rivalise de zèle avec lui, et contrefait la morte. Le pacha aura donc à donner deux mille piastres. Cette somme tirera d'affaire nos amoureux. Mais le pacha découvre la ruse, il en rit, il est désarmé, il pardonne. Les amants ou les époux ressuscitent. Tout le monde est content.

Weber avait dix-sept ans, dit-on, quand il écrivit la partition de cette pièce ingénieuse. On dit même que M. Meyerbeer l'aida tant soit peu dans son travail, mais qu'il n'avait alors, lui, que seize ans et demi. De sorte que l'auteur des *Huguenots* est aujourd'hui dans l'impossibilité la plus absolue de reconnaître les morceaux dont il a orné l'œuvre de son ami, et que si quelque vieux bibliophile venait lui dire avec assurance : « Cet air est de vous, » il serait capable de faire la réponse du bon la Fontaine, à qui on désignait un petit jeune homme comme son fils, et qui répliqua : « C'est bien possible! »

Tant il y a que la partition d'*Abou-Hassan* contient plusieurs drôleries fort jeunes, d'assez bonne tournure, entre autres un air que Meillet a supérieurement chanté, et qu'on a redemandé avec de grandes acclamations. Meillet d'ailleurs joue son rôle tout entier avec entrain et une verve de bon goût. Il y a obtenu un succès complet de chanteur et d'acteur.

L'opéra de l'*Enlèvement au sérail* est beaucoup plus vieux que celui d'*Abou-Hassan*, et Mozart, lorsqu'il l'écrivit, n'avait peut-être pas encore dix sept ans. Les personnes désireuses de savoir au juste ce qu'il en est peuvent consulter le livre de M. Oulibicheff, un Russe qui savait à quelle heure précise l'auteur de *Don Giovanni* écrivit la dernière note de telle ou telle de ses sonates pour le clavecin, qui tombait pâmé à la renverse en entendant deux clarinettes donner l'accord de tierce majeure (*ut mi*) dans l'orchestre du premier venu des opéras de Mozart, et qui se levait indigné si ces deux mêmes clarinettes faisaient entendre les deux mêmes notes dans le *Fidelio* de Beethoven. M. Oulibicheff a conservé toute sa vie un doute cruel, il n'était pas bien sûr que Mozart fût le bon Dieu...

L'*Enlèvement* est précédé d'une petite ouverture en *ut* majeur, d'une impayable naïveté et qui a produit peu de sensation; c'est à peine si le parterre y a pris garde. Cela fait, ne vous en déplaise, l'éloge du parterre; car en vérité, si tant est qu'on puisse dire à peu près la vérité là-dessus, le père Léopold Mozart, au lieu de pleurer d'admiration, comme à l'ordinaire, devant cette œuvre de son fils, eût mieux fait de la brûler et de dire au jeune compositeur : « Mon garçon, tu viens de produire là une ouverture bien ridicule; tu as dit ton chapelet avant de la commencer, je n'en doute pas, mais tu vas m'en faire une autre, et cette fois tu diras ton rosaire pour obtenir des saints qu'ils t'inspirent mieux. » Raca! abomination! blasphème! vont s'écrier tous les Oulibicheff, en déchirant leurs vêtements et en se couvrant la tête de cendres, blasphème! abomination! raca! — Holà! calmez-vous, hommes vénérables, ne déchirez pas vos vêtements, couvrez-vous la tête de poudre à poudrer, s'il vous plaît, mais non de cendres, car il n'y a pas de blasphème ni d'abomination dans l'énoncé de notre opinion; il est aujourd'hui tout à fait prouvé que Mozart, à quinze ans surtout, n'était pas le bon Dieu. Sachez en outre que nous l'admirons plus que vous, que nous le connaissons mieux que vous, mais que notre admiration est d'autant plus vive qu'elle n'est le résultat ni d'impressions puériles ni d'absurdes préjugés.

La pièce de l'*Enlèvement* est encore une pièce turque. Il y a l'éternelle esclave européenne qui résiste à l'éternel pacha. Cette esclave a une jolie suivante; elles ont l'une et l'autre de jeunes amants. Ces malheureux s'exposent à se faire empaler pour délivrer leurs belles. Ils s'introduisent dans le sérail, ils y apportent une échelle, voire même deux échelles.

Mais Osmin, un magot turc, homme de confiance du pacha, déjoue leurs projets, enlève une des échelles, arrête les quatre personnages et va les livrer à la fureur du pal, quand le pacha, qui est un faux Turc d'origine espagnole, apprenant que Belmont, l'amant de Constance, est le fils d'un Espagnol de ses amis qui, jadis, lui sauva la vie, se hâte de délivrer nos amoureux et de les renvoyer en Europe, où il est probable qu'ils ont ensuite beaucoup d'enfants.

C'est aussi fort que cela.

Vous dire que Mozart a écrit là-dessus une merveille d'inspiration serait encore plus fort. Il y a une foule de jolis petits morceaux de chant sans doute, mais aussi une foule de formules qu'on regrette d'autant plus d'entendre là que Mozart les a employées plus tard dans ses chefs-d'œuvre, et qu'elles sont aujourd'hui pour nous une véritable obsession.

En général la mélodie de cet opéra est simple, douce, peu originale, les accompagnements sont discrets, agréables, peu variés, enfantins ; l'instrumentation est celle de l'époque, mais déjà mieux ordonnée que dans les œuvres des contemporains de l'auteur. L'orchestre contient souvent ce qu'on appelait alors la *musique turque*, c'est-à-dire la grosse caisse, les cymbales et le triangle, employés d'une façon toute primitive. En outre, Mozart y a fait usage d'une petite flûte quinte, *en sol* (dite *en la* à l'époque où les flûtes ordinaires étaient appelées *en ré*). Quelquefois cet instrument y est réuni en trio aux deux grandes flûtes.

Si le premier air d'Osmin portait le nom d'un compositeur vivant, on aurait le droit de le trouver assez dépourvu d'intérêt ; si les trois couplets chantés ensuite par ce personnage étaient dans le même cas, à coup sûr on ne les eût pas *bissés*. Le chœur, avec accompagnement de musique turque, a le caractère indiqué par le sujet. Le duo à six-huit entre Osmin et la suivante, peu coloré, peu saillant, contenant beaucoup de notes aiguës que le soprano doit lancer à ses risques et périls, est d'un effet assez disgracieux. L'allegro de l'air suivant offre une fâcheuse ressemblance avec l'air populaire parisien, *En avant, Fanfan la Tulipe!* que Mozart, à coup sûr, n'a jamais connu. Il faut donc retourner la phrase, faire du blâme un éloge, et dire : Le pont-neuf populaire parisien a l'honneur de ressembler au thème d'un allegro de Mozart.

L'air de Belmont, au contraire, est mélodieux, expressif, charmant. Le quatuor, d'une naïveté extrême, prend vers la *coda* un peu d'animation, grâce à l'intervention d'un trait de violon rapide. Une marche avec sourdines termine bien le premier acte.

L'air de la soubrette est malheureusement entaché de ces traits et de ces vocalisations grotesques employés par Mozart, même dans ses plus magnifiques ouvrages. C'était le goût du temps, dira-t-on ; tant pis pour le temps et tant pis pour nous maintenant. Mozart, à coup sûr, eût mieux fait de consulter son goût à lui. La partie de soprano de ce morceau est, d'ailleurs, écrite trop constamment dans le haut. Ce défaut dut être moins sensible à l'époque où le diapason était d'un grand demi-ton plus bas que le diapason actuel.

Les couplets fort plaisants chantés par Bataille et Froment, ont eu les honneurs du *bis*. L'air en *ré* d'Osmin, qui leur succède, offre cette particularité, très-remarquable chez Mozart, d'un thème rhythmé de trois en trois mesures, suivi d'une phrase rhythmée de quatre en quatre. Mozart lui-même ne croyait pas qu'il fût insensé de rhythmer une mélodie autrement que dans la forme dite carrée?... Tout un système se trouve dérangé par ce fait. Le rôle de Belmont contient encore une gracieuse romance; la chanson du signal, avec son accompagnement de violons en pizzicato, est piquante; mais, à mon sens, le meilleur morceau de la partition serait le duo entre Constance et Belmont, qui la termine. Le sentiment en est fort beau, le style beaucoup plus élevé que tout ce qui précède, la forme plus grande, et les idées en sont magistralement développées.

L'*Enlèvement*, au dire de presque tous nos confrères de la critique musicale, a été exécuté au Théâtre-Lyrique avec la plus *scrupuleuse fidélité*. On a seulement mis en deux actes la pièce qui était en trois, *interverti l'ordre de succession de quelques morceaux, retiré un grand air du rôle de madame Meillet pour le faire passer dans celui de madame Ugalde, et placé entre les deux actes la fameuse marche turque si connue des pianistes qui jouent Mozart.*

Allons! à la bonne heure! voilà ce qu'on doit appeler une *scrupuleuse fidélité!*...

MOYEN TROUVÉ PAR M. DELSARTE
D'ACCORDER LES INSTRUMENTS A CORDES
SANS LE SECOURS DE L'OREILLE

Entendez-vous, pianistes, guitaristes, violonistes, violoncellistes, contre-bassistes, harpistes, accordeurs, et vous donc, chefs d'orchestre ! *sans le secours de l'oreille !!!* Voilà une découverte immense, incomparable, sans prix, pour nous autres surtout, tristes auditeurs de pianos discordants, de violons, de violoncelles discordants; de harpes discordantes; d'orchestres discordants. L'invention de M. Delsarte va vous mettre dans l'obligation de ne plus nous torturer, de ne plus nous faire suer de douleur, de ne plus nous pousser au suicide. Sans le secours de l'oreille !!! Non-seulement l'oreille devient inutile pour accorder les instruments, mais il est dangereux de la consulter, mais il faut à toute force ne pas la consulter. Quel avantage pour ceux qui n'en ont pas ! Jusqu'à présent c'était le contraire, et nous vous pardonnions les tourments que vous nous infligiez; mais à l'avenir, si vos instruments, si vos orchestres ne sont pas d'accord, vous n'aurez point d'excuses, et nous vous dénoncerons à la vindicte publique. Sans le secours de l'oreille !!! secours si souvent inutile et trompeur, et fatal ! La découverte de M. Delsarte n'a d'action que sur les instruments à cordes, et c'est beaucoup, c'est énorme. D'où il suit que dans les orchestres dirigés et accordés sans le secours de l'oreille, il n'y aura plus de discordance maintenant qu'entre les flûtes, les hautbois, les clarinettes, les bassons, les cors, les cornets, les trompettes, les trombones, l'ophicléide, le tuba et les timbales. Le triangle pourrait, à la rigueur, être accordé par le nouveau procédé, mais il est généralement reconnu que cela n'est pas nécessaire; de même que pour les cloches, la discordance entre le triangle et les autres instruments *fait bien*, on aime cela dans tous les théâtres lyriques.

Et les chanteurs, dont vous ne parlez pas, me dira-t-on, sera-t-il possible de les faire chanter juste, de les faire s'accorder? — Les chanteurs? Deux ou trois d'entre eux sont naturellement d'accord. Quelques-uns, avec de bons soins et de la rigueur, pourront être à peu près accordés; mais tous les autres ne furent, ne sont et ne seront d'accord ni individuellement, ni entre eux, ni avec les instruments, ni avec le chef d'orchestre, ni avec le rhythme, ni avec l'harmonie, ni avec l'accent, ni avec l'expression, ni avec le diapason, ni avec la langue, ni avec rien qui ressemble à la précision et au bon sens. Depuis quelque temps ils ne sont même plus d'accord avec les claqueurs, qui menacent de les abandonner. Ce sera bien fait; mais quelle catastrophe!

M. Delsarte a rendu aisément praticable l'accord du piano surtout, au moyen d'un instrument qu'il appelle le phonoptique, et dont il serait trop long de faire ici la description. Il nous suffira de dire qu'il contient une aiguille indiquant le moment précis où deux ou plusieurs cordes sont exactement à l'unisson; en ajoutant que le résultat invariable de l'opération est, pour quiconque en veut prendre la peine, une justesse telle que l'oreille la plus exercée n'en saurait atteindre la perfection.

Les acousticiens ne manqueront pas de s'occuper prochainement de la précieuse invention que nous signalons et dont l'emploi ne saurait tarder à devenir populaire.

LA MUSIQUE A L'ÉGLISE

PAR M. JOSEPH D'ORTIGUE

L'auteur a la probité littéraire et la modestie bien rares aujourd'hui de déclarer dans sa préface qu'il nous présente un volume et non pas un livre. « C'est, dit-il, un choix d'articles relatifs au plain-chant et à la musique d'Église, publiés dans les journaux et les revues depuis environ vingt-cinq ans. Ces articles, écrits souvent à de longs intervalles les uns des autres, disséminés çà et là dans des feuilles fort différentes entre elles de tendance et d'esprit, et s'adressant à diverses classes de lecteurs, soumis en outre à une révision complète, quelques-uns même à une refonte sévère, ces articles pourront être, ainsi réunis, considérés comme voyant le jour pour la première fois. Tel est ce volume. Si les matériaux en sont vieux, l'ensemble pourra présenter quelque nouveauté. » Il en présente beaucoup, en effet, et il joint à cet attrait de la nouveauté l'intérêt de tous les livres vraiment utiles, écrits d'ailleurs d'une façon élégante, correcte et parfaitement claire. Cette dernière qualité pour bien des gens, et je suis du nombre, est d'un prix considérable, rien ne leur étant plus odieux que ce style amphigourique, dont la prétendue profondeur a pour effet bien moins encore de voiler la pensée de l'auteur, d'en rendre la perception difficile, que d'en cacher l'absence. Ce sont des livres que le lecteur ferme d'ordinaire à la quatrième page, en disant : « Je ne sais ce que l'écrivain a voulu dire, et sans doute lui-même ne le sait pas davantage. » Ceci me rappelle un traité d'harmonie composé dans un système fort ingénieux, disait-on, par un savant mathématicien. Je le lus avec une attention qui faillit me rendre malade, sans y rien comprendre. L'auteur, à qui j'avais avoué que le sens de son œuvre m'échappait complétement, m'offrit de venir me l'expliquer. Nous eûmes un long entretien à ce sujet, et les explications verbales ne parvinrent pas plus que la prose écrite à me faire pénétrer la signification de ce traité mystérieux. « Je suis sans doute mal disposé aujourd'hui, dis-je à l'auteur; si vous vouliez bien m'accorder une autre heure d'études, je serais peut-être à cette seconde épreuve plus intelligent. » Nouveau rendez-vous pris. Je m'obstinais, j'étais curieux de savoir si je parviendrais à comprendre. Le théoricien revint, recommença l'exposé de sa doctrine, de ses exemples, l'explication de son système, etc., etc. Je faisais des efforts surhumains d'attention ; mon cerveau semblait se tordre dans mon crâne ; quant à l'auteur, il suait à grosses gouttes, voyant combien je mettais à l'écouter de bonne volonté sans résultats. Enfin il fallut renoncer à prolonger l'expérience, et je dus dire au démonstrateur: « C'est inutile, monsieur, je n'ai pas la moindre idée de ce que vous voulez me faire entendre. C'est absolument comme si vous me parliez chinois ! » Et ce savant avait fait un gros livre pour enseigner l'harmonie *à ceux qui ne la savent pas*...

Rien de pareil, ai-je besoin de le répéter, dans l'ouvrage de M. d'Ortigue ; et si je diffère avec lui d'opinion sur quelques points, au moins sais-je bien en quoi et pourquoi cette différence existe. Son ouvrage a pour but principal d'étudier et de faire comprendre la nature de l'art musical religieux, c'est-à-dire de l'art des sons appliqué au service religieux, à chanter les textes sacrés dans les églises catholiques; de démontrer les aberrations des musiciens qui, sans en apprécier l'importance, ont osé entreprendre cette tâche, ainsi que la tolérance coupable des membres du clergé à leur égard, tolérance expliquée par une profonde ignorance du sens expressif de l'art des sons et l'absence de goût. L'ouvrage de M. d'Ortigue se propose, en outre, d'exalter le système musical du plain-chant aux dépens de la musique moderne, aux dépens de la *musique*, en déclarant le plain-chant seul capable d'exprimer dignement le sentiment religieux. L'auteur, en conséquence, cherche d'une part les moyens de remédier aux innombrables abus de la musique introduite à l'église, et, de l'autre, à tirer le plain-chant de la corruption dans laquelle il est tombé.

Ces abus révoltants, dont il donne des exemples, ne sont pas, il est vrai, propres à notre temps; on sait jusqu'à quel dègré de cynisme et d'imbécillité étaient parvenus les anciens contre-pointistes qui prenaient pour thèmes de leurs compositions dites religieuses des chansons populaires dont les paroles grivoises et même obscènes étaient connues de tous et qu'ils faisaient servir de fond à leur trame harmonique pendant le service divin. On connaît la messe de l'*Homme armé*.

La gloire de Palestrina est d'avoir fait disparaître cette barbarie.

Nous avons pourtant vu, il y a trente-cinq ans à peine, de quoi nos prêtres missionnaires étaient capables dans leur niaise affection pour la musique et leur zèle aveugle et sourd. Ils faisaient chanter dans l'église de Sainte-Geneviève, pendant les cérémonies, des cantiques dont les airs étaient empruntés aux vaudevilles du théâtre des Variétés, tels que celui-ci :

> C'est l'amour, l'amour, l'amour,
>   Qui fait le monde
>   A la ronde!

Mais le chef-d'œuvre du genre a été fourni plus récemment par un musicien d'une certaine notoriété et qui a osé faire imprimer ledit chef-d'œuvre pour l'édification des âmes religieuses et des gens de bon sens. Ceci n'est pas un conte fait à plaisir; j'ai lu cette monstrueuse partition.

Voici en quels termes en parle M. d'Ortigue :

« J'ai dit dans un précédent article que les *Concerts spirituels*, publiés à Avignon en 1835, avaient été dépassés par une production plus étrange encore. Ils ont été dépassés en effet, et de beaucoup, par la *Messe de Rossini*, mise au jour il y a quelques années par ce spirituel, mais trop jovial Castil-Blaze, qui semble avoir voulu couronner sa carrière d'arrangeur par l'arrangement le plus inouï qu'on puisse imaginer, comme s'il avait juré de se porter un défi à lui-même. Je ne ferai qu'indiquer les principaux morceaux de cette *Messe de Rossini*. Le *Kyrie* est sur la marche de l'entrée d'*Otello*. Le *Gloria* débute par le chœur d'introduction du même ouvrage, qui fournit encore quelques autres fragments jusqu'à la seconde moitié du verset final : *Cum Sancto Spiritu, in gloria Dei patris, amen*, paroles que l'arrangeur a ajustées sur la strette du quintette de la *Cenerentola*, morceau bouffe d'une gaieté désopilante, allegro rapide à trois temps. On ne peut se représenter l'effet extravagant et grotesque de ce texte, *Cum Sancto Spiritu*, débité syllabiquement, une syllabe par croche, sur ce mouvement accéléré. Le reste est à l'avenant. Le *Credo* s'ouvre par la romance du *Barbier de Séville* : *Ecco ridente il cielo;* puis viennent les duos guerriers de *Tancrède*, d'*Otello*, un *Resurrexit* sur des roulades à grands ramages, et enfin l'*Et vitam venturi seculi*, sur le motif d'Arsace du finale de *Semiramide : Atro evento prodigio*. Un mot encore. Le *Dona nobis pacem* est martelé en accords frappés par le chœur sur une cabalette de *Tancrède*, la plus jolie et la plus pimpante du monde. »

M. d'Ortigue, bien entendu, ne rend pas Rossini responsable de toutes ces extravagances, c'est sur l'arrangeur seul que tombe sa critique. Il blâme vivement l'illustre maître, au contraire, d'avoir écrit certaines parties de son *Stabat*, qu'il trouve avec raison, ce me semble, plus théâtral dans son ensemble que religieux. Mais ce n'est pas la faute de la musique, de l'art *mondain*, comme il l'appelle, et il a tort de se laisser entraîner peu à peu à rendre ce bel art responsable des erreurs des musiciens, au point de déclarer *qu'il ne saurait exister de véritable musique religieuse hors de la tonalité ecclésiastique*. De sorte que l'*Ave verum* de Mozart, cette expression sublime de l'adoration extatique, qui n'est point dans la tonalité ecclésiastique, ne devrait pas être considéré comme de la vraie musique religieuse. Et c'est là que se décèle chez M. d'Ortigue une partialité pour le plain-chant que nous avouons ne pas partager.

Bien plus, il nous est absolument impossible de comprendre comment ce plain-chant, fils de la musique grecque, de la musique des païens, peut lui paraître digne de chanter les louanges du Dieu des chrétiens, quand la *musique*, découverte moderne des chrétiens eux-mêmes, avec ses richesses de toute espèce que le plain-chant ne possède pas, ne peut y prétendre. C'est précisément la simplicité, le vague, la tonalité indécise, l'*impersonnalité*, l'inexpression qui font, aux yeux de M. d'Ortigue, le mérite principal du plain-chant. Il me semble qu'une statue récitant avec sa froide impassibilité, et sur une seule note, les paroles liturgiques, devrait alors réaliser l'idéal de la musique religieuse. M. d'Ortigue ne va pas jusque-là, bien que sa théorie eût dû l'y conduire.

Il blâme, au contraire, l'exécution du plain-chant, toujours chanté ou plutôt beuglé dans nos églises par des voix de taureau, accompagnées d'un serpent ou d'un ophicléide. Certes il a grandement raison. A entendre de telles successions de notes hideuses, et à l'accent menaçant, on se croirait transporté dans un antre de druides préparant un sacrifice humain. C'est affreux, mais je dois encore avouer que tous les morceaux de plain-chant que j'ai entendus étaient ainsi exécutés et avaient à peu près ce caractère.

Une discussion approfondie sur ce sujet et sur les questions qui s'y rattachent nous mènerait fort loin, et je crois qu'il serait aisé, tout en partageant l'indignation de notre savant confrère et ami contre les abus qui se sont introduits dans la musique d'Église et les erreurs révoltantes où sont tombés *presque tous* les grands maîtres en traitant ce genre difficile, je crois, dis-je, qu'il serait aisé de réhabiliter la *musique*. Elle n'est point coupable du mauvais usage qu'on a fait de sa puissance et de ses richesses. Elle produira d'ailleurs les effets du plain-chant tant qu'elle voudra, quand le plain-chant demeurera forcément incapable de produire les effets de la musique. Quoi qu'il en soit, il faut louer beaucoup le livre de la *Musique à l'église,* il faut le recommander à tous les lecteurs qui s'intéressent à la dignité du culte comme à la dignité de l'art. Les membres du clergé surtout, qui par leur position ont à exercer une influence directe sur les mœurs musicales des églises, ne peuvent que gagner à le méditer.

Nocturnâ versate manu, versate diurnâ.

MOEURS MUSICALES DE LA CHINE

On s'occupe beaucoup des Chinois, depuis quelque temps, et c'est toujours d'une façon peu flatteuse pour eux. Nous ne nous contentons pas de les battre, de tout bousculer dans leurs boutiques, de mettre en fuite leur empereur, de prendre le palais de sa céleste Majesté, de nous partager ses lingots, ses diamants, ses pierreries, ses soieries, il faut encore que nous nous moquions de ce grand peuple, que nous l'appellions peuple de vieillards, de maniaques, peuple de fous et d'imbéciles, peuple amoureux de l'absurde, de l'horrible, du grotesque. Nous rions de ses croyances, de ses mœurs, de ses arts, de sa science, de ses usages familiers même, sous prétexte qu'il mange son riz grain à grain avec des bâtonnets, et qu'il lui faut presque autant de temps pour apprendre à se servir de ces ridicules ustensiles que pour apprendre à écrire (chose qu'il ne sait jamais complétement), comme si, disons-nous, il n'était pas plus simple de manger du riz avec une cuiller. Et de ses armes, et de ses armées, et de ses étendards à dragons peints, pour effrayer l'ennemi, et de ses vieux fusils à mèche, et de ses canons dont les boulets vont dans la lune, nous en moquons-nous ! et de ses instruments de musique, et de ses femmes aux pieds contrefaits, et de tout enfin! Pourtant il a du bon, le peuple chinois, beaucoup de bon, et ce n'est pas tout à fait sans raison qu'il nous appelle, nous autres Européens, les diables rouges, les barbares. Par exemple : soixante mille Chinois sont mis en déroute complète par quatre ou cinq mille Anglo-Français, c'est vrai; mais leur général en chef, voyant la bataille perdue, se scie le cou avec son sabre, très-bien, lui-même, sans recourir pour cela à son domestique, comme faisaient les Romains, et il n'est content que quand sa tête est à bas. C'est courageux cela; essayez donc d'en faire autant.

Il écrase les pieds de ses femmes de façon à les empêcher de marcher, mais de façon aussi à les empêcher bien plus encore d'aller au bal, de danser la polka, de valser, de rester, par conséquent, des nuits entières aux bras de jeunes hommes qui leur serrent la taille, respirent leur haleine, leur parlent à l'oreille, sous les yeux des pères, des mères, des maris et des amants.

Il a une musique que nous trouvons abominable, atroce, il chante comme les chiens bâillent, comme les chats vomissent quand ils ont avalé une arête; les instruments dont il se sert pour accompagner les voix nous semblent de véritables instruments de torture. Mais il respecte au moins sa musique, telle quelle, il protége les œuvres remarquables que le génie chinois a produites; tandis que nous n'avons pas plus de protection pour nos chefs-d'œuvre que d'horreur pour les monstruosités, et que chez nous le beau et l'horrible sont également abandonnés à l'indifférence publique.

Chez eux tout est réglé suivant un code immuable, jusqu'à l'instrumentation des opéras. La grandeur des tamtams et des gongs est déterminée d'après le sujet du drame et le style musical qu'il comporte. Il n'est pas permis d'employer pour un opéra-comique des tamtams aussi grands que pour un opéra sérieux. Chez nous, au contraire, pour le moindre opuscule lyrique maintenant, on emploie des grosses caisses aussi vastes que les grosses caisses du grand Opéra. Il n'en était pas ainsi il y a vingt-cinq ans, et c'est encore une preuve des avantages de l'immutabilité du code musical chinois.

Malgré les désastreux résultats de nos mœurs changeantes et déréglées, nous l'emportons néanmoins en musique, sous certains rapports, sur les habitants du Céleste-Empire. Ainsi, de l'aveu même des mandarins directeurs de la mélodie, les chanteurs et chanteuses de la Chine chantent souvent faux, ce qui prouve à quel point ils sont inférieurs aux nôtres, qui chantent si souvent juste. Mais les chanteurs chinois savent presque tous leur langue; ils n'en violent pas l'accentuation, ils en observent la prosodie. Il en était aussi de même chez nous il y a vingt-cinq ans; aujourd'hui, par suite de notre manie de tout bouleverser selon le caprice de chacun, il semble que la plupart des chanteurs d'Europe chantent du chinois.

Ce que l'on doit trouver vraiment beau et digne d'admiration, ce sont les règlements et les lois en vigueur dans l'Empire-Céleste depuis un temps immémorial pour protéger les chefs-d'œuvre des compositeurs. Il n'est pas permis de les défigurer, de les interpréter d'une façon infidèle, d'en altérer le texte, le sentiment ou l'esprit. Ces lois ne sont pas préventives, on n'empêche personne d'essayer l'exécution d'un ouvrage consacré, mais l'individu convaincu de l'avoir dénaturé est puni d'une façon d'autant plus sévère que l'auteur est plus illustre et plus admiré. Ainsi les peines encourues par les profanateurs des œuvres de Confucius paraîtront cruelles à nous autres barbares habitués à tout outrager impunément. Ce Confucius est appelé par les Chinois Koang-fu-tsée; c'est encore une jolie habitude que nous avons d'*arranger* les noms propres, comme on *arrange* les ouvrages que l'on traduit d'une langue dans une autre, ou que l'on transporte seulement d'une scène sur une autre scène. Nous ne pouvons conserver intégralement, ni le nom des grands hommes, ni celui des grandes villes des peuples étrangers. En France, nous appelons Ratisbonne la ville d'Allemagne que les Allemands nomment Regensburg, et les Italiens nomment Parigi la ville de Paris. Cette syllabe ajoutée, *gi* (prononcez *dgi*), leur plaît infiniment, et leur oreille serait choquée s'ils disaient, comme les Français, Paris tout court. Il n'est donc pas surprenant que nous disions en France Confucius pour Koang-fu-tsée, d'abord parce que la désinence latine en *us* est fort en honneur dans la langue philosophique; ensuite parce que nous avons pour principe de ne pas nous gêner quand il s'agit d'un nom difficile à prononcer. De là cette précaution tant admirée d'un artiste d'origine allemande, qui, dans la crainte de voir substituer à son nom tudesque un autre nom qui ne lui plairait pas, mit sur ses cartes de visite : Schneitzoeffer, prononcez Bertrand. Donc Koang-fu-tsée, ou Confucius, ou Bertrand, fut un grand philosophe, on le sait, et il unit à sa philosophie un grand fonds de science musicale; tellement qu'ayant composé des variations sur l'air célèbre de Li-po, il les exécuta sur une guitare *ornée d'ivoire*, d'un bout à l'autre du Céleste-Empire, dont il moralisa ainsi l'immense population. Et c'est depuis ce temps que le peuple chinois est si profondément moral. Mais l'œuvre de Koang-fu-tsée ne se borne pas à ces fameuses variations pour la guitare ornée d'ivoire; non, le grand philosophe musicien écrivit en outre bon nombre de cantates morales et d'opéras moraux dont le mérite principal, au dire de tous les lettrés et de tous les musiciens de la Chine, est une simplicité et une beauté de style mélodique unies à la plus profonde expression des passions et des sentiments. On cite ce fait remarquable d'une femme chinoise qui, assistant à un opéra dans lequel Koang-fu-tsée a peint avec la plus touchante vérité les joies de l'amour maternel, se prit, dès le septième acte, à pleurer amèrement. Comme ses voisins lui demandaient la cause de ses larmes : « Hélas! répondit-elle, j'ai donné le jour à neuf enfants, je les ai tous noyés, et je regrette maintenant de n'en avoir pas gardé au moins un; je l'aimerais tant! » Les législateurs chinois ont donc, et avec grande raison, selon moi, prononcé des peines sévères, non-seulement contre les directeurs de théâtre qui représenteraient mal les belles œuvres lyriques de Koang-fu-tsée, mais encore contre les chanteurs et les chanteuses qui se permettraient, dans les concerts, d'en chanter des fragments indignement. Chaque semaine un rapport est fait par la police musicale au mandarin directeur des arts; et si une chanteuse s'est rendue coupable du délit de profanation que je viens d'indiquer, on lui adresse un avertissement en lui coupant l'oreille gauche. Si elle retombe dans la même faute, on lui coupe l'oreille droite pour second avertissement; après quoi, si elle récidive encore, vient l'application de la peine : on lui coupe le nez. Ce cas est fort rare, et la législation chinoise, d'ailleurs, se montre là un peu sévère, car on ne peut pas exiger une exécution irréprochable d'une cantatrice qui n'a pas d'oreilles. Les pénalités de certains peuples ont quelque chose de comique qui nous étonne toujours. Je me rappelle avoir vu à Moscou une grande dame de l'aristocratie russe balayer une rue en plein jour au moment du dégel. « C'est l'usage, me dit un Russe; on l'a condamnée à balayer la rue pendant deux heures, pour la punir de s'être laissé prendre en flagrant délit de vol dans un magasin de nouveautés. »

A Taïti, cette charmante province française, les belles insulaires convaincues d'avoir eu des sourires pour un trop grand nombre d'hommes, Français ou Taïtiens, sont condamnées à exécuter de leurs mains un bout de grande route plus ou moins long, pavé ou non pavé; et la galanterie tourne ainsi à l'avantage des voies de communication. Que de femmes à Paris qui n'arrivent à rien, et qui, dans ce pays-là, feraient joliment leur chemin !

On a dû trouver fort étrange le titre de *directeur des arts* que j'ai employé tout à l'heure pour un mandarin. On ne peut en effet concevoir l'utilité d'une telle direction, chez nous, où l'art est si libre de s'égarer, où il peut se faire mendiant, voleur, assassin, icoglan ; où il peut mourir de faim, ou parcourir ivre les rues de nos cités; où chanteurs et cantatrices ont tous leur nez et leurs oreilles, où la première condition requise pour être administrateur d'un théâtre musical est de ne savoir pas la musique; où des lettrés sont les arbitres du sort des musiciens; où les prix de composition musicale sont donnés par des peintres, les prix de peinture par des architectes, les prix de statuaire par des graveurs. Si les Chinois savaient cela! Pauvres Chinois! Eh bien! pourtant, je vous l'ai dit, ils ont du bon. Ils ont des directeurs des arts qui connaissent ce qu'ils dirigent; ils ont même des colléges entiers de mandarins artistes, dont l'influence pourrait être immense et s'exercer, pour le plus grand avantage de l'art, sur l'empire tout entier. Il ne se publie pas dans toute la Chine un livre sur la musique, la peinture, l'architecture, etc., que l'auteur ne soumette son travail à l'examen des mandarins artistes, afin, s'ils l'approuvent, de pouvoir inscrire sur la seconde édition de l'ouvrage : *Approuvé par le collége*. Malheureusement les membres respectés de cette institution, qui auraient souvent le droit de faire infliger aux auteurs le supplice de la cangue, ont toujours été, à l'inverse des directeurs spéciaux de l'art musical, animés d'une telle bienveillance, qu'ils approuvent généralement tout ce qu'on leur présente. Aujourd'hui ils loueront un auteur d'avoir exposé telle ou telle doctrine, préconisé telle ou telle méthode de tamtam, demain un autre exposera la doctrine contraire, prônera la méthode opposée, et le *collége* ne manquera pas de l'approuver encore. Ils en sont venus à un tel degré de bonhomie et d'indulgence, que maintenant la plupart des auteurs, dès la première édition de leurs livres, y placent la formule « *approuvé par le collége* » avant même de le lui avoir présenté, tant ils sont certains d'obtenir son suffrage.

Ah! pauvres Chinois! il ne faut plus s'étonner de voir chez eux l'art rester obstinément stationnaire!

Mais je leur pardonne tout en faveur de leur règlement sur les tamtams et de leurs lois contre les profanateurs.

Alors, direz-vous, s'ils coupent le nez et les oreilles aux chanteurs qui profanent les chefs-d'œuvre, que font-ils pour ceux qui les interprètent avec fidélité, avec grandeur, avec inspiration? — Ce qu'ils font? Ils les comblent de distinctions honorifiques de toute espèce, ils leur donnent des bâtonnets en argent pour manger le riz, ils accordent aux uns le bouton jaune, à d'autres le bouton bleu; à celui-ci le bouton de cristal, à celui-là les trois boutons; on voit en Chine des virtuoses qui sont couverts de boutons. Ce n'est pas comme en France, où l'on ne donne la croix à un chanteur que s'il a quitté le théâtre, s'il a perdu sa voix, s'il n'est plus bon à rien.

Les mœurs chinoises, si différentes des nôtres en tout ce qui touche aux beaux-arts en général, et à la musique en particulier, s'en rapprochent sur un seul point : pour diriger les flottes, ils prennent des marins. Si nous continuons, à la vérité, nous finirons par leur ressembler tout à fait.

A MM.

LES MEMBRES DE L'ACADÉMIE DES BEAUX-ARTS
DE L'INSTITUT

11 septembre 1861.

Messieurs et chers confrères,

Vous pensez que le récit de ce que je fais à Bade en ce moment pourra intéresser l'auditoire d'une séance publique de l'Institut. Je ne partage pas votre opinion[1]; mais, puisque vous le voulez, je me résigne et je vous écris.

N'imaginez pas pourtant que je me fourvoie au point de paraphraser tant de descriptions de Bade, faites avec un si rare talent par MM. Eugène Guinot, Achard et quelques autres écrivains. Non, je parlerai de musique, de géologie, de zoologie, de ruines, de palais splendides, de philosophie, de morale; nous évoquerons l'antiquité, le moyen âge; nous examinerons le temps présent; je citerai l'Apocalypse, et Homère, et Shakspeare, peut-être M. Paul de Kock; je critiquerai çà et là, par habitude; je désapprouverai même quelques-unes de vos approbations, et vous serez obligés néanmoins de tout entendre. Vous l'aurez voulu.

Que de choses dans un menuet! disait le grand Vestris. Que de choses dans une lettre! allez-vous dire. Rassurez-vous, ma

---

[1] La lettre, en effet, a paru d'un style trop en dehors des habitudes académiques et n'a pas été lue en séance publique.

lettre sera peut-être fort convenable, claire et nette comme une lettre de faire part Cela va dépendre de ma santé, qui est détestable et des caprices de ma névralgie. Je lâche ce mot à dessein, afin que vous puissiez dire, quand je serai par trop ennuyeux : — C'est sa névralgie !

En effet, beaucoup de gens sont dépourvus d'esprit et de bon sens quand ils se portent bien; pour moi c'est tout le contraire, et mon défaut d'esprit n'est jamais si évident que dans l'état de maladie. Je suis de la seconde catégorie; trop heureux de me figurer que je n'appartiens pas à la troisième, à celle des gens qui n'ont pas le sens commun dans tous les cas.

Ce que je fais à Bade?... J'y fais de la musique; chose qui m'est absolument interdite à Paris, faute d'une bonne salle, faute d'argent pour payer les répétitions, faute de temps pour les bien faire, faute de public, faute de tout.

M. Benazet, qui, pendant cinq mois, est le véritable souverain de Bade, et qui exerce sa souveraineté pour la plus grande gloire de l'art et le bonheur des artistes, me tint, il y a huit ans, à peu près ce langage: « Mon cher monsieur, je donne beaucoup de concerts dans les petits salons du palais de la Conversation. Tous les pianistes du monde y viennent successivement et plusieurs y viennent simultanément faire leurs exercices. On y entend les plus grands artistes et les virtuoses les plus excentriques; on y voit des violonistes jouer de la flûte, des flûtistes jouer du violon, des basses chanter en voix de soprano, des soprani chanter en voix de basse; on y entend même des chanteurs qui ne se servent d'aucune espèce de voix. Ce sont donc, en somme, de beaux concerts. Pourtant, quoiqu'on prétende que le mieux est ennemi du bien, j'ambitionne le mieux. Voulez-vous venir à Bade organiser annuellement un grand concert festival? Je mettrai à votre disposition tout ce que vous demanderez en chanteurs et en instrumentistes, pour former un ensemble en rapport avec les dimensions de la grande salle du palais de la Conversation, et surtout en rapport avec le style des œuvres que vous ferez exécuter. Vous composerez vos programmes, vous désignerez les jours de répétition ; s'il nous manque certains artistes spéciaux dont le concours soit nécessaire, faites-les venir, promettez-leur de ma part ce qu'ils demanderont, j'ai confiance en vous, je ne me mêlerai de rien... que de payer ! — O Richard, ô mon roi ! m'écriai-je éperdu, en entendant ces sublimes paroles. Quoi ! il y a un souverain capable de cela ? Quoi ! vous me laisserez faire ? Vous choisissez un musicien pour diriger une institution musicale, une entreprise musicale, une fête musicale ! Vous abandonnez les errements de toute l'Europe ! Vous ne prenez pas pour directeur de vos concerts un capitaine de vaisseau, un colonel de cavalerie, un avocat, un orfévre ? Il est donc vrai ; Dieu a dit : Que la lumière soit ! et la lumière... est. Voilà le renversement des usages les plus sacrés. Vous êtes un ultra-romantique, on va crier haro ! sur vous. On cassera vos vitres ! Vous allez être horriblement compromis ; les autres souverains retireront leurs ambassadeurs. — N'importe, répliqua M. Benazet ; dût le concert européen en être bouleversé, j'y suis résolu, c'est entendu ! Je compte sur vous. »

Depuis ce temps, tous les ans, à l'approche du mois d'août, une certaine inquiétude que je ressens dans le bras droit m'annonce que je vais bientôt avoir un orchestre à conduire. Aussitôt je m'occupe du programme, s'il n'est pas (ce qui arrive presque toujours) composé dès la saison précédente. Il me reste alors seulement à m'entendre avec les dieux et les déesses du chant engagés pour le festival, sur le choix de leurs morceaux. Quant à désigner moi-même ce qu'ils devront chanter, je m'en garde, je sais trop le respect que les simples mortels doivent aux divinités. Au bout de six semaines on parvient, en général, à découvrir qu'on ne peut pas s'entendre, les cantatrices surtout ayant pour habitude de changer dix fois d'avis avant le moment du concert.

A l'heure qu'il est, pour le festival qui aura lieu dans quelques jours, je ne sais pas encore quel duo le ténor et la prima donna chanteront; il y a trois mois que je les supplie de me l'indiquer.

Pour l'air du ténor seulement, nous nous sommes entendus tout de suite. C'est un air admirable que la modestie d'un de nos confrères ne me permet pas de désigner autrement.

Je saisis cette occasion, messieurs, pour vous adresser une question. Vous avez, m'a-t-on dit, approuvé dernièrement un ouvrage sur l'art du chant dont l'auteur, homme de talent et d'esprit, par malheur, déclare que c'est non-seulement le droit, mais le devoir du chanteur de broder les airs d'expression, d'en changer à son gré certains passages, de les modifier de cent façons, de se poser en collaborateur du compositeur et de venir en aide à son insuffisance. Que croyez-vous que ferait le musicien auteur de ce bel air, dites-le-moi franchement, si, mettant en pratique cette incroyable théorie, un ténor s'avisait, en le chantant devant lui, d'en dénaturer toutes les phrases dont l'expression est si absolument vraie, le sentiment si profond, le style mélodique si naturel? De quelle façon ses entrailles de père seraient-elles émues, si le *traditore* s'avisait d'ajouter seulement des apoggiatures au passage sublime où respirent à la fois la candeur, l'innocence, une grâce ingénue et la terreur naïve de la mort?

Il n'est pas partisan du suicide, je le sais, mais s'il avait un pistolet à la main, à coup sûr il lui brûlerait la cervelle.

Soyez tranquilles, cela n'arrivera pas à Bade. Mon ténor est un artiste sérieux; il ne rêva jamais de monstruosités pareilles. D'ailleurs je serai là, et s'il était assez abandonné de son ange gardien pour commettre à la répétition générale un tel crime de lèse-majesté de l'art et du génie, je dirais aussitôt à l'orchestre ce que je lui ai dit une fois à Londres, en semblable circonstance: « Messieurs, quand nous en serons à ce passage, regardez-moi bien; si le chanteur ose le défigurer comme il vient de le faire, je vous ferai signe de vous arrêter court;

je vous défends de jouer, il chantera sans accompagnement. »

. . . .

Et vous approuveriez de pareilles incartades et la théorie qui les consacre!... Vous!... quand vous mourriez pour revenir ensuite me l'affirmer avec une voix d'outre-tombe, je ne le croirais pas.

Et tenez, voici une jolie anecdote qui se rattache au sujet par tous les points. Elle est vraie; j'en prends à témoin un autre de nos confrères qui y figure comme victime d'un virtuose. Il s'agit ici d'un *traditore* instrumentiste. Car nous autres compositeurs nous avons la chance d'être assassinés par tout le monde, par les chanteurs sans talent, par les méchants virtuoses, par les mauvais orchestres, par les choristes sans voix, par les chefs d'orchestre incapables, lymphatiques ou bilieux, par les machinistes, par les metteurs en scène, par les copistes, par les graveurs, par les marchands de cordes, par les fabricants d'instruments, par les architectes qui construisent les salles, enfin par les claqueurs qui nous applaudissent. Tellement que jamais, depuis qu'on exécute en France le *Don Juan* de Mozart, il n'a été possible d'entendre la belle phrase instrumentale qui termine le trio des masques; elle est toujours couverte par les applaudissements.

En Allemagne, les applaudisseurs (il n'y a pas dans ce pays-là de claqueurs de profession) sont plus avisés; ils n'applaudissent point ainsi à tort et à travers; ils écoutent d'abord. Je me souviens d'avoir assisté à Francfort à une représentation de *Fidelio* pendant laquelle le public ne donna pas une marque d'approbation. Arrivé là avec mes idées et mes habitudes parisiennes, je m'indignais. Mais, après le dernier accord du dernier acte, toute la salle se leva et salua l'œuvre de Beethoven d'une foudroyante salve d'applaudissements. A la bonne heure! mais il était temps. Je me trompe: il était temps, mais à la bonne heure!

Que vous disais-je? O névralgie! m'y voilà. Il s'agit d'une

anecdote sur ces virtuoses brigands qui égorgent les grands compositeurs. Celui de mon histoire fit bien pis, il égorgea un membre de l'Institut! Je vous vois frémir. Voici le fait:

Il y a cinq ans, on donnait à Bade un nouvel et charmant opéra composé exprès pour la saison, intitulé *le Sylphe*. On avait fait venir un harpiste de Paris pour accompagner dans l'orchestre un morceau de chant très-important. Persuadé qu'un homme de sa valeur se devait de faire parler de lui en Allemagne, puisqu'il avait daigné y venir, et que l'auteur de l'opéra ne voudrait pas écrire pour la harpe un solo que l'action du drame lyrique ne comportait pas, notre homme se servit lui-même; il écrivit clandestinement un petit concerto de harpe, et le soir de la première représentation du *Sylphe*, au moment où, après la ritournelle de l'orchestre, la cantatrice se disposait à commencer son air, le virtuose, profitant d'un moment de silence, se mit tranquillement à exécuter son concerto, au grand ébahissement du chef d'orchestre, de tous les musiciens, de la cantatrice et du malheureux compositeur, qui, suant d'anxiété et d'indignation, croyait faire un mauvais rêve. J'y étais. L'auteur est philosophe, il n'a pas perdu du coup trop de son embonpoint; mais j'en ai maigri pour lui. Dites, messieurs, approuvez-vous aussi le concerto de harpe et la collaboration forcée des virtuoses et des compositeurs?

Je dois dire encore que ce même harpiste, quelques jours auparavant, avait fait partie de l'orchestre du festival; il était placé tout près de moi. Le voyant cesser de jouer dans un tutti: « Pourquoi ne jouez-vous pas? lui dis-je. — C'est inutile, *on ne pourrait m'entendre.* » Il n'admettait pas qu'il fût utile à l'ensemble ni convenable pour lui de jouer quand sa harpe ne pouvait se faire remarquer parmi les autres instruments. De sorte que si cette doctrine était en vigueur, à chaque instant, presque toujours, dans les ensembles, la seconde flûte, le second hautbois, la seconde clarinette, les troisième et quatrième cors, et tous les altos auraient raison de s'abstenir...

Ai-je besoin de vous dire que ce noble ambitieux n'a pas remis et ne remettra jamais le pied dans un orchestre placé sous ma direction?

Ce système de suppressions est assez rarement pratiqué; celui des additions, au contraire, est fort répandu. Rendons-en les désastres plus frappants en le supposant appliqué à la littérature.

Il y a des gens qui récitent en public des fragments de poésie et les mettent plus ou moins en relief par leur manière de les dire; la plupart du temps ils se font applaudir en outrant leur diction, en exagérant les accents, en soulignant les mots, en prononçant avec emphase les expressions simples, etc. Que l'un d'eux, en récitant la fable de La Fontaine, *la Mort et le Mourant*, ait l'idée d'y introduire des vers de sa façon pour obtenir plus d'effet, il se peut, il faut malheureusement le reconnaître, qu'il y ait des esprits assez mal faits pour l'absoudre de cette insolence et pour trouver même très-ingénieuse l'addition de ses vers à ceux de l'immortel fabuliste. Qu'il dise ainsi:

> La mort ne surprend point le sage:
> Il est toujours prêt à partir
> *Sans gémir*.

En effet, remarquera-t-on, pourquoi gémir, quand il est sûr que toute plainte sera vaine, que rien au monde ne peut retarder l'instant fatal? La Fontaine n'avait pas songé à cela. Donc:

> Il est toujours prêt à partir
> *Sans gémir*,
> S'étant su lui-même avertir
> Du temps où l'on se doit résoudre à ce passage
> *D'usage*.

« Ah! ceci est admirable, diront encore nos Philintes, rien n'est, à coup sûr, plus en usage que la mort, et ce petit vers, ainsi jeté après un alexandrin, est d'une intention excellente que La Fontaine eût approuvée sans doute, si quelqu'un l'avait eue de son vivant. »

Avouez, avouez, avouez donc que, témoins d'une pareille abomination littéraire, bien loin de faire comme ces juges complaisants, toujours prêts à soutenir les insulteurs contre l'insulté, vous demanderiez pour ce lecteur de la Fontaine

> Un cabanon
> A Charenton.

Eh bien, c'est cela, et plus encore que l'on fait journellement en musique.

Ce n'est pas que tous les compositeurs s'indignent ouvertement d'être corrigés par leurs interprètes. Rossini, par exemple, semble heureux d'entendre parler des changements, des broderies et des mille vilenies que les chanteurs introduisent dans ses airs.

« Ma musique n'est pas encore *faite*, disait un jour le terrible railleur; on y travaille. Mais ce n'est que le jour où il n'y restera plus rien de moi qu'elle aura acquis toute sa valeur. »

A la dernière répétition d'un opéra nouveau :

« Ce passage ne me va pas, dit naïvement un chanteur, il faut *que je le change.* — Oui, répliqua l'auteur, mettez quelque autre chose à la place. Chantez la *Marseillaise.* » Ces ironies, si âcres qu'elles soient, ne remédieront pas au mal. Les compositeurs ont tort de plaisanter à ce sujet; les chanteurs ne manquant pas alors de dire : « Il a ri, il est désarmé. » Il faut être armé, au contraire, et ne pas rire . . . .

Autre exemple en sens inverse et pourtant analogue.

Un célèbre chef d'orchestre, qui passait pour vénérer profondément Beethoven, prenait néanmoins avec ses œuvres de déplorables libertés.

Un jour il entra le visage très-animé dans un café où je me trouvais.

« Ah ! parbleu, dit-il en m'apercevant, vous venez de me faire avoir une belle algarade ! — Comment cela ? — Je sors de la répétition de notre premier concert ; quand nous avons commencé le scherzo de la symphonie en *ut* mineur, ne voilà-t-il pas nos contre-bassistes qui se sont mis à jouer; et comme je les arrêtais, ils ont invoqué votre opinion pour blâmer la suppression que j'ai faite des contre-basses dans ce passage. — Comment, répliquai-je, ces malheureux ont eu l'audace de vous désapprouver et celle plus grande encore d'exécuter les parties de contre-basse écrites par Beethoven ! Cela crie vengeance ! — Bah ! bah ! vous raillez ! Les contre-basses ne produisent pas là un bon effet; je les ai retranchées il y a plus de vingt ans; j'aime mieux les violoncelles seuls. Vous savez que lorsqu'on monte un ouvrage nouveau il faut toujours que le chef d'orchestre y arrange quelque chose. — Moi ? je n'entendis jamais parler de cela. Je sais seulement que quand on étudie pour la première fois un ouvrage, le chef d'orchestre et ses musiciens doivent s'efforcer d'abord de le bien comprendre, et l'exécuter ensuite avec une fidélité scrupuleuse unie à de l'inspiration, s'il se peut. Voilà tout ce que je sais. Ayant écrit une symphonie, si vous aviez prié Beethoven de la corriger, et s'il eût consenti à la retoucher de haut en bas pour vous être agréable, cela paraîtrait tout naturel ; mais vous, sans autorisation, sans autorité, porter ainsi de bas en haut la main sur une symphonie de Beethoven et en corriger l'orchestre, c'est bien l'exemple le plus extravagant de témérité et d'irrévérence que l'on puisse citer dans l'histoire de l'art. Quant à l'effet produit par les contre-basses dans cet endroit, et qui est mauvais, dites-vous, cela ne regarde ni vous, ni moi, ni personne. Les parties de contre-basse sont écrites par l'auteur, on doit les exécuter. D'ailleurs votre sentiment ne sera certainement pas celui de tous les chefs d'orchestre, autorisés par votre exemple à vous imiter. Vous aimez mieux faire dire le thème du scherzo par les violoncelles, un autre aimera mieux le faire chanter par les bassons, celui-ci voudra des clarinettes, celui-là des altos; il n'y aura que l'auteur qui n'aura pas voix au chapitre. N'est-ce pas le désordre à son comble, une débâcle générale, la fin de l'art? Si Beethoven revenait au monde, et si, en entendant sa symphonie ainsi arrangée, il demandait qui s'est avisé de lui donner là une leçon d'instrumentation, vous feriez en sa présence une singulière figure, convenez-en. Oseriez-vous lui répondre : C'est moi? Lulli cassa un jour un violon sur la tête d'un musicien de l'Opéra qui lui manquait de respect; ce n'est pas un violon, mais une contre-basse que Beethoven casserait sur la vôtre, en se voyant insulté et bravé de la sorte. » Mon homme réfléchit un instant, puis, frappant du poing sur une table : « C'est égal, dit-il, les contre-basses ne joueront pas! — Oh! quant à cela, les gens qui vous connaissent n'en sauraient douter. Nous attendrons. » Il mourut. Son successeur crut devoir réintégrer dans leurs fonctions les contre-basses du scherzo. Mais ce changement n'était pas le seul commis dans la splendide symphonie. Au final se trouve une reprise indiquant que la première partie du morceau doit se dire deux fois. Trouvant que cette répétition faisait longueur, on avait supprimé la reprise. Le nouveau chef d'orchestre, qui, pour les contre-basses, venait de donner raison à Beethoven contre son prédécesseur, donna raison à celui-ci contre Beethoven et maintint la suppression de la reprise. (Voyez l'exercice du libre arbitre de ces messieurs! n'est-ce pas admirable?) Le nouveau chef mourut. Si M. T..., qui le remplace, donne maintenant, comme il est probable, complètement raison à Beethoven, il réinstallera la reprise, et il aura fallu en conséquence trois générations de chefs d'orchestre et trente-cinq ans d'efforts des admirateurs de Beethoven pour que cette œuvre merveilleuse du plus grand des compositeurs de musique instrumentale ait pu être exécutée à Paris telle que l'auteur l'a conçue.

Certes, messieurs, vous n'approuverez pas cela.

Voilà pourtant où conduit la tolérance de l'insubordination

de certains exécutants et du droit insensé qu'ils s'arrogent de corriger les auteurs.

L'un de nos plus illustres virtuoses a dit à ce sujet : « Nous ne sommes pas le clou auquel on suspend le tableau, nous sommes le soleil qui l'éclaire. » — Ce à quoi on peut répondre : D'accord, nous admettons cette modeste comparaison. Mais le soleil, en rayonnant sur un tableau, en dévoile exactement le dessin et le coloris; il n'y fait pas pousser des arbres ni de mauvaises herbes, apparaître des oiseaux ou des serpents là où le peintre n'en a pas mis; il ne change pas l'expression des figures, il ne rend pas tristes les visages gais, ni gais les visages tristes; il n'élargit pas certains contours pour en rétrécir d'autres; il ne rend pas blanc ce qui est noir, ou noir ce qui est blanc, il montre enfin le tableau tel que le peintre l'a fait. Eh! que voulons-nous autre chose? C'est justement ce que nous demandons. Soyez donc des soleils, mesdames et messieurs, on sera heureux de vous adorer; soyez des soleils, et tâchez de ne jamais être des rats-de-cave ou des lanternes de chiffonnier.

. . . .
. . . .

Je suis monté au vieux château, à grands pas, en enrageant de toute mon âme, forcé de reconnaître que les grands poëtes, comme les grands artistes, sont fatalement destinés à être outragés de mille manières; que, si l'on met en vaudeville l'*Iliade*, en ballets l'*Odyssée*, si l'on place une pipe à la bouche de l'Hercule Farnèse, si l'on dessine des moustaches sur la lèvre de la Vénus de Milo, si les praticiens corrigent le travail des statuaires, si l'on mutile et déforme les chefs-d'œuvre de l'art musical, il n'y aura personne pour les venger, et les gouvernants ne daigneront pas s'en occuper.

. . . .

Le vieux château de Bade est une ruine colossale du moyen âge, un nid de vautours construit au sommet d'une montagne qui domine toute la vallée de l'Oos. Au milieu d'une forêt de sapins gigantesques pendent de toutes parts des pans de murs noirs et durs comme les rochers, des pans de rochers droits comme les murs. Dans les cours président des chênes séculaires; de vieux hêtres curieux passent par les fenêtres leurs têtes chevelues; d'interminables escaliers, des puits sans fond se présentent à chaque instant devant les pas de l'explorateur étonné, qui ne peut se défendre d'une terreur secrète. Là, vécurent, on ne sait quand, on ne sait quels landgraves, margraves ou burgraves, gens de proie et de brigandage, de meurtre et de rapine, que la civilisation a fait disparaître. Que de crimes ont été commis sous ces voûtes formidables, que de cris de désespoir, que de sanglantes orgies en ont fait retentir les lambris!... Aujourd'hui, ô prose! ô plate utilité! un restaurateur les habite, on n'y entend que le bruit des fourneaux d'une vaste cuisine, que les explosions des bouteilles de vin de Champagne, que les éclats de rire des bourgeois allemands et des touristes français en pointe de gaieté. Pourtant, si l'on a le courage d'entreprendre l'ascension du faîte déchiré du monument, on retrouve peu à peu la solitude, le silence et la poésie. Du haut de la dernière plate-forme on aperçoit dans la plaine, de l'autre côté de la montagne, plusieurs riantes petites villes allemandes, des champs bien cultivés, une végétation luxuriante, et le Rhin, morne et silencieux, déroulant son interminable ruban d'argent à l'horizon.

C'est là que je suis parvenu, toujours grondant, comme une locomotive impatiente. Peu à peu le calme et l'indifférence m'ont été rendus, en écoutant les voix mystérieuses qui parlent là avec tant d'indifférence et de calme des hommes et des temps qui ne sont plus.

L'amour de la musique a semblé lui-même se ranimer en moi, en écoutant les harmonies ineffables des harpes éoliennes, placées par quelque charitable Allemand dans les anfractuosités des ruines, où les vents leur font rendre de si poétiques plaintes.

Ces accords vaporeux donnent une idée de l'infini ; on ne sait quand ils commencent ni quand ils cessent... On croit les entendre encore quand ils ne vibrent plus. Cela éveille de vagues souvenirs de jeunesse enfuie, d'amours éteintes, d'espérances déçues... et l'on pleure tristement... si l'on n'est pas trop vieux, car alors l'œil reste sec, il se ferme, et l'on s'endort.

Il paraît qu'on ne doit pas encore me ranger parmi les vieux... je ne me suis pas endormi. Loin de là, après l'averse le soleil est revenu, et j'ai pensé à un petit ouvrage dont je m'occupe en ce moment. Assis sur un créneau, le crayon à la main, je me suis mis à écrire les vers d'une scène de nuit dont je tâcherai ces jours-ci de trouver la musique, et que voici :

>Nuit paisible et sereine !
>La lune, douce reine
>Qui plane en souriant,
>L'insecte des prairies
>Dans les herbes fleuries
>En secret bruissant,
>>Philomèle,
>>Qui mêle
>Au murmure du bois
>Les splendeurs de sa voix;
>>L'hirondelle
>>Fidèle
>Caressant sous nos toits
>Sa nichée en émois;
>Dans sa coupe de marbre
>Ce jet d'eau retombant
>>Écumant;
>L'ombre de ce grand arbre
>En spectre se mouvant
>>Sous le vent;
>>Harmonies
>>Infinies,
>Que vous avez d'attraits
>Et de charmes secrets
>Pour les âmes attendries !

J'en étais là de mon nocturne, quand un de ces oisons si nombreux à Bade, à l'époque où nous sommes, est venu brusquement me replonger dans la prose : « Tiens, c'est vous, m'a-t-il dit avec sa voix de sauveur du Capitole, que diable faites-vous là tout seul, sur ce donjon perché? Ah! des vers! voyons! Je parie que vous travaillez à l'opéra que M. Benazet vous a commandé pour l'ouverture du théâtre de Bade. Eh! eh! il avance, le nouveau théâtre, il sera fini l'an prochain. L'ouvrier qui le bâtit est un peu âgé, il est vrai, mais encore vert; c'est le même qui, avant 1830, à Paris, travaillait avec tant d'ardeur à l'arc de triomphe de l'Étoile. — Précisément, mon très-cher, je m'occupe de ce petit opéra. Mais n'employez donc pas, s'il vous plaît, des expressions aussi inconvenantes. M. Benazet ne m'a rien *commandé*; on ne commande rien aux artistes, vous devriez le savoir. On commande à un régiment français d'aller se faire tuer, et il y va; à l'équipage d'un vaisseau français de se faire sauter, il le fait; à un critique français d'entendre un opéra-comique dont il doit rendre compte, et il l'entend; mais c'est tout; et si l'on commandait à certains acteurs de déranger seulement leurs habitudes, d'être simples, naturels, nobles, également éloignés de la platitude et de l'enflure; si l'on commandait à certains chanteurs d'avoir de l'âme et de bien rhythmer leur chant, à certains critiques de connaître ce dont ils parlent, à certains écrivains de respecter la grammaire, à certains compositeurs de savoir le contre-point, les artistes sont fiers, ils n'obéiraient pas. Pour moi, dès qu'on me commande quelque chose, on peut être assuré de l'effet de ce commandement, il me paralyse, il me rend inerte et stupide; et comme je vous crois organisé de la même façon, je vous prie très-instamment (il est inutile de vous le commander), je vous conjure de redescendre à Bade et de me laisser rêver sur mon donjon. » Et l'oison repartit en ricanant. Mais le fil de mes idées était rompu; après d'inutiles efforts pour le renouer, je suis resté là sans penser, écoutant l'hymne à l'empereur d'Autriche, exécuté à une grande distance, dans le kiosque de la Conversation, par la musique militaire prussienne, et que le vent du

sud m'apportait par lambeaux des profondeurs de la vallée.
Que cette mélodie du bon Haydn est touchante ! Comme on y
sent une sorte d'affectuosité religieuse! C'est bien le chant d'un
peuple qui aime son souverain. Notez que je ne dis pas le *bon
Haydn* avec une intention railleuse; non, Dieu m'en garde! Je
me suis toujours indigné contre Horace, ce poëte parisien de
l'ancienne Rome, qui a osé dire:

Aliquando bonus dormitat Homerus.

Certes Haydn n'était pas un bonhomme, mais un homme
bon ; et la preuve, c'est qu'il avait une femme insupportable
qu'il n'a jamais battue, et par qui, dit-on, il s'est quelquefois laissé battre.

Enfin il a fallu redescendre; la nuit était venue,

La lune, douce reine,
Planait en souriant.

J'ai retraversé la forêt de sapins, plus sonore et d'une meilleure sonorité que la plupart de nos salles de concerts. On y
pourrait faire des quatuor. J'ai souvent pensé à une admirable
chose que l'on devrait y exécuter par une belle nuit d'été, c'est
l'acte des champs Élysées de l'*Orphée* de Gluck. Je crois entendre, sous ce dôme de verdure, dans une demi-obscurité, ce
chœur des ombres heureuses dont les paroles italiennes augmentent le charme mélodieux :

Torna o bella all tuo consorte,
Che non vuol che più diviso
Sia di te pietoso il ciel.

Mais quand on a des velléités de musique dans les bois, c'est
toujours à la suite d'un déjeuner où l'on a mangé du pâté; ce
sont alors des fanfares qu'on y exécute, fanfares de cors, de
trompes de chasse, n'éveillant d'autres idées que celles des
chiens, des piqueurs et des marchands de vin...

Au milieu de la montagne se trouve une fontaine qui coule avec un petit bruit; je suis allé m'asseoir près de son bassin. J'y serais resté jusqu'au lendemain à écouter son tranquille murmure s'il ne m'eût rappelé celui des fontaines du corridor intérieur de la Grande-Chartreuse, que j'entendis pour la première fois il y a trente-cinq ans (hélas! trente-cinq ans!). La Grande-Chartreuse m'a fait penser aux trappistes et à leur phrase obligée:

Frère, il faut mourir!

La lugubre phrase m'a rappelé que je devais aller le lendemain de bonne heure à Carlsruhe faire répéter les chœurs de mon *Requiem*, dont le programme de cette année contient deux morceaux. Et j'ai regagné mon gîte pour préparer ce voyage.

« Où a-t-il la tête, allez-vous dire, de faire entendre aux gens de plaisir réunis à Bade des morceaux d'une messe de morts? — C'est précisément cette antithèse qui m'a séduit en faisant le programme. Cela me semble la réalisation en musique de l'idée d'Hamlet tenant le crâne d'Yorick: « Allez maintenant dans le boudoir d'une belle dame, dites-lui que, quand elle se mettrait un pouce de fard sur le visage, il faudra qu'elle en vienne à faire cette figure-là. Faites-là rire à cette idée. »

Oui, faisons-les rire, me suis-je dit aussi, toutes ces beautés crinolinées, si fières de leurs jeunes charmes, de leur vieux nom et de leurs nombreux millions; faisons-les rire, ces femmes hardies qui souillent et déchirent; faisons-les rire, ces marchands de corps et d'âmes, ces abuseurs de la souffrance et de la pauvreté, en leur chantant le redoutable poëme d'un poëte inconnu, dont le barbare latin rimé du moyen âge semble donner à ses menaces un accent plus effrayant:

Dies iræ, dies illa.

« Jour de colère, ce jour-là réduira l'univers en poudre.

« Quel tremblement, quelle terreur alors, quand le juge viendra tout scruter sévèrement.

« Le livre où tout est écrit sera apporté, et son contenu motivera la sentence.

« La trompette, répandant un son terrible parmi les tombeaux des contrées diverses, rassemblera l'humanité tout entière devant son trône.

« Lors donc que le juge sera assis, tout ce qui était caché apparaîtra, rien ne demeurera sans vengeance.

« Stupéfaction de la mort et de la nature. »

Faisons-les rires à ces idées !

Comme la grande majorité de l'auditoire ne sait pas le latin, j'aurai soin que la traduction française soit imprimée sur le programme. Faisons-les rire.

Quel poëme! quel texte pour un musicien ! Je ne saurais exprimer le bouleversement de cœur que j'éprouve quand, dirigeant un orchestre immense, j'arrive au verset :

Judex ergo cum sedebit.

Alors tout se fait noir autour de moi; je n'y vois plus, je crois tomber dans la nuit éternelle.

— Ah çà, vous avez donc affaire à un auditoire de prédestinés de l'enfer? direz-vous. — Il est vrai, ma tirade apocalyptique pourrait le faire croire, c'est le courant des idées shakspeariennes qui m'avait entraîné; au contraire, la belle société de Bade se compose d'honnêtes gens qui ne doivent avoir aucun sujet de crainte en songeant à l'autre vie. On n'y compte qu'un petit nombre de scélérats, ceux qui ne vont pas au concert.

Vous allez aussi me demander comment, dans une si petite ville, je pourrai trouver l'appareil musical nécessaire à l'exécution de ce *Dies iræ*, appareil dont les éléments sont si difficiles à réunir à Paris, comment on pourra les placer dans la salle du festival et comment on supportera cette sonorité ébranlante. D'abord vous saurez que j'ai arrangé la partition des timbales pour trois timbaliers seulement ; quant aux orchestres d'instruments de cuivre,

Mirum spargentes sonum.

nous les avons aisément formés avec les artistes de Carlsruhe réunis à ceux de Bade et aux musiciens prussiens en garnison à Rastadt, forteresse voisine de Carlsruhe. Le chœur a été rassemblé par les soins de MM. Strauss et Krug, maître de chapelle et directeur des chœurs du grand-duc. Les choristes répètent depuis quinze jours. Je fais ici des répétitions instrumentales trois fois par semaine. Tout se prépare tranquillement avec une régularité parfaite. La veille et l'avant-veille du concert, j'emmènerai par le chemin de fer nos artistes à Carlsruhe; ils y répéteront avec ceux de la chapelle grand-ducale. Le jour du concert, au contraire, de grand matin, M. Strauss m'amènera les artistes de Carlsruhe pour les faire répéter avec ceux de Bade, sur une vaste estrade élevée pendant la nuit à l'un des bouts de la salle de Conversation. Les jeux sont suspendus ce jour-là. Derrière l'orchestre se trouve une tribune assez vaste; c'est là que je placerai mon attirail de timbales et les groupes d'instruments de cuivre. M. Kenneman, le chef d'orchestre intelligent et dévoué de Bade, les conduira. Ces voix formidables, ces bruits de tonnerre ne perdront rien de leur puissance musicale, je l'espère, pour être lancés à cette distance. En outre le mouvement du *tuba mirum* est si large, que les deux chefs d'orchestre pourront, en se suivant de l'œil et de l'oreille, marcher ensemble sans accident.

Vous voyez que je vais avoir une rude journée. De neuf heures du matin à midi, dernière répétition générale; à trois heures, remise en ordre de l'orchestre et de la musique plus ou moins bouleversés par la répétition du matin, travail que je n'ose confier à personne; à huit heures du soir, le concert.

A minuit, en pareil cas, j'ai peu envie de danser. Mais madame la princesse de Prusse (aujourd'hui reine) assiste ordimairement à cette fête; souvent elle daigne me retenir quelques instants pour me faire ses observations, toujours bienveillantes malgré leur finesse, sur les principaux morceaux du programme. Elle cause avec tant de charme, elle comprend si intimement la musique, elle a tant de sensibilité unie à un si rare esprit, elle a si bien l'art de vous encourager, de vous donner confiance, qu'après cinq minutes de son charmant entretien toute ma fatigue disparaît, je serais prêt à recommencer.

Voilà, messieurs, ce que je fais à Bade. J'aurais encore d'autres détails à vous donner; Dieu me garde néanmoins de poursuivre; je vois d'ici la moitié de votre auditoire... qui dort.

LE DIAPASON

M. le ministre d'État, inquiet sur l'avenir de plus en plus alarmant de l'exécution musicale dans les théâtres lyriques, étonné du peu de durée de la carrière des chanteurs, et persuadé avec raison que l'élévation progressive du diapason est une cause de ruine pour les plus belles voix, vient de nommer une commission pour examiner avec soin cette question, déterminer l'étendue du mal et en découvrir le remède.

En attendant que cette réunion d'hommes spéciaux, compositeurs, physiciens et savants amateurs de musique, reprenne ses travaux suspendus pendant le mois qui s'achève, nous allons tâcher de jeter quelque jour sur l'ensemble des faits, et, sans rien préjuger du parti que prendra la commission, lui soumettre d'avance nos observations et nos idées.

LE DIAPASON A-T-IL RÉELLEMENT MONTÉ [1], ET DANS QUELLES PROPORTIONS DEPUIS CENT ANS.

Oui, sans doute, le fait de son ascension est reconnu de tous les musiciens, de tous les chanteurs, et dans le monde musical tout entier. La progression suivie par cet exhaussement semble

---

[1] J'emploie ici les termes adoptés généralement de sons *hauts* et *bas*, et les verbes *monter*, *descendre*, qui n'ont point de sens réel, et qu'un usage absurde a pu seul introduire dans la langue musicale pour distinguer les sons à vibrations rapides des sons à vibrations lentes.

avoir été à peu près la même partout. La différence qui existe aujourd'hui entre le ton des divers orchestres d'une même ville et entre celui des orchestres de pays séparés par des distances considérables ne constitue en général que des nuances qui n'empêchent point de réunir quelquefois ces orchestres et d'en former, au moyen de certaines précautions, une grande masse instrumentale dont l'accord est satisfaisant. S'il y avait, ainsi qu'on le répète souvent à Paris, une grande dissemblance entre les diapasons de l'Opéra, de l'Opéra-Comique, du Théâtre-Italien et des musiques militaires, comment eussent été possibles les orchestres de sept à huit cents musiciens qu'il m'est arrivé si souvent de diriger dans les vastes locaux des Champs-Élysées, après les expositions de 1844 et de 1855, et dans l'église de Saint-Eustache, puisque les éléments de ces congrès musicaux se composaient nécessairement de presque tous les instrumentistes disséminés dans les nombreux corps de musique de Paris?

Les festivals d'Allemagne et d'Angleterre, où les orchestres de plusieurs villes se réunissent fréquemment, prouvent que les différences de diapason y sont également peu sensibles et que la précaution de *tirer la coulisse* des instruments à vent trop hauts suffit pour les faire disparaître.

Ces différences existent cependant, si petites qu'elles soient. On en aura bientôt la preuve, la commission ayant écrit à presque tous les maîtres de chapelle, maîtres de concert et chefs d'orchestre des villes d'Europe et d'Amérique où l'art musical est cultivé, pour leur demander un exemplaire de l'instrument d'acier dont on se sert chez eux comme chez nous, sous divers noms, pour donner le *la* aux orchestres et accorder les orgues et les pianos. Ces diapasons contemporains, comparés aux diapasons anciens (de 1790, de 1806, etc.) que nous possédons, rendront évidente et précise la différence qui existe entre le ton d'aujourd'hui et celui de la fin du siècle dernier. En outre les vieilles orgues de plusieurs églises, à cause de la nature toute spéciale des fonctions dans lesquelles le service religieux les a renfermées, n'ayant jamais été mises en relations avec les instruments à vent des théâtres, ont conservé le diapason de l'époque où elles furent construites; or ce diapason est en général d'un ton plus bas que celui d'aujourd'hui.

De là l'usage d'appeler ces orgues orgues en *si* bémol, parce que leur *ut* en effet, étant d'un ton plus bas que le nôtre, se trouve à l'unisson de notre *si* bémol. Ces orgues ont au moins un siècle d'existence. Il faudrait donc conclure de ces faits divers, mais concordants entre eux, que le diapason ayant monté d'un ton en cent ans ou d'un demi-ton en un demi-siècle, si sa marche ascendante continuait, il parcourrait en six cents ans les douze demi-tons de la gamme, et serait nécessairement en l'an 2458 haussé d'*une octave*.

L'absurdité d'un pareil résultat suffit à démontrer l'importance de la mesure prise par M. le ministre d'État, et il est fort regrettable que l'un de ses prédécesseurs n'ait pas songé à la prendre longtemps avant lui.

Mais la musique a rarement jusqu'ici obtenu une protection éclairée, officielle, bien que de tous les arts elle soit celui qui en a le plus besoin. Presque toujours, presque partout, son sort a été remis aux mains d'agents qui n'avaient pas le sentiment de son pouvoir, de sa grandeur, de sa noblesse, et qui ne possédaient aucune connaissance de sa nature et de ses moyens d'action. Presque toujours et presque partout jusqu'à présent elle a été traitée comme une fille bohème qu'on faisait chanter et danser sur les places publiques en compagnie des singes et des chiens savants, qu'on couvrait d'oripeaux pour attirer sur elle l'attention de la foule et qu'on ne demandait qu'à vendre à tout venant.

La décision prise par M. le ministre d'État donne lieu d'espérer que la musique aura prochainement en France la protection qui lui manquait, et que d'autres réformes importantes dans la pratique et dans l'enseignement de l'art musical suivront de près la réforme du diapason.

MAUVAIS EFFETS PRODUITS PAR L'EXHAUSSEMENT DU DIAPASON.

A l'époque où l'on commença en France à écrire de la musique dramatique, à produire des opéras, au temps de Lulli par exemple, le diapason étant établi, mais non fixé (on le verra tout à l'heure), les chanteurs quels qu'ils fussent n'éprouvèrent aucune peine à chanter des rôles écrits dans les limites alors adoptées pour les voix. Quand ensuite le diapason eut subi une élévation sensible, il eût été du devoir et de l'intérêt des compositeurs d'en tenir compte et d'écrire un peu moins haut; ils ne le firent pas. Cependant les rôles écrits pour les théâtres de Paris par Rameau, Monsigny, Grétry, Glück, Piccini et Sacchini, dans un temps où le diapason était de près d'un ton moins élevé qu'aujourd'hui, restèrent longtemps chantables: la plupart le sont même encore, tant ces maîtres ont mis de prudence et de réserve dans l'emploi des voix, à l'exception de certains passages de Monsigny surtout, dont le tissu mélodique est disposé dans une région de la voix déjà un peu haute pour son époque, et qui l'est beaucoup trop pour la nôtre.

Spontini dans la *Vestale*, dans *Cortez* et *Olympie*, écrivit même des rôles de ténor que les chanteurs actuels trouvent trop bas.

Vingt-cinq ans plus tard (pendant lesquels le diapason avait rapidement monté), on multiplia les notes hautes pour les soprani et les ténors; on vit paraître les *ut* naturels aigus, en voix de tête et en voix de poitrine dans les rôles de ténor; l'*ut* dièse aigu dans ces mêmes rôles en voix de tête, il est vrai, mais que les anciens compositeurs n'eurent jamais l'idée d'employer. On exigea de plus en plus souvent des ténors le *si* naturel aigu lancé avec force en voix de poitrine (qui eût été pour l'ancien diapason un *ut* dièse dont il n'y a pas trace dans les partitions du siècle dernier), les *ut* aigus attaqués et soutenus par les soprani, et l'on sema les rôles de basse de *mi* naturels hauts. Ce dernier son, trop souvent employé par les vieux maîtres sous le nom de *fa* dièse haut, à l'époque du diapason bas, le fut pourtant beaucoup moins qu'il ne l'est généralement aujourd'hui sous le nom de *mi* naturel.

Enfin on multiplia tellement les intonations excessivement élevées, les sons que le chanteur ne peut plus *émettre* mais qu'il doit *extraire* avec violence, comme un opérateur vigoureux extrait une dent cariée, que, tout bien considéré, nous sommes obligés de céder à l'évidence et de tirer cette étrange conclusion : on a écrit en France pour le grand opéra de plus en plus haut au fur et à mesure que le diapason montait. On s'en convaincra aisément en comparant les partitions du siècle dernier à celles de nos jours.

Achille, dans *Iphigénie en Aulide* (l'un des rôles de ténor les plus hauts de Glück), ne monte qu'au *si naturel*, lequel *si* était alors ce qu'est aujourd'hui le *la* et se trouvait en conséquence d'un ton plus bas que le *si* actuel. Une seule fois il écrivit dans *Orphée* un *re* aigu; mais cette note unique, qui était le même son que l'*ut* employé trois fois dans *Guillaume Tell*, est présentée dans une vocalise lente en voix de tête, de façon à être effleurée plutôt qu'entonnée, et ne présente ni danger ni fatigue pour le chanteur. L'un des grands rôles de femme de Glück contient le *si* bémol haut lancé et soutenu avec force : c'est celui d'Alceste. Ce *si* bémol correspondait à notre *la* bémol actuel. Qui hésite maintenant à écrire pour une prima donna le *la* bémol et le *la* naturel, et le *si* bémol, et même le *si* naturel, et même l'*ut*?

Le rôle de femme écrit le plus haut par Glück est celui de Daphné, dans *Cythère assiégée*. Un air de ce personnage, « Ah quel bonheur d'aimer! » monte par un trait rapide jusqu'à l'*ut* (notre *si* bémol d'aujourd'hui), et l'inspection de l'ensemble du rôle démontre qu'il fut composé pour une de ces cantatrices exceptionnelles, comme on en trouve dans tous les temps, qu'on appelle chanteuses légères, et dont la voix est d'une étendue extraordinaire dans le haut. Telles sont de nos jours mesdames Cabel, Carvalho, Lagrange, Zerr et quelques autres. Encore l'*ut* aigu de Daphné, je le répète, correspondait-il à notre *si* bémol, note vulgaire aujourd'hui. Madame Cabel et mademoiselle Zerr donnent le contre-*fa* haut, madame Carvalho aborde sans peur le contre-*mi*, et madame Lagrange ne recule pas devant le contre-*sol* de la flûte.

Les anciens compositeurs (écrivant pour les théâtres de Paris) s'obstinèrent seulement, je ne sais pourquoi, à pousser toujours dans le haut les voix graves. Dans leurs rôles de basse, on ne rencontre presque que des notes de baryton. Ils n'osèrent jamais faire descendre les basses au-dessous du *si* bémol; encore n'écrivirent-ils que bien rarement cette note. Il passait pour avéré à l'Opéra, encore en 1827, que les sons plus graves n'avaient pas de timbre et ne pouvaient être entendus dans un grand théâtre. Les voix de basses furent ainsi dénaturées, et les rôles de Thoas, d'Oreste, de Calchas, d'Agamemnon, de Sylvain, que j'ai entendu chanter par Dérivis père, semblent avoir été écrits par Glück et par Grétry pour des barytons. Ceux-là donc, bien qu'ils fussent alors néanmoins chantables par de vraies basses, ne le sont plus aujourd'hui.

Mais jamais Glück ni ses émules n'eussent osé demander à leurs ténors ou à leurs soprani dramatiques les sons hauts que je citais tout à l'heure et dont on abuse de nos jours.

Ces excès des plus savants maîtres de l'école moderne ont eu, certes, de très-fâcheux résultats. Combien de ténors se sont brisé la voix sur les *ut* et les *si* naturels de poitrine! combien de soprani ont poussé des cris d'horreur et de détresse, au lieu de chanter, dans une foule de passages du répertoire moderne qu'il serait trop long de citer ici! Ajoutons que la violence des situations dramatiques motivant souvent l'énergie (sinon les brutalités de l'orchestre) la sonorité excessive des instruments, en pareil cas, excite encore les chanteurs, sans qu'ils s'en doutent, à redoubler d'efforts pour se faire entendre et à produire des hurlements qui n'ont plus rien d'humain. Certains maîtres ont eu au moins l'adresse de ne pas employer les grands accords forts du plein orchestre, en même temps que les sons importants des voix, laissant, au moyen d'une espèce de dialogue, le chant à découvert; mais beaucoup d'autres l'écrasent littéralement sous un monceau d'instruments de cuivre et d'instruments à percussion. Quelques-uns de ceux-là pourtant passent pour des modèles dans l'art d'accompagner les voix... Quel accompagnement!...

Ces défauts grossiers, palpables, évidents, aggravés par l'élévation du diapason, ne pouvaient manquer d'amener le triste résultat qui frappe aujourd'hui dans nos théâtres les auditeurs les moins attentifs.

Mais l'exhaussement du *la* en a encore produit un autre assez fâcheux : les musiciens chargés des parties de cor, de trompette et de cornet ne peuvent plus maintenant aborder sans danger, la plupart même ne peuvent plus du tout attaquer certaines notes d'un usage général autrefois. Tels sont le *sol* haut de la trompette en *re*, le *mi* de la trompette en *fa* (ces deux notes produisent à l'oreille le son *la*), le *sol* haut du cor en *sol*, l'*ut* haut de ce même cor en *sol* (note employée par Handel et par Glück, et qui est devenue impraticable), et l'*ut* haut du cornet en *la*. A chaque instant des sons éraillés, brisés, qu'on nomme vulgairement *couacs*, viennent déparer un ensemble instrumental composé quelquefois des plus excellents artistes. Et l'on dit : « Les joueurs de trompette et de cor n'ont donc plus de lèvres? D'où cela vient-il? La nature humaine pourtant n'a pas changé. » Non la nature humaine n'a pas changé, c'est le diapason. Et beaucoup de compositeurs modernes semblent ignorer ce changement.

CAUSES QUI ONT AMENÉ L'EXHAUSSEMENT DU DIAPASON.

Il paraît prouvé maintenant que les facteurs d'instruments à vent sont les seuls coupables du fait dont nous déplorons les conséquences. Afin de donner un peu plus d'éclat aux flûtes, aux hautbois et aux clarinettes, certains facteurs en ont clandestinement haussé le ton. Les jeunes virtuoses entre les mains desquels ces instruments sont arrivés ont dû d'abord, lorsqu'ils sont entrés dans un orchestre, en tirer un peu la coulisse pour les mettre d'accord avec les autres. Mais comme cet allongement du tube (des flûtes surtout) en dérange plus ou moins les proportions, et par suite en altère la justesse, ces artistes se sont peu à peu abstenus d'y recourir. Toute la masse des instruments à cordes a suivi alors, peut-être à son insu, l'impulsion donnée par ces instruments à vent aigus; les violons, les altos, les basses, en tendant un peu plus leurs cordes, ont ainsi adopté facilement un diapason plus haut. Les autres musiciens, les anciens de l'orchestre, chargés des parties de basson, de cor, de trompette, de second hautbois, etc., fatigués de ne pouvoir, malgré tous leurs efforts, se hausser jusqu'au ton devenu le ton dominant, ont alors fini par porter leurs instruments chez le facteur, pour en faire adroitement raccourcir le tube, pour le *faire couper* (c'est le terme adopté) et atteindre ainsi le ton nouveau. Et voilà le diapason haut installé dans cet orchestre, et bientôt après dans les concerts par des pianos accordés sur des diapasons d'acier, dont les branches raccourcies à coups de lime avaient pris le ton nouveau.

Le même fait, plus ou moins avoué, mais réel, se reproduit à peu près partout tous les vingt ans.

Aujourd'hui les facteurs d'orgues eux-mêmes suivent le mouvement et accordent leurs instruments au diapason haut. Nous ignorons certainement celui pour lequel saint Grégoire et saint Ambroise composèrent les plains-chants qu'ils ont légués à la liturgie ecclésiastique; mais il est bien évident que plus le diapason des églises monte, et plus, si c'est l'orgue qui donne le ton aux chantres et s'il ne transpose pas, le système entier du plain-chant est altéré, plus aussi l'économie vocale des hymnes sacrés se trouve dérangée. Les orgues devraient ou transposer, quand elles accompagnent le plain-chant, si elles sont au diapason moderne, ou être fixées au ton des plus anciennes; seulement elles devraient l'être dans des rapports avec le ton moderne qui n'empêcheraient point de leur adjoindre, *en transposant*, les instruments d'orchestre. Ainsi, fussent-elles d'un ton et demi au-dessous du diapason d'aujourd'hui, les instruments d'orchestre pourraient néanmoins s'accorder parfaitement avec les orgues, en jouant, par exemple, en *fa* quand les orgues joueraient en *la* bémol.

Malheureusement quelques facteurs prennent le pire de tous les moyens termes; ils construisent des orgues d'un quart de ton au-dessous du diapason des théâtres. J'en ai fait il y a quelques années la cruelle expérience dans l'église de Saint-Eustache, où, pour l'exécution d'un *Te Deum*, il fut impossible, malgré l'allongement de tous les tubes sonores de l'orchestre, de mettre la masse instrumentale d'accord avec le nouvel orgue, achevé depuis trois ans à peine.

FAUT-IL BAISSER LE DIAPASON?

Il ne pourrait, je crois, résulter de cet abaissement qu'un bien pour l'art musical, pour l'art du chant surtout; mais il me semble impraticable si l'on veut étendre la réforme sur la France entière. Un abus produit par une longue succession d'années ne se détruit pas en quelques jours; les musiciens, chanteurs et autres, les plus intéressés à l'introduction d'un diapason moins haut seraient peut-être même les premiers à s'y opposer; cela dérangerait leurs habitudes; et Dieu sait s'il est en France quelque chose de plus irrésistible que des habitudes. En supposant même qu'une volonté toute-puissante intervint pour faire adopter la réforme, il en coûterait des sommes énormes pour la réaliser. Il faudrait, sans compter les orgues, acheter de nouveaux instruments à vent pour tous les théâtres et pour les musiques militaires, et interdire absolument l'emploi des anciens. Et si, la réforme une fois opérée, le reste du monde ne suivait pas notre exemple, la France resterait isolée avec son diapason bas et sans relations musicales possibles avec les autres peuples.

IL FAUT DONC SEULEMENT FIXER LE DIAPASON ACTUEL?

C'est, je pense, le parti le plus sage, et les moyens d'y parvenir, nous les possédons. Grâce à l'ingénieux instrument dont l'acoustique a été dotée il y a peu d'années, et qu'on nomme *sirène*, on peut compter avec une précision mathématique le nombre de vibrations qu'exécute par seconde un corps sonore.

En adoptant le *la* de l'Opéra de Paris comme le son type, comme l'étalon sonore officiel, ce *la* étant de 898 vibrations par seconde, je suppose, on n'aura qu'à placer dans le foyer de tous les orchestres de concert et de théâtre un tuyau d'orgue donnant exactement le son désigné. Ce tuyau sera seul consulté pour le *la*, et l'orchestre ne s'accordera plus, selon l'usage, sur le hautbois ou sur la flûte, qui peuvent aisément, soit l'un en pinçant son anche avec les lèvres, soit l'autre en tournant son embouchure en dehors, faire monter le son.

Les instruments à vent devront en conséquence être parfaitement d'accord avec le tuyau d'orgue. Ils resteront en outre, dans l'intervalle des représentations et des concerts, enfermés dans le foyer où se trouve ce tuyau, lequel foyer sera, comme une serre, constamment maintenu à la température moyenne d'une salle de spectacle remplie par le public. Grâce à cette précaution, les instruments à vent n'arriveront point froids à l'orchestre, et ne monteront point au bout d'une heure, par le fait du souffle des exécutants et de leur immersion dans une atmosphère plus chaude que celle d'où ils sortent. C'est dire aussi que les instruments à vent d'un théâtre (d'un théâtre du gouvernement du moins) ne devront jamais en sortir, sous aucun prétexte. Ils resteront dans leur serre, comme les décors restent dans les magasins. Au reste, si quelque instrumentiste s'avisait, en emportant au dehors sa flûte ou sa clarinette, de la faire *couper*, le méfait serait aussitôt reconnu, puisque le *la* de l'instrument coupé différerait de celui du tuyau d'orgue, qui, je le répète, devra seul être consulté pour accorder l'orchestre. Enfin le gouvernement, adoptant officiellement le *la* de 898 vibrations, tout fabricant qui aura mis en circulation des instruments à vent, des orgues, des pianos accordés au-dessus de ce *la*, sera passible de certaines peines, comme les marchands qui vendent à fausse mesure et à faux poids.

De telles précautions une fois prises, et ces règlements étant rigoureusement exécutés et maintenus, à coup sûr le diapason ne montera plus.

Mais le remède sera inutile pour conserver les voix, si les compositeurs continuent à écrire les notes dangereuses que j'ai citées tout à l'heure.

L'autorité devrait donc encore intervenir et interdire aux compositeurs (à ceux qui écrivent pour les théâtres subventionnés tout au moins) l'emploi des sons exceptionnels qui ont détruit tant de beaux organes, et leur *conseiller* (une partition échappant nécessairement sous ce rapport à toute censure) plus d'à-propos et plus d'adresse dans l'emploi des moyens violents de l'instrumentation.

LES TEMPS SONT PROCHES

L'art musical est en bon train à cette heure à Paris. On va l'élever à une haute dignité. Il sera fait Mamamouchi. *Voler far un paladina. Ioc! Dar turbanta con galera. Ioc, Ioc! Hou la ba, ba la chou, ba la ba, ba la da!* Puis madame Jourdain, la raison publique, viendra quand il n'en sera plus temps s'écrier : Hélas! mon Dieu, il est devenu fou.

Heureusement il a quelquefois, quand on ne le mène pas au théâtre, des éclairs d'intelligence qui pourraient rassurer ses amis. Nous avons encore à Paris des concerts où l'on fait de la musique; nous avons des virtuoses qui comprennent les chefs-d'œuvre et les exécutent dignement; des auditeurs qui les écoutent avec respect et les adorent avec sincérité. Il faut se dire cela pour ne pas aller se jeter dans un puits la tête la première. . . . .
. . . .

Le surlendemain de la représentation au théâtre de l'Opéra-Comique d'une œuvre inqualifiable qui exaspéra le public, nous nous trouvions avec quelques amis dans un salon musical. On venait de parler de la nouvelle et effrayante partition exécutée l'avant-veille. Et l'on avait dit : De quel messie ce compositeur est-il donc le Jean-Baptiste? — On songeait à la maladie dont l'art musical est en ce moment atteint, aux étranges médecins qu'on lui donne, aux entrepreneurs des pompes funèbres qui déjà frappent à sa porte, aux marbriers qui sont occupés à graver son épitaphe... quand quelqu'un s'avisa de se mettre aux pieds de madame Massart et de la conjurer de vouloir bien jouer la grande sonate en *fa* mineur de Beethoven. La virtuose se rendit gracieusement à la prière qu'on lui adressait, et bientôt toute l'assistance entra sous le charme terrible et sublime de cette œuvre incomparable. En écoutant cette musique de Titan exécutée avec une inspiration entraînante, avec une fougue bien ordonnée et si habilement contenue, on oublia bien vite toutes les défaillances, les misères, les hontes, les horreurs de la musique contemporaine. On se sentait frémir et trembler d'admiration en présence de la pensée profonde, de la passion impétueuse qui animent l'œuvre de Beethoven; œuvre plus grande que ses plus grandes symphonies, plus grande que tout ce qu'il a fait, supérieure en conséquence à tout ce que l'art musical a jamais produit.

Et la virtuose, épuisée après la dernière mesure du final, restait haletante au piano, et nous pressions ses mains devenues froides, et l'on se taisait... Que dire? Et nous formions dans ce salon, perdu au centre de Paris, où l'antiharmonie ne pénétra jamais, un groupe comparable à celui du tableau du *Décaméron*, où l'on voit des cavaliers et de belles jeunes femmes respirant l'air embaumé d'une villa délicieuse, pendant qu'à l'entour de cette oasis Florence est dévastée par la peste noire.

CONCERTS DE RICHARD WAGNER
LA MUSIQUE DE L'AVENIR

Après des peines excessives, des dépenses énormes, des répétitions nombreuses, mais fort insuffisantes encore, Richard Wagner est parvenu à faire entendre au Théâtre-Italien quelques-unes de ses compositions. Les fragments empruntés à des ouvrages dramatiques perdent plus ou moins à être ainsi exécutés hors du cadre qui leur fut destiné; les ouvertures et introductions instrumentales y gagnent au contraire, parce qu'elles sont rendues avec plus de pompe et d'éclat qu'elles ne le seraient par un orchestre d'opéra ordinaire, bien moins nombreux et moins avantageusement disposé qu'un orchestre de concert.

Le résultat de l'expérience tentée sur le public parisien par le compositeur allemand était facile à prévoir. Un certain nombre d'auditeurs sans préventions ni préjugés a bien vite reconnu les puissantes qualités de l'artiste et les fâcheuses tendances de son système; un plus grand nombre n'a rien semblé reconnaître en Wagner qu'une volonté violente, et dans sa musique qu'un bruit fastidieux et irritant. Le foyer du Théâtre-Italien était curieux à observer le soir du premier concert : c'étaient des fureurs, des cris, des discussions, qui semblaient toujours sur le point de dégénérer en voies de fait. En pareil cas, l'artiste qui a provoquée l'émotion du public voudrait la voir aller plus loin encore, et ne serait pas fâché d'assister à une lutte corps à corps entre ses partisans et ses détracteurs, à la condition pourtant que ses partisans eussent le dessus. Victoire improbable cette fois, Dieu étant toujours du côté des gros bataillons. Ce qui se débite alors de non-sens, d'absurdités et même de mensonges, est vraiment prodigieux, et prouve avec évidence que, chez nous au moins, lorsqu'il s'agit d'apprécier une musique différente de celle qui court les rues, la passion, le parti pris, prennent seuls la parole, et empêchent le bon sens et le goût de parler.

Les préventions, favorables ou hostiles, dictent même la plupart des jugements sur les œuvres des maîtres reconnus et consacrés. Tel, acclamé comme un grand mélodiste, écrira un jour une œuvre entièrement dépourvue de mélodie, et n'en sera pas moins admiré pour cette même œuvre par des gens qui l'eussent sifflée si elle eût porté un autre nom. La grande, la sublime, l'entraînante ouverture d'*Éléonore*, de Beethoven, passe auprès de beaucoup de critiques pour une composition dépourvue de mélodie, bien qu'elle en soit pleine, bien que tout chante, que tout pleure mélodieusement dans l'allegro comme dans l'andante; et ces mêmes juges qui la dénigrent applaudissent et crient *bis* fort souvent après l'ouverture de *Don Juan* de Mozart, où il n'y a pas trace de ce qu'ils appellent mélodie; mais c'est de Mozart, le grand mélodiste!...

Ils adorent à juste titre, dans ce même opéra de *Don Juan*, la sublime expression des sentiments, des passions et des caractères; et, quand vient l'allegro du dernier air de dona Anna, pas un de ces aristarques si sensibles en apparence à la musique expressive, si chatouilleux sur les convenances dramatiques, n'est choqué des abominables vocalises que Mozart, poussé par quelque démon dont le nom est demeuré un mystère, a eu le malheur de laisser tomber de sa plume. La pauvre fille outragée s'écrie: *Peut-être un jour le ciel encore sentira quelque pitié pour moi*. Et c'est là-dessus que le compositeur a placé une série de notes aiguës, vocalisées, piquées, caquetantes, sautillantes, qui n'ont pas même le mérite de faire applaudir la cantatrice. S'il y avait jamais eu quelque part en Europe un public vraiment intelligent et sensible, ce crime (car c'en est un) ne fût pas demeuré impuni, et le coupable allegro ne serait pas resté dans la partition de Mozart.

Je pourrais citer une multitude d'exemples semblables pour prouver qu'à de très-rares exceptions près on juge la musique par prévention seulement et sous l'empire des plus déplorables préjugés.

Ce sera mon excuse pour la liberté que je vais prendre de parler de Richard Wagner d'après mon sentiment personnel et sans tenir aucun compte des diverses opinions émises à son sujet.

Il a osé composer le programme de sa première soirée exclusivement de morceaux d'ensemble, chœurs ou symphonies. C'était déjà un défi jeté aux habitudes de notre public, qui, sous prétexte d'aimer la variété, se montre toujours prêt à manifester le plus bruyant enthousiasme pour une chansonnette bien dite, pour une fade cavatine bien vocalisée, pour un solo de violon bien dansé sur la quatrième corde, ou pour des variations bien sifflotées sur quelque instrument à vent, après avoir fait un accueil honnête, mais froid, à quelque grande œuvre de génie. Ce public-là pense que le roi et le berger sont égaux pendant leur vie.

Rien de tel que de faire hardiment les choses faisables. Wagner vient de le prouver; son programme, dépourvu des sucreries qui allèchent les enfants de tout âge dans les festins musicaux, n'en a pas moins été écouté avec une attention constante et un très-vif intérêt.

Il commençait par l'ouverture du *Vaisseau-Fantôme*, opéra en deux actes, que je vis représenter à Dresde, sous la direction de l'auteur, en 1841, et dans lequel madame Schrœder-Devrient remplissait le principal rôle. Ce morceau me fit alors l'impression qu'il m'a faite récemment. Il débute par un foudroyant éclat d'orchestre où l'on croit reconnaître tout d'abord les hurlements de la tempête, les cris des matelots, les sifflements des cordages et les bruits orageux de la mer en furie. Ce début est magnifique ; il s'empare impérieusement de l'auditeur et l'entraîne ; mais, le même procédé de composition étant ensuite constamment employé, le tremolo succédant au tremolo, les gammes chromatiques n'aboutissant qu'à d'autres gammes chromatiques, sans qu'un seul rayon de soleil vienne se faire jour au travers de ces sombres nuées gorgées de fluide électrique et versant sans fin ni trêve leurs torrents, sans que le moindre dessin mélodieux vienne colorer ces noires harmonies, l'attention de l'auditeur se lasse, se décourage et finit par succomber. Déjà se manifeste dans cette ouverture, dont le développement me paraît en outre excessif, la tendance de Wagner et de son école à ne pas tenir compte de la *sensation*, à ne voir que l'idée poétique ou dramatique qu'il s'agit d'exprimer, sans s'inquiéter si l'expression de cette idée oblige ou non le compositeur à sortir des conditions musicales.

L'ouverture du *Vaisseau-Fantôme* est vigoureusement instrumentée, et l'auteur a su tirer au début un parti extraordinaire de l'accord de quinte nue. Cette sonorité ainsi présentée prend un aspect étrange et sauvage qui fait frissonner.

La grande scène du *Tanhauser* (marche et chœur) est d'un éclat et d'une pompe superbes, qu'augmente encore la sonorité spéciale du ton *si* naturel majeur. Le rhythme, qui ne se trouve jamais tourmenté ni gêné dans son action par la juxtaposition d'autres rhythmes de nature contraire, y prend des allures chevaleresques, fières, robustes. On est bien sûr, sans voir la représentation de cette scène, qu'une telle musique accompagne les mouvements d'hommes vaillants et forts et couverts de brillantes armures. Ce morceau contient une mélodie clairement dessinée, élégante, mais peu originale, qui rappelle par sa forme, sinon par son accent, un thème célèbre du *Freyschütz*.

Le dernier retour de la phrase vocale, au grand *tutti*, est plus énergique encore que tout ce qui précède, grâce à l'intervention d'un dessin des basses exécutant huit notes par mesure et contrastant avec la partie supérieure qui n'en fait entendre que deux ou trois. Il y a bien quelques modulations un peu dures et trop serrées les unes contre les autres, mais l'orchestre les impose avec une telle vigueur, une telle autorité, que l'oreille les accepte de prime abord sans résistance. En somme, il faut reconnaître là une page magistrale, instrumentée, comme tout le reste, par une main habile. Les instruments à vent et les voix y sont animés par un souffle puissant, et les violons, écrits avec une admirable aisance dans le haut de leur échelle, semblent lancer sur l'ensemble d'éblouissantes étincelles.

L'ouverture de *Tanhauser* est en Allemagne le plus populaire des morceaux d'orchestre de Wagner. La force et la grandeur y dominent encore; mais il résulte, pour moi du moins, du parti pris de l'auteur dans cette composition, une fatigue extrême. Elle débute par un andante maestoso, sorte de choral d'un beau caractère, qui plus tard, vers la fin de l'allegro, reparaît accompagné dans le haut par un trait obstiné de violons. Le thème de cet allegro, composé de deux mesures seulement, est en soi peu intéressant. Les développements auxquels il sert ensuite de prétexte sont, comme dans l'ouverture du *Vaisseau-Fantôme*, hérissés de successions chromatiques, de modulations et d'harmonies d'une extrême dureté. Quand enfin le choral reparaît, ce thème étant lent et d'une dimension considérable, le trait de violons qui doit l'accompagner jusqu'au bout se répète nécessairement avec une persistance terrible pour l'auditeur. Il a déjà été entendu vingt-quatre fois dans l'andante; on l'entend dans la péroraison de l'allegro cent dix-huit fois. Ce dessin obstiné, ou plutôt acharné, figure donc en somme cent quarante-deux fois dans l'ouverture. N'est-ce pas trop? Il reparaît encore souvent dans le cours de l'opéra; ce qui me ferait supposer que l'auteur lui attribue un sens expressif relatif à l'action et que je ne devine pas.

Les fragments de *Lohengrin* brillent par des qualités plus saillantes que les œuvres précédentes. Il y a là, ce me semble, plus de nouveauté que dans le *Tanhauser;* l'introduction, qui tient lieu d'ouverture à cet opéra, est une invention de Wagner de l'effet le plus saisissant. On pourrait en donner une idée en parlant aux yeux par cette figure ◇. C'est en réalité un immense crescendo lent, qui, après avoir atteint le dernier degré de la force sonore, suivant la progression inverse, retourne au point d'où il était parti et finit dans un murmure harmonieux presque imperceptible. Je ne sais quels rapports existent entre cette forme d'ouverture et l'idée dramatique de l'opéra; mais, sans me préoccuper de cette question et en considérant le morceau comme une pièce symphonique seulement, je le trouve admirable de tout point. Il n'y a pas de phrase proprement dite, il est vrai, mais les enchaînements harmoniques en sont mélodieux, charmants, et l'intérêt ne languit pas un instant, malgré la lenteur du crescendo et celle de la décroissance. Ajoutons que c'est une merveille d'instrumentation dans les teintes douces comme dans le coloris éclatant, et qu'on y remarque, vers la fin, une basse montant toujours diatoniquement pendant que les autres parties descendent, dont l'idée est fort ingénieuse. Ce beau morceau d'ailleurs ne contient aucune espèce de duretés; c'est suave, harmonieux autant que grand, fort et retentissant : pour moi, c'est un chef-d'œuvre.

La grande marche en *sol*, qui ouvre le second acte, a produit à Paris, comme en Allemagne, une véritable commotion, malgré le vague de la pensée au commencement et l'indécision froide du passage épisodique du milieu. Ces mesures incolores où l'auteur semble tâtonner, chercher son chemin, ne sont qu'une sorte de préparation pour arriver à une idée formidable, irrésistible, où l'on doit voir le vrai thème de la marche. Une phrase de quatre mesures, répétée deux fois en montant d'une tierce, constitue la véhémente période à laquelle on ne trouverait peut-être rien en musique qui pût lui être comparé pour l'emportement grandiose, la force et l'éclat, et, qui, lancée par les instruments de cuivre à l'unisson, fait des accents forts (*ut, mi, sol*) qui commencent les trois phrases autant de coups de canon qui ébranlent la poitrine de l'auditeur.

Je crois que l'effet serait plus extraordinaire encore si l'auteur eût évité les conflits de sons comme ceux qu'on a à subir dans la seconde phrase, où le quatrième renversement de l'accord de neuvième majeure et le retard de la quinte par la sixte produisent des dissonances doubles que beaucoup de gens (et je suis du nombre) ne peuvent ici supporter. Cette marche amène le chœur à deux temps (*Freulich geführt zichet duhin*), qu'on est consterné de trouver là, tant le style en est petit, je dirai même enfantin. L'effet en a été d'autant moins bon sur l'auditoire de la salle Ventadour, que les premières mesures rappellent un pauvre morceau des *Deux Nuits* de Boïeldieu : « La belle nuit, la belle fête ! » introduit dans les vaudevilles, et que tout le monde connaît à Paris.

Je n'ai pas encore parlé de l'introduction instrumentale du dernier opéra de Wagner, *Tristan et Iseult*. Il est singulier que l'auteur l'ait fait exécuter au même concert que l'introduction de *Lohengrin*, car il a suivi le même plan dans l'une et dans l'autre. Il s'agit de nouveau d'un morceau lent, commencé pianissimo, s'élevant peu à peu jusqu'au fortissimo, et retombant à la nuance de son point de départ, sans autre thème qu'une sorte de gémissement chromatique, mais rempli d'accords dissonants dont de longues appoggiatures, remplaçant la note réelle de l'harmonie, augmentent encore la cruauté.

J'ai lu et relu cette page étrange ; je l'ai écoutée avec l'attention la plus profonde et un vif désir d'en découvrir le sens ; eh bien, il faut l'avouer, je n'ai pas encore la moindre idée de ce que l'auteur a voulu faire.

Ce compte rendu sincère met assez en évidence les grandes qualités musicales de Wagner. On doit en conclure, ce me semble, qu'il possède cette rare intensité de sentiment, cette ardeur intérieure, cette puissance de volonté, cette foi qui subjuguent, émeuvent et entraînent; mais que ces qualités auraient bien plus d'éclat si elles étaient unies à plus d'invention, à moins de recherche et à une plus juste appréciation de certains éléments constitutifs de l'art. Voilà pour la pratique.

Maintenant, examinons les théories qu'on dit être celles de son école, école généralement désignée aujourd'hui sous le nom d'école de la musique de l'avenir, parce qu'on la suppose en opposition directe avec le goût musical du temps présent, et certaine au contraire de se trouver en parfaite concordance avec celui d'une époque future.

On m'a longtemps attribué à ce sujet, en Allemagne et ailleurs, des opinions qui ne sont pas les miennes; par suite, on m'a souvent adressé des louanges où je pouvais voir de véritables injures; j'ai constamment gardé le silence. Aujourd'hui, mis en demeure de m'expliquer catégoriquement, puis-je me taire encore, ou dois-je faire une profession de foi mensongère? Personne, je l'espère, ne sera de cet avis.

Parlons donc, et parlons avec une entière franchise. Si l'école de l'avenir dit ceci :

« La musique, aujourd'hui dans la force de sa jeunesse, est émancipée, libre; elle fait ce qu'elle veut.

« Beaucoup de vieilles règles n'ont plus cours; elles furent faites par des observateurs inattentifs ou par des esprits routiniers, pour d'autres esprits routiniers.

« De nouveaux besoins de l'esprit, du cœur et du sens de l'ouïe imposent de nouvelles tentatives, et même dans certains cas l'infraction des anciennes lois.

« Diverses formes sont par trop usées pour être encore admises.

« *Tout est bon* d'ailleurs, *ou tout est mauvais*, suivant l'usage qu'on en fait et la raison qui en amène l'usage.

« Dans son union avec le drame, ou seulement avec la parole chantée, la musique doit toujours être en rapport direct avec le sentiment exprimé par la parole, avec le caractère du personnage qui chante, souvent même avec l'accent et les inflexions vocales que l'on sent devoir être les plus naturels du langage parlé.

« Les opéras ne doivent pas être écrits pour des chanteurs ; les chanteurs, au contraire, doivent être formés pour les opéras.

« Les œuvres écrites uniquement pour faire briller les talents de certains virtuoses ne peuvent être que des compositions d'un ordre secondaire et d'assez peu de valeur.

« Les exécutants ne sont que des instruments plus ou moins intelligents destinés à mettre en lumière la forme et le sens intime des œuvres : leur despotisme est fini ;

« Le maître reste le maître ; c'est à lui de commander.

« Le son et la sonorité sont au-dessous de l'idée.

« L'idée est au-dessous du sentiment et de la passion.

« Les longues vocalisations rapides, les ornements du chant, le trille vocal, une multitude de rhythmes, sont inconciliables avec l'expression de la plupart des sentiments sérieux, nobles et profonds.

« Il est en conséquence insensé d'écrire pour un *Kyrie eleison* (la prière la plus humble de l'Église catholique) des traits qui ressemblent à s'y méprendre aux vociférations d'une troupe d'ivrognes attablés dans un cabaret.

« Il ne l'est peut-être pas moins d'appliquer la même musique à une invocation à Baal par des idolâtres et à la prière adressée à Jehovah par les enfants d'Israël.

« Il est plus odieux encore de prendre une créature idéale, fille du plus grand des poëtes, un ange de pureté et d'amour, et de la faire chanter comme une fille de joie, etc., etc.

. . . .

Si tel est le code musical de l'école de l'avenir, nous sommes de cette école, nous lui appartenons corps et âme, avec la conviction la plus profonde et les plus chaleureuses sympathies.

Mais tout le monde en est ; chacun aujourd'hui professe plus ou moins ouvertement cette doctrine, en tout ou en partie. Y a-t-il un grand maître qui n'écrive *ce qu'il veut ?* Qui donc croit à l'infaillibilité des règles scolastiques, sinon quelques bonshommes timides qu'épouvanterait l'ombre de leur nez, s'ils en avaient un ?...

Je vais plus loin : il en est ainsi depuis longtemps. Gluck lui-même fut en ce sens de l'école de l'avenir ; il dit dans sa fameuse préface d'*Alceste* : « *Il n'est aucune règle que je n'aie cru devoir sacrifier de bonne grâce en faveur de l'effet.* »

Et Beethoven, que fut-il, sinon de tous les musiciens connus le plus hardi, le plus indépendant, le plus impatient de tout frein ? Longtemps même avant Beethoven, Gluck avait admis l'emploi des pédales supérieures (notes tenues à l'aigu) qui n'entrent pas dans l'harmonie et produisent de doubles et triples dissonances. Il a su tirer des effets sublimes de cette hardiesse, dans l'introduction de la scène des enfers d'*Orphée*, dans un chœur d'*Iphigénie en Aulide*, et surtout dans ce passage de l'air immortel d'*Iphigénie en Tauride* :

> Mêlez vos cris plaintifs à mes gémissements.

M. Auber en a fait autant dans la tarentelle de la *Muette*. Quelles libertés Gluck n'a-t-il pas prises aussi avec le rhythme ? Mendelsohn, qui passe pourtant dans l'école de l'avenir pour un classique, ne s'est-il pas moqué de l'unité tonale dans sa belle ouverture d'*Athalie*, qui commence en *fa* et finit en *ré* majeur, tout comme Gluck, qui commence un chœur d'*Iphigénie en Tauride* en *mi* mineur pour le finir en *la* mineur ?

Donc nous sommes tous, sous ce rapport, de l'école de l'avenir.

Mais si elle vient nous dire :

« Il faut faire le contraire de ce qu'enseignent les règles.

« On est las de la mélodie ; on est las des dessins mélodiques ; on est las des airs, des duos, des trios, des morceaux dont le thème se développe régulièrement ; on est rassasié des harmonies consonnantes, des dissonances simples, préparées et résolues, des modulations naturelles et ménagées avec art.

« Il ne faut tenir compte que de l'idée, ne pas faire le moindre cas de la sensation.

« Il faut mépriser l'oreille, cette guenille, la brutaliser pour la dompter : la musique n'a pas pour objet de lui être agréable. Il faut qu'elle s'accoutume à tout, aux séries de septièmes diminuées ascendantes ou descendantes, semblables à une troupe de serpents qui se tordent et s'entre-déchirent en sifflant ; aux triples dissonances sans préparation ni résolution ; aux parties intermédiaires qu'on force de marcher ensemble sans qu'elles s'accordent ni par l'harmonie ni par le rhythme, et qui s'écorchent mutuellement ; aux modulations atroces, qui introduisent une tonalité dans un coin de l'orchestre avant que dans l'autre la précédente soit sortie.

« Il ne faut accorder aucune estime à l'art du chant, ne songer ni à sa nature ni à ses exigences.

« Il faut, dans un opéra, se borner à noter la déclamation, dût-on employer les intervalles les plus inchantables, les plus saugrenus, les plus laids.

« Il n'y a point de différence à établir entre la musique destinée à être lue par un musicien tranquillement assis devant son pupitre et celle qui doit être chantée par cœur, en scène, par un artiste obligé de se préoccuper en même temps de son action dramatique et de celle des autres acteurs.

« Il ne faut jamais s'inquiéter des possibilités de l'exécution.

« Si les chanteurs éprouvent à retenir un rôle, à se le mettre dans la voix, autant de peine qu'à apprendre par cœur une page de sanscrit ou à avaler une poignée de coquilles de noix, tant pis pour eux ; on les paye pour travailler : ce sont des esclaves.

« Les sorcières de Macbeth ont raison : le beau est horrible, l'horrible est beau. »

Si telle est cette religion, très-nouvelle en effet, je suis fort loin de la professer; je n'en ai jamais été, je n'en suis pas, je n'en serai jamais.

Je lève la main et je le jure : *Non credo*.

Je le crois, au contraire, fermement : le beau n'est pas horrible, l'horrible n'est pas beau. La musique, sans doute, n'a pas pour objet exclusif d'être agréable à l'oreille, mais elle a mille fois moins encore pour objet de lui être désagréable, de la torturer, de l'assassiner.

Je suis de chair comme tout le monde; je veux qu'on tienne compte de mes sensations, qu'on traite avec ménagement mon oreille, cette guenille.

> Guenille, si l'on veut; ma guenille m'est chère.

Je répondrai donc imperturbablement dans l'occasion ce que je répondis un jour à une dame d'un grand cœur et d'un grand esprit, que l'idée de la liberté dans l'art, poussée jusqu'à l'absurde, a un peu séduite. Elle me disait, à propos d'un morceau où les moyens charivariques se trouvent employés, et sur lequel je m'abstenais d'émettre une opinion : « Vous devez pourtant aimer cela, vous? — Oui, j'aime cela, comme on aime à boire du vitriol et à manger de l'arsenic. »

Plus tard, un célèbre chanteur, qu'on cite aujourd'hui comme l'un des plus ardents antagonistes de la musique de l'avenir, me fit le même compliment. Il a écrit un opéra où, dans une scène importante, la canaille juive insulte un captif. Pour mieux rendre l'effet des huées populaires, ce réaliste a écrit un orchestre et un chœur charivariques en discordances continues. Enchanté de sa noble audace, l'auteur, ouvrant un jour sa partition à l'endroit de la cacophonie, me dit, sans malice aucune, je me plais à le reconnaître : « Il faut que je vous montre cette scène ; *elle doit vous plaire.* » Je ne répondis rien, et il ne fut question ni de vitriol ni d'arsenic. Mais, puisque aujourd'hui je parle et que j'ai encore le singulier compliment sur le cœur, je lui dirai :

« Non, mon cher D***, cela ne doit pas me plaire, et cela me déplaît au contraire horriblement. En me traitant de réaliste charivariseur, vous m'avez calomnié. Vous vous prononcez à cette heure, dit-on, contre Wagner et ses adeptes, et ils ont plus de droit de vous classer parmi les serpents à sonnettes de la musique de l'avenir, vous le musicien aux trois quarts italien, capable et coupable de cette horreur, que vous n'en avez de me placer même parmi les aigles de cette école, moi, le musicien aux trois quarts Allemand, qui n'ai jamais rien écrit de pareil, non, jamais, et je vous défie de me prouver le contraire. Allons, invitez un de vos condisciples ; faites apporter des coupes de cuivre oxydé ; versez du vitriol et buvez : moi, j'aime mieux de l'eau, fût-elle tiède, ou un opéra de Cimarosa. »

SUNT LACRYMÆ RERUM

On ne sait pas assez, en général, au prix de quels labeurs la partition d'un grand opéra est produite, et par quelle autre série d'efforts, bien plus pénibles et bien plus douloureux encore, sa présentation au public est obtenue. Le compositeur, obligé de recourir à deux ou trois cents intermédiaires, est un homme prédestiné à souffrir. Ni les influences morales, ni la puissance réelle déguisée sous toutes les formes,

> Ni l'or ni la grandeur ne le rendent heureux,
> Et ces divinités n'accordent à ses vœux
> Que des biens peu certains, des plaisirs peu tranquilles.

On ne voit à l'abri des mille tourments qu'entraîne la composition d'une œuvre musicale que le grand virtuose assez doué pour pouvoir interpréter lui-même ses inspirations. C'est dire assez qu'en un certain genre de musique cet auteur est presque un phénix, et qu'en musique dramatique ou symphonique ou religieuse, exigeant le concours d'une foule d'intelligences animées d'un bon vouloir, ce phénix ne peut exister. Sophocle, dit-on, récitait ses poëmes aux solennités olympiques de la Grèce, et par cette simple récitation exaltait jusqu'à l'enthousiasme, attendrissait jusqu'aux larmes son immense auditoire. Voilà un exemple de l'auteur heureux, puissant, radieux, presque divin ! On l'écoutait, on l'applaudissait, on le devinait à tel point, que les quatre cinquièmes de ses auditeurs l'applaudissaient même sans l'entendre.

Essayez donc aujourd'hui de chanter un opéra que vous aurez composé devant le moindre petit auditoire de six mille personnes (car un pareil public, qu'est-il, comparé aux multitudes que les jeux olympiques attiraient?), aujourd'hui que les compositeurs chantent encore plus mal que les chanteurs de profession; maintenant que l'on se moque de la lyre à quatre cordes, que l'on exige des orchestres de quatre-vingts musiciens, des chœurs de quatre-vingts voix, à cette heure de communisme insensé où le dernier paltoquet, ayant payé ou sans avoir payé sa place au parterre, prétend avoir le *droit* (j'aime ce vieux mot plus bouffon qu'il n'est long) d'entendre tout ce qui se dit, tout ce qui se chante ou se crie sur la scène, tout ce qui se joue dans les plus mystérieuses catacombes de l'orchestre, tout ce qui se hurle et se vagit dans les replis les plus cachés des chœurs; aujourd'hui que la foi dans l'art n'existe plus, dans un temps où non-seulement elle ne saurait transporter des hommes, mais où les montagnes elles-mêmes restent sourdes à sa voix et ne répondent à ses pressants appels que par la plus insolente inertie, la plus blasphématoire immobilité!

Non, il faut payer comptant maintenant pour obtenir un succès, et payer cher et souvent. Demandez à nos grands maîtres ce que leur coûte la gloire bon an, mal an, ils ne vous le diront pas, mais ils le savent. Et cette gloire une fois acquise, devenue une propriété incontestée, presque incontestable, croyez-vous qu'elle va leur servir à l'implantation de la foi? Croyez-vous qu'on va imiter les Athéniens et dire en applaudissant : « Je n'entends rien, mais Sophocle parle, et ce qu'il dit doit être sublime? » Tout au contraire, à chaque nouvel ouvrage que produisent les Sophocles modernes, c'est à recommencer. Nos modernes Athéniens, qui n'écoutent guère, mais qui entendent néanmoins de toute la longueur de leurs oreilles, n'ont garde, en pareil cas, d'applaudir avec les connaisseurs du parterre, et rient même, les malheureux! de l'ardeur de ces savants applaudissements. On a beau leur dire : C'est du Sophocle ! Ils restent immobiles comme des collines ou folâtrent autour du succès comme des agneaux.

Et ce sont ces folâtreries surtout qui sont à craindre. J'aimerais mieux, si j'étais un Sophocle, voir le mont Athos rester ferme et froid devant moi, sourd à toutes mes conjurations, qu'être le centre des rondes joyeuses d'un troupeau d'agneaux parisiens. Que serait-ce s'il s'agissait des béliers et des boucs?... Il n'y a donc, pour dédommager de tant de soins les artistes qui produisent sans songer au prix commercial de leur œuvre, que la satisfaction intime de leur conscience et leur joie profonde en mesurant l'espace qu'ils ont parcouru sur la route du beau. Celui-là fait des centaines de kilomètres et tombe au moment où il croit obtenir le prix; celui-ci avance davantage sans arriver (car l'idéal ne saurait être atteint), cet autre s'avance moins; mais tous progressent cependant, et tous préfèrent ce progrès tel quel sous le soleil, et la soif et la fatigue qu'il cause, aux frais abris ouverts, aux boissons enivrantes versées par la popularité, pour les coureurs insoucieux du but inaccessible et qui lui tournent le dos . . . .
. . . .
. . . .

Ajoutons une assez triste observation au sujet de l'indifférence actuelle du public élégant, je ne dirai pas pour l'art, mais pour les entreprises les plus sérieuses du théâtre de l'Opéra. Pas plus à la première qu'à la centième représentation d'un ouvrage, pas plus à huit heures qu'à sept, les propriétaires des premières loges ne sont à leur poste. La curiosité même, ce vulgaire sentiment si puissant sur la plupart des esprits, est impuissante à les entraîner aujourd'hui. L'affiche annoncerait pour le premier acte d'un opéra nouveau un trio chanté par l'ange Gabriel, l'archange Michel et sainte Madeleine en personne, que l'affiche aurait tort, et la sainte et les deux esprits célestes chanteraient leur trio devant des loges vides et un parterre inattentif, comme de simples mortels. Un autre symptôme non moins inquiétant se manifeste encore; autrefois, dans les entr'actes, le foyer du public était assez généralement préoccupé de l'œuvre nouvelle, qu'il jugeait toujours fort sévèrement; tout le monde disait: C'est détestable, ce n'est pas de la musique, c'est assommant, etc., etc. Aujourd'hui on n'en dit rien du tout; il n'est pas plus question de la partition que de la pièce. On cause à bâtons rompus de la Bourse, des courses du Champ de Mars, des *tables tournantes*, du succès de Tamberlick à Londres, de ceux de mademoiselle Hayes à San-Francisco, du dernier hôpital construit par Jenny Lind, du printemps, de la pousse des feuilles; l'on dit: Je pars pour Bade, je vais en Angleterre, ou à Nice, ou tout simplement à Fontainebleau. Et si quelque spectateur primitif, quelque homme de l'âge d'or s'en vient étourdiment jeter au milieu d'une conversation cette question saugrenue: Eh bien! qu'en pensez-vous? — De quoi? lui répond-on. — De l'opéra nouveau! — Ah!... mais, je n'en pense rien, ou du moins je ne me souviens plus de ce que j'en pensais tout à l'heure. Je n'y ai pas fait grande attention.

Le public semble, à l'égard de l'Opéra, avoir donné sa démission. C'est le tambour-major découragé d'entendre toujours ses virtuoses faire des *ra* pour des *fla;* il a envoyé sa canne au ministre. . . . .
. . . .

Parfois pourtant il se ranime, il se passionne même, et alors c'est avec fureur que ses préventions, ses préjugés, ses engouements, se donnent carrière. A la première représentation d'*Hernani*, de Victor Hugo, au moment où le héros du drame s'écrie: « O vieillard stupide! il l'aime! » un classique, bondissant d'indignation, s'écria: « Est-il possible? *vieil as de pique!* peut-on se moquer à ce point du public? » Aussitôt un romantique, qui avait tout aussi bien entendu, rebondissant d'admiration, répliqua : « Eh bien, *vieil as de pique*, qu'y a-t-il là ? C'est magnifique, c'est la nature prise sur le fait. *Vieil as de pique*, bravo ! c'est superbe ! »

Voilà comment on juge la musique au théâtre.

SYMPHONIES DE H. REBER
STEPHEN HELLER

En ce temps d'opéras-comiques, d'opérettes, d'opéras de salon, d'opéras en plein air, de musique qui va sur l'eau, d'œuvres utiles enfin destinées à soulager de leur labeur quotidien les gens fatigués de gagner de l'argent, c'est une singulière idée, n'est-ce pas, que de s'occuper d'un compositeur de symphonies? Mais la fantaisie qu'il a eue, lui, ce compositeur, d'écrire des symphonies, est bien plus singulière encore; car où des travaux de ce genre peuvent-ils, chez nous, conduire un musicien? J'ai peur de le savoir. Voici en général ce qui arrive à l'artiste qui a le malheur de succomber à la tentation de produire des œuvres de cette nature. S'il a des idées (et il en faut absolument pour écrire de la musique pure, sans paroles pour suggérer des semblants de phrases, des lieux communs mélodiques, sans aucun accessoire pour amuser les yeux de l'auditeur); donc, s'il a des idées, il doit passer un long temps à les trier, à les mettre en ordre, à bien examiner leur valeur; puis il fait un choix, et il développe avec tout son art celles qui lui ont paru les plus saillantes, les plus dignes de figurer dans son tableau musical.

Le voilà à l'œuvre, le voilà acharné à tisser sa trame musicale; son imagination s'allume, son cœur se gonfle; il tombe en des distractions étranges : quand il a travaillé toute la journée et qu'à une heure avancée du soir il sent le besoin de respirer l'air, il lui arrive de sortir sans chapeau et une bougie allumée dans la main. Il se couche et ne peut dormir; le peuple harmonieux des instruments de son orchestre se livre dans son cerveau à des ébats inconciliables avec le sommeil. Alors il trouve ses combinaisons les plus hardies, les plus neuves; il invente des phrases originales, il imagine les contrastes les plus impossibles à prévoir. C'est l'heure des véritables inspirations, c'est quelquefois aussi celle des déceptions. Si, en effet, après avoir eu une belle idée, après l'avoir bien envisagée sous toutes ses faces, l'avoir ruminée à loisir, il a, comptant sur sa mémoire, la faiblesse de se laisser aller au sommeil, remettant au lendemain le soin de l'écrire, presque toujours il arrive qu'au réveil tout souvenir de la belle idée a disparu. Le malheureux compositeur éprouve alors une torture qu'il faut renoncer à décrire; il cherche à ressaisir ce fantôme mélodique ou harmonique dont l'apparition l'avait tant charmé, mais c'est en vain, et, s'il en retrouve en sa pensée quelques traits épars, ils sont difformes, sans lien entre eux, et semblent être le résultat d'un cauchemar et non d'un rêve poétique. Il maudit le sommeil : « Si je m'étais levé pour écrire, se dit-il, le fantôme ne m'eût pas échappé; c'est une fatalité, n'y pensons plus, sortons. » Le voilà marchant tranquillement à quelque distance de sa demeure; il ne songe pas à sa symphonie, il fredonne en regardant couler l'eau de la rivière, en suivant de l'œil le vol capricieux des oiseaux, quand tout à coup le mouvement de ses pas, coïncidant par hasard avec le rhythme de la phrase musicale qu'il avait oubliée, cette phrase lui revient, il la reconnaît. « Ah! grand Dieu! s'écrie-t-il, la voilà! Cette fois, je ne la perdrai pas! » Il porte vivement la main à sa poche : malheur! il n'a sur lui ni album ni crayon; impossible d'écrire. Il chante sa phrase; tremblant de l'oublier encore, il la rechante, et prend sa course vers sa maison en chantonnant toujours, se heurte contre les passants, se fait dire des injures, redouble de vitesse, poursuivi par les chiens aboyant sur sa trace, arrive enfin, toujours chantant et avec un air égaré qui épouvante son portier ; il ouvre la porte de son appartement, saisit une feuille de papier, écrit d'une main frémissante la maudite phrase, et tombe, accablé de fatigue et d'anxiété, mais plein de joie ; l'idée est à lui, il l'a prise par les ailes. C'est qu'il faut bien le reconnaître, pour la plupart des compositeurs, il semble qu'ils soient seulement les secrétaires d'un lutin musical qu'ils portent en eux, qui leur dicte ses pensées quand il lui plaît, et dont les plus ardentes sollicitations ne pourraient vaincre le silence quand il a résolu de le garder. De là tant d'irrégularités dans le travail de la composition, tant de caprices de la pensée ; de là ces moments où le secrétaire ne peut écrire assez vite, et ceux où le lutin semble le railler en ne lui dictant que des sottises qu'il n'ose confier au papier.

Je me souviens que, m'étant mis en tête de faire une cantate avec chœurs sur le petit poëme de Béranger intitulé le *Cinq mai*, je trouvai assez aisément la musique des premiers vers, mais que je fus arrêté court par les deux derniers, les plus importants, puisqu'ils sont le refrain de toutes les strophes :

> Pauvre soldat, je reverrai la France,
> La main d'un fils me fermera les yeux.

Je m'obstinai en vain pendant plusieurs semaines à chercher une mélodie convenable pour ce refrain ; je ne trouvais toujours que des banalités sans style et sans expression. Enfin j'y renonçai ; et par suite la composition de la cantate fut abandonnée. Deux ans après, n'y pensant plus, je me promenais un jour à Rome sur une rive escarpée du Tibre qu'on nomme la *promenade du Poussin;* m'étant trop approché du bord, la terre manqua sous mes pieds, et je tombai dans le fleuve. En tombant, l'idée que j'allais me noyer me traversa l'esprit ; mais, en m'apercevant après la chute que j'en serais quitte pour un bain de pieds et que j'étais tout bonnement tombé dans la vase, je me mis à rire et je sortis du Tibre en chantant :

Pauvre soldat, je reverrai la France,

précisément sur la phrase si longuement et si inutilement cherchée deux ans auparavant : « Ah ! m'écriai-je, voilà mon affaire ; mieux vaut tard que jamais ! » Et la cantate s'acheva.

Je reviens à mon symphoniste. Supposons son œuvre terminée : il la relit, l'examine avec attention ; il en est content ; il trouve, lui aussi, *que cela est bon.* A partir de ce moment, le désir d'en faire copier les parties l'obsède, et, après une résistance plus ou moins longue, il finit toujours par y céder. Il dépense en conséquence, pour ces copies, une assez forte somme ; mais quoi ! il faut bien semer pour recueillir ! Cherchons maintenant une occasion pour faire entendre la nouvelle symphonie. Il y a des sociétés musicales possédant toutes un orchestre vaillant et fort capable de bien exécuter de telles œuvres. Hélas ! l'occasion peut-être ne viendra jamais. La symphonie n'est pas demandée ; si l'auteur la propose, elle n'est pas acceptée ; si elle est acceptée, on la trouve trop difficile, le temps manque pour la bien étudier ; si on peut la répéter assez et l'exécuter dignement, le public la trouve d'un style trop sévère et n'y comprend rien ; si, au contraire, le public lui fait bon accueil, deux jours après néanmoins elle est oubliée, et le compositeur demeure Gros-Jean comme devant. S'il s'avise de donner un concert, c'est bien pis : il doit supporter des frais énormes pour la salle, les exécutants, les affiches, etc., et payer en outre un impôt considérable au fermier du droit des hospices. Sa symphonie, entendue une fois, n'en est pas moins rapidement oubliée ; il s'est donné des peines infinies et il a perdu beaucoup d'argent.

S'il ose proposer ensuite à un éditeur de publier sa partition, celui-ci le regarde d'un air étonné, se demandant si le compositeur a perdu la tête, et répond : « Nous avons beaucoup de choses importantes à publier en ce moment ; la musique d'orchestre se vend fort peu... nous ne pouvons pas... » etc., etc. Alors intervient quelquefois un éditeur hardi qui croit à l'avenir du compositeur, qui court des risques pour arracher une belle œuvre au néant. Cet éditeur se nomme Brandus ou Richaut ; il publie la symphonie, il la sauve, elle ne périra pas tout à fait : elle sera placée dans dix ou douze bibliothèques musicales en Europe, cinq ou six artistes dévoués l'achèteront, elle sera quelque jour écorchée par une société philarmonique de province, et puis... et puis... et puis voilà !

Telles sont les raisons, sans doute, pour lesquelles le nombre des symphonies nouvelles va toujours diminuant. Haydn en écrivit plus de cent, Mozart en laissa dix-sept, Beethoven neuf, Mendelssohn trois, Schubert une. M. Reber a eu un peu plus de courage que ces derniers ; il en a écrit quatre, que l'honorable éditeur Richaut vient de publier en grande partition. Ce sont des symphonies dans la forme classique adoptée par Haydn et par Mozart ; chacune se compose de quatre morceaux, un allegro, un adagio, un scherzo ou un menuet, et un final d'un mouvement vif. Il faut signaler cependant la diversité de caractère des troisièmes morceaux de ces quatre symphonies. Celui de la première (en *ré* mineur) est un scherzo à deux temps, vif, léger, étincelant, dans le genre de ceux de Mendelssohn. Dans la seconde (en *ut*), le scherzo est remplacé par un morceau d'un mouvement un peu animé, à trois temps, de la famille des menuets de Mozart et de Haydn. Le menuet de la troisième (en *mi* bémol) est au contraire un menuet grave, dont le mouvement et le caractère sont précisément ceux de l'air de danse qui dans l'origine porta ce nom. Enfin le troisième morceau de la quatrième (en *sol* majeur) est un scherzo à trois temps brefs, comme les scherzi de Beethoven. De sorte que M. Reber, dans ses symphonies, a donné un spécimen des divers genres de troisièmes morceaux adoptés successivement par les quatre grands maîtres, Haydn, Mozart, Beethoven et Mendelssohn. Il a de plus réintégré dans la symphonie (et nous l'en félicitons) le menuet lent, le vrai menuet, essentiellement différent du menuet à mouvement rapide de Haydn et de Mozart, et dont celui de l'*Armide*, de Gluck, restera l'admirable modèle. On raconte, à propos de ce morceau, que, Vestris ayant dit à Gluck, au moment des répétitions générales d'*Armide* : « Eh bien, chevalier, avez-vous fait mon menuet? » Gluck lui répondit : « Oui, mais il est d'un style si grand, que vous serez obligé de le danser sur la place du Carrousel. »

Le style mélodique de M. Reber est toujours distingué et pur; dans quelques parties de ses trios de piano avec instruments à cordes, il offre une tendance à l'archaïsme, il rappelle les formes des maîtres anciens tels que Rameau, Couperin, mais avec une ampleur et une richesse de développements que ces vieux maîtres n'ont pas connues. Il est plus moderne dans ses symphonies. Son harmonie est plus hardie que celle de Haydn et de Mozart, sans indiquer pourtant le moindre penchant pour les discordances féroces, pour le style charivarique systématiquement adopté depuis quatre ou cinq ans par quelques musiciens allemands dont la raison n'est pas bien saine, et qui fait à cette heure l'épouvante et l'horreur de la civilisation musicale.

Quant à l'instrumentation de ses symphonies, elle est soignée, fine, souvent ingénieuse et tout à fait exempte de brutalités. Chaque partie est dessinée avec un soin et un art exquis. L'orchestre est composé comme celui de Mozart; les instruments à grande voix, tels que les trombones, en sont exclus; on n'y trouve pas non plus les instruments à percussion, autres que les timbales, ni les modernes instruments à vent. Inutile d'ajouter que la main de l'habile contrepointiste se décèle partout, et que les diverses parties de l'orchestre se croisent, se poursuivent, s'imitent avec une aisance et une liberté d'allures dont la clarté de l'ensemble n'a jamais rien à souffrir. Enfin il me semble qu'un des mérites les plus évidents de M. Reber est dans la disposition générale de ses morceaux, dans le ménagement des effets et dans l'art si rare de s'arrêter à temps. Sans se renfermer dans des proportions mesquines, il ne va pourtant jamais au delà du point où l'auditeur peut se fatiguer à le suivre, et il semble avoir toujours présent à la pensée l'aphorisme de Boileau :

> Qui ne sut se borner ne sut jamais écrire.

Je ne sais si les quatre symphonies de M. Reber ont été exécutées aux concerts du Conservatoire, mais j'en ai entendu deux il y a quelques années dans ces solennités où il est si difficile d'être admis, et l'une et l'autre y obtinrent un brillant succès.

Stephen Heller me semble appartenir, lui aussi, à la famille peu nombreuse des musiciens résignés qui aiment et respectent leur art. Il a un grand talent, beaucoup d'esprit, une patience à toute épreuve, une ambition modeste, et des convictions que ses études, ses observations de chaque jour et son bon sens rendent inébranlables. Pianiste très-habile, il compose pour le piano et ne fait point valoir lui-même ses œuvres, ne jouant jamais en public ; il ne leur donne point cet aspect brillanté uni à une facilité lâche et plate qui assure le succès de la plupart des œuvres destinées aux salons ; ses productions, où toutes les ressources de l'art moderne du piano sont employées, ne présentent point non plus ce grimoire inabordable qui fait acheter certaines *études* par des gens incapables d'en exécuter quatre mesures, mais désireux de les étaler sur leur piano pour faire croire qu'ils peuvent les jouer. On ne peut reprocher à Heller aucun genre de charlatanisme. Il a même renoncé depuis quelques années à donner des leçons, se privant ainsi de l'avantage, plus grand qu'on ne pense, d'avoir des élèves pour le prôner. Il écrit tranquillement, à son heure, de belles œuvres, riches d'idées, d'un coloris suave en général, quelquefois aussi très-vif, qui se répandent peu à peu partout où l'art du piano est cultivé d'une façon sérieuse ; sa réputation grandit, il vit tranquille, et les ridicules du monde musical le font à peine sourire. O trop heureux homme !

ROMÉO ET JULIETTE
OPÉRA EN QUATRE ACTES DE BELLINI

SA PREMIÈRE REPRÉSENTATION AU THÉATRE DE L'OPÉRA
DÉBUTS DE MADAME VESTVALI

Il existe à cette heure cinq opéras de ce nom dont le drame immortel de Shakspeare est censé avoir fourni le sujet. Rien cependant ne ressemble moins au chef-d'œuvre du poëte anglais que les libretti, pour la plupart difformes, mesquins, et quelquefois niais jusqu'à l'imbécillité, que divers compositeurs ont mis en musique. Tous les librettistes ont prétendu néanmoins s'inspirer de Shakspeare et allumer leur flambeau à son soleil d'amour. Pâles flambeaux dont trois sont à peine de petites bougies roses, dont un seul jeta en fumant quelque éclat, et dont l'autre ne peut être comparé qu'au bout de chandelle d'un chiffonnier!

Ce que les tailleurs de libretti français et italiens, à l'exception de M. Romani (qui est, je crois, l'auteur de celui de Bellini), ont fait de l'œuvre shakspearienne dépasse tout ce qu'on peut imaginer de puéril et d'insensé. Ce n'est pas qu'il soit possible de transformer un drame quelconque en opéra sans le modifier, le déranger, le gâter plus ou moins. Je le sais. Mais il y a tant de manières intelligentes de faire ce travail profanateur, imposé par les exigences de la musique! Par exemple, bien qu'on n'ait pas pu conserver tous les personnages du *Ro-*

méo de Shakspeare, comment n'est-il jamais venu à la pensée de l'un des auteurs arrangeurs de garder au moins un de ceux que tous ils ont supprimés? Dans les deux opéras français qui se jouaient sur des théâtres où régnait l'opéra-comique, comment ne s'est-on pas avisé de faire paraître ou Mercutio, ou la nourrice, deux personnages si différents des acteurs principaux et qui eussent donné au musicien l'occasion de placer dans sa partition de si piquants contrastes? En revanche, dans ces deux productions, de mérites si inégaux, plusieurs personnages nouveaux furent introduits. On y trouve un Antonio, un Alberti, un Cébas, un Gennaro, un Adriani, une Nisa, une Cécile, etc.; et pour quels emplois, pour arriver à quels résultats?...

Dans les deux opéras français le dénoûment est heureux. Les dénoûments funestes étaient alors repoussés sur tous nos théâtres lyriques; on y avait interdit le spectacle de la mort par égard pour l'extrême sensibilité du public. Dans les trois opéras italiens, au contraire, la catastrophe finale est admise. Roméo s'empoisonne, Juliette se donne un petit coup avec un joli petit poignard en vermeil; elle s'assied doucement sur le théâtre, à côté du corps de Roméo, pousse un petit « ah! » bien gentil qui représente son dernier soupir, et tout est dit.

Bien entendu que ni Français ni Italiens, pas plus que les Anglais eux-mêmes sur leurs théâtres consacrés au *drame légitime*, n'ont osé conserver dans son intégrité le caractère de Roméo et laisser seulement soupçonner son premier amour pour Rosaline. Fi donc? supposer que le jeune Montaigu ait pu aimer d'abord une autre que la fille de Capulet! ce serait indigne de l'idée que l'on se fait de ce modèle des amants, cela le dépoétiserait tout à fait; le public n'est composé que d'âmes si constantes et si pures!...

Et pourtant combien est profonde la leçon qu'a voulu donner le poëte! Combien de fois ne croit-on pas aimer avant de connaître le véritable amour! Combien de Roméo sont morts sans l'avoir connu! Combien d'autres ont senti leur cœur saigner durant de longues années pour une *Rosaline* séparée de leur âme par des abîmes dont ils ne voulaient pas voir la profondeur !... Combien d'entre eux ont dit à un ami : « *Je me cherche et ne me trouve plus ; ce n'est pas Roméo que tu vois, il est ailleurs. Adieu, tu ne saurais m'apprendre le secret d'oublier !* » Combien de fois l'amoureux de Rosaline entend-il Mercutio lui dire : « *Viens, nous saurons bien te tirer de ce bourbier d'amour,* » et répond-il par un sourire d'incrédulité au joyeux philosophe, qui s'éloigne fatigué de la tristesse de Roméo, en disant : « *Cette Rosaline au visage pâle et au cœur de marbre le tourmente à tel point qu'il en deviendra fou.* » Jusqu'au moment où, parmi les splendeurs de la fête donnée par le riche Capulet, il aperçoit Juliette, et à peine a-t-il entendu quelques mots de cette voix émue, qu'il reconnaît l'être tant cherché, que son cœur bondit et se dilate en aspirant la poétique flamme, et que l'image de Rosaline s'évanouit comme un spectre au lever du soleil. Et après la fête, errant à l'entour de la maison de Capulet, en proie à une angoisse divine, pressentant l'immense révolution qui va s'opérer en lui, il entend l'aveu de la noble fille, il tremble d'étonnement et de joie ; et alors commence l'immortel dialogue digne des anges du ciel :

JULIETTE.

Je t'ai donné mon cœur avant que tu me l'aies demandé, et je voudrais qu'il fût encore à donner.

ROMÉO.

Pour me le refuser ? Est-ce pour cela, mon amour ?

JULIETTE.

Non, pour être franche avec toi et te le donner de nouveau...

ROMÉO.

O nuit fortunée ! nuit divine ! j'ai peur que tout ceci ne soit qu'un rêve ; je n'ose croire à la réalité de tant de bonheur !

Mais il faut se quitter, et le cœur de Roméo sent l'étreinte d'une douleur intense, et il dit à l'aimée : « Je ne conçois pas qu'on puisse nous séparer, j'ai peine à comprendre que je doive te quitter, même pour quelques heures seulement. Entends, parmi les harmonies qui jaillissent au loin, ce long cri douloureux qui s'élève... Il semble sortir de ma poitrine... Vois ces splendeurs du ciel, vois toutes ces lumières brillantes, ne dirait-on pas que les fées ont illuminé leur palais pour y fêter notre amour?... » Et Juliette palpitante ne répond que par des larmes. Et le vrai grand amour est né, immense, inexprimable, armé de toutes les puissances de l'imagination, du cœur et des sens. Roméo et Juliette, qui existaient seulement, vivent aujourd'hui, ils s'aiment...

Shakspeare! Father!

Et quand on connaît le merveilleux poëme écrit en caractères de flamme, et qu'on lui compare tant de grotesques libretti appelés opéras, qu'on en a tirés, froides rapsodies écrites avec les sucs du concombre et du nénufar, il faut dire :

Shakspeare! God!

et songer que l'outrage ne peut l'atteindre.

Des cinq opéras dont j'ai parlé en commençant, le *Roméo* de Steibelt, représenté pour la première fois sur le théâtre Feydeau, le 10 septembre 1793, est immensément supérieur aux autres. C'est une partition, cela existe ; il y a du style, du sentiment, de l'invention, des nouveautés d'harmonie et d'instrumentation même fort remarquables, et qui durent paraître à cette époque de véritables hardiesses. Il y a une ouverture bien dessinée, pleine d'accents pathétiques et énergiques, savamment traitée, un très-bel air précédé d'un beau récitatif :

Du calme de la nuit tout ressent les doux charmes,

dont l'andante est d'un tour mélodique expressif et distingué, et que l'auteur a eu l'incroyable audace de finir sur la troisième note du ton sans rabâcher la cadence finale, ainsi que la plupart de ses contemporains.

Cet air a pour sujet la seconde scène du troisième acte du

Roméo de Shakspeare, où Juliette, seule dans sa chambre, et mariée dans la journée à Roméo, attend son jeune époux.

« Ferme tes épais rideaux, ô nuit, reine des amoureux mystères; dérobe-les aux yeux indiscrets, et que Roméo s'élance dans mes bras, inaperçu, invisible! — Le bonheur des amants n'a besoin d'être éclairé que par la présence radieuse de l'objet aimé, et c'est la nuit qui lui convient le mieux. — Viens donc, nuit solennelle, matrone au maintien grave, au noir vêtement, guide mes pas dans la lice où je dois trouver mon vainqueur. »

Il faut signaler encore dans l'œuvre de Steibelt un air avec chœur du vieux Capulet, plein de mouvement et d'un caractère farouche :

Oui, la fureur de se venger
Est un *premier* besoin de l'âme !

La marche funèbre :

Grâces, vertus, soyez en deuil !

et l'air de Juliette, quand elle va boire le narcotique. C'est dramatique, c'est même fort émouvant; mais quelle distance, grand Dieu! de cette inspiration musicale, si bien ménagé qu'en soit l'intérêt jusqu'à la fin, au prodigieux crescendo de Shakspeare (qui fut le véritable inventeur du crescendo), morceau dont le pendant ne se trouve qu'à la quatrième scène du troisième acte d'*Hamlet*, commençant par ces mots : « Eh bien! ma mère, que me voulez-vous ? » Quelle marée montante de terreurs que ce long monologue de Juliette :

What if it be a poison which the friar
Subtily hath minister'd to have me dead...

« Mais si c'est du poison que le moine m'a remis pour me donner la mort, dans la crainte du déshonneur qu'attirerait sur lui ce mariage, parce qu'il m'a déjà mariée à Roméo? J'ai peur! Non, cela ne saurait être; c'est un homme d'une sainteté éprouvée : rejetons loin de moi cette odieuse pensée. — Mais si, une fois enfermée dans la tombe, je m'éveille avant que Roméo vienne me délivrer? Oh! ce serait horrible! nul air pur ne pénètre dans ce redoutable caveau, et j'y serais infailliblement suffoquée avant l'arrivée de mon Roméo. Ou, si je vis, que deviendrai-je dans les ténèbres de la nuit et de la mort, au milieu des terreurs de ce funèbre séjour, qui depuis tant de siècles a reçu les ossements de mes ancêtres; où Tybalt, saignant encore, fraîchement inhumé, pourrit dans son linceul; où, à certaines heures de la nuit, on prétend que les esprits reviennent? Hélas! hélas! si je me réveille avant l'heure, au milieu d'exhalaisons infectes, de gémissements comme ceux de la mandragore qu'on déracine, voix étranges qu'un mortel ne peut entendre sans être frappé de démence! O mon Dieu! entourée de ces épouvantables terreurs, j'en deviendrai folle; mes mains insensées joueront avec les squelettes de mes ancêtres! J'arracherai de son linceul le cadavre sanglant de Tybalt, et dans mon aveugle frénésie, transformant en massue l'un des ossements de mes pères, je m'en servirai pour me briser le crâne. — Oh! il me semble voir l'ombre de Tybalt; il cherche Roméo, dont la fatale épée a percé sa poitrine. — Arrête, Tybalt; arrête! Roméo! Roméo! Roméo! voilà le breuvage! Je bois à toi! »

La musique, j'ose le croire, peut aller jusque-là; mais quand y est-elle allée, je ne sais. En entendant à la représentation ces deux terribles scènes, il m'a toujours semblé sentir mon cerveau tournoyer dans mon crâne et mes os craquer dans ma chair... et je n'oublierai jamais ce cri prodigieux d'amour et d'angoisse qu'une seule fois j'entendis :

Romeo! Romeo! — Here's drink! — I drink to thee!

. . . .

Et vous voulez qu'après avoir connu de telles œuvres, éprouvé de telles impressions, on prenne au sérieux vos petites passions tièdes, vos petits amours de cire à mettre sous un bocal... Vous voulez que ceux qui ont vécu toute leur vie dans les contrées où rêvent ces grands lacs océaniens, où s'élèvent fières et verdoyantes ces forêts vierges de l'art, puissent s'accommoder de vos petits parterres, de vos bordures de buis taillées carrément, de vos bocaux où nagent de petits poissons rouges, ou de vos mares remplies de crapauds! Pauvres faiseurs de petits opéras!...

. . . .

L'autre partition française portant le titre de Roméo et Juliette, et presque inconnue aujourd'hui, est, malheureusement pour notre amour-propre national, de Dalayrac. L'auteur de l'abominable livret eut l'esprit de ne pas se nommer. Cela est misérable, plat, bête, en tout et partout. On dirait d'une œuvre composée par deux imbéciles qui ne connaissent ni la passion, ni le sentiment, ni le bon sens, ni le français, ni la musique.

Dans ces deux opéras, au moins le rôle de Roméo est écrit pour un homme. Les trois maestri italiens ont, au contraire, voulu que l'amant de Juliette fût représenté par une femme. C'est un reste des anciennes mœurs musicales de l'école italienne. C'est le résultat de la préoccupation constante d'un sensualisme enfantin. On voulait des femmes pour chanter des rôles d'amants, parce que dans les duos deux voix féminines produisent plus aisément les séries de tierces, chères à l'oreille italienne. Dans les anciens opéras de cette école, on ne trouve presque pas de rôles de basses; les voix graves étaient en horreur à ce public de sybarites, friands des douceurs sonores comme les enfants le sont des sucreries.

L'opéra de Zingarelli a joui d'une vogue assez longue en France et en Italie. C'est une musique tranquille et gracieuse; on n'y voit pas plus de traces des caractères shakspeariens, pas plus de prétentions à exprimer les passions des personnages que si le compositeur n'eût pas compris la langue à laquelle il adaptait ses mélodies. On cite toujours un air de Roméo : « Ombra adorata, » air célèbre qui suffit pendant longtemps pour attirer le public au Théâtre-Italien de Paris et pour lui faire supporter le froid ennui de tout le reste de l'œuvre. Ce morceau est gracieux, élégant et fort bien conduit dans son ensemble; la flûte y fait entendre de jolis petits traits qui dialoguent heureusement avec des fragments de la phrase vocale. Tout est presque souriant dans cet air. Roméo qui va mourir y exprime sa joie de retrouver bientôt Juliette, et de jouir des pures délices de l'amour au séjour bienheureux :

Nel fortunato Eliso
Avrà contenti il cor.

Juliette chante des morceaux mélangés d'accents vrais et de bouffonneries musicales. Dans un grand air, par exemple, elle s'écrie : « Qu'il n'est pas une âme aussi accablée de maux que la sienne. »

Non v'é un alma a questo eccesso
Sventurata al par di me.

Puis elle se recueille un instant, et partant *con brio*, vocalise *sans paroles* de longues séries de triolets de l'effet le plus joyeux, et dont les facéties des premiers violons augmentent encore l'*allegria*.

Quant au duo final, à la scène terrible où Juliette, qui croyait toucher au bonheur, apprend que Roméo est empoisonné, assiste à son agonie, et meurt enfin sur son corps, rien de plus calme que ces angoisses, rien de plus charmant que ces convulsions; c'est le cas ou jamais de dire, comme Hamlet : « *They do but jest, poison in jest.* Ils ne font que plaisanter, c'est du poison pour rire. »

Du *Roméo* de Vaccaï on n'exécute plus guère que le troisième acte, généralement cité comme un morceau plein de passion et d'une belle couleur dramatique. Je l'ai entendu à Londres, et je n'y ai vu, je l'avoue, ni couleur ni passion. Les deux amants s'y désespèrent encore d'une façon fort calme. *They do but jest, poison in jest.* Je ne sais s'il est vrai que ce troisième acte soit celui qui forme maintenant le quatrième de l'opéra de Bellini qu'on vient de représenter à l'Opéra, je ne l'ai pas reconnu. On trouvait, disait-on il y a quelques semaines, le dernier acte de Bellini *trop faible*. Le poison y semblait trop *in jest*... Il faut que cela soit prodigieux. Je l'entendis à Florence il y a vingt-cinq ans, et je n'ai conservé du dénoûment aucun souvenir.

Ce *Roméo*, cinquième du nom, bien qu'il soit l'une des plus médiocres partitions de Bellini, contient de jolies choses et un finale plein d'élan, où se déploie une belle phrase chantée à l'unisson par les deux amants. Ce passage me frappa le jour où je l'entendis pour la première fois au théâtre de la Pergola. Il était bien rendu de toutes façons. Les deux amants étaient séparés de force par leurs parents furieux; les Montaigus retenaient Roméo, les Capulets Juliette; mais au dernier retour de la belle phrase :

Nous nous reverrons au ciel !

s'échappant tous les deux des mains de leurs persécuteurs, ils s'élançaient dans les bras l'un de l'autre et s'embrassaient avec une fureur toute shakspearienne. A ce moment on commençait à croire à leur amour. On s'est bien gardé à l'Opéra de risquer *cette hardiesse*; il n'est pas décent en France que deux amants sur un théâtre s'embrassent ainsi à corps perdu. Cela n'est pas convenable. Autant qu'il m'en souvienne, le doux Bellini n'avait employé dans son *Roméo* qu'une instrumentation modérée. Il n'y avait mis ni tambour ni grosse caisse; son orchestre a été pourvu à l'Opéra de ces deux auxiliaires de première nécessité. Puisqu'il y a des scènes de guerre civile dans le drame, l'orchestre peut-il se passer de tambour? et peut-on chanter et danser aujourd'hui sans grosse caisse? Pourtant, au moment où Juliette se traîne aux pieds de son père en poussant des cris de désespoir, la grosse caisse, frappant imperturbablement les temps forts de la mesure avec une pompeuse régularité, produit, il faut l'avouer, un effet d'un comique irrésistible. Comme son bruit domine tout et attire l'attention, on ne pense plus à Juliette, et l'on croit entendre une musique militaire marchant en tête d'une légion de la garde nationale.

Les airs de danse intercalés dans la partition de Bellini n'ont pas une bien grande valeur; ils manquent de charme et d'entrain. Un andante pourtant a fait plaisir : c'est celui qui a pour thème l'air de la *Straniera* :

Meco tu vieni, ô misera.

l'une des plus touchantes inspirations de Bellini. On danse là-dessus... Mais quoi! on danse sur tout. On fait tout sur tout.

Les costumes n'offrent rien de remarquable; celui de Lorenzo seul a été fort remarqué; c'est une houppelande fourrée de martre. Le bon Lorenzo est vêtu comme un Polonais. Il faisait donc bien froid à Vérone dans ce temps-là?... Marié, qui remplissait ce rôle fourré, était enrhumé (*it is the cause*). Il a eu plusieurs accidents vocaux. Gueymard est un Thybald très-énergique. Madame Gueymard a chanté d'une façon musicale et avec sa voix d'or le rôle de Juliette. La débutante, madame Vestvali, est une grande et belle personne dont la voix de contralto, très-étendue au grave, est dépourvue d'éclat dans le médium. Sa vocalisation est peu aisée, et l'attaque du son, dans l'octave supérieure surtout, manque parfois de justesse. Elle a joué Roméo avec beaucoup de... dignité.

La scène du tombeau, représentée par les grands artistes anglais, restera comme la plus sublime merveille de l'art dramatique. A ce nom de Roméo, qui s'exhale faiblement des lèvres de Juliette renaissante, le jeune Montaigu, frappé de stupeur, demeure un instant immobile; un second appel plus tendre attire son regard vers le monument, un mouvement de Juliette dissipe son doute. Elle vit! il s'élance sur la couche funèbre, en arrache le corps adoré en déchirant voiles et linceul, l'apporte sur l'avant-scène, le soutient debout entre ses bras. Juliette tourne languissamment ses yeux ternes autour d'elle, Roméo l'interpelle, la presse dans une étreinte éperdue, écarte les cheveux qui cachent son front pâle, couvre son visage de baisers furieux, éclate en rires convulsifs; dans sa joie déchirante, il a oublié qu'il va mourir. Juliette respire. Juliette! Juliette!... Mais une douleur affreuse l'avertit; le poison est à l'œuvre et lui ronge les entrailles!... « *O potent poison! Capulet! Capulet! grâce!* » Il se traîne à genoux, délirant, croyant voir le père de Juliette qui vient la lui ravir encore...

Cette même scène, dans l'opéra nouveau devient ceci :

Des gradins sont pratiqués de chaque côté du tombeau de Juliette, afin qu'elle puisse en descendre commodément et décemment. Elle en descend en effet, et s'avance à pas comptés vers son amant immobile. Et les voilà qui s'entretiennent de leurs petites affaires, et s'expliquent bien des choses fort tranquillement.

ROMÉO.

Que vois-je!

JULIETTE.

Roméo!

ROMÉO.

Juliette vivante!

JULIETTE.

D'une mort apparente
Le réveil *en ce jour*
A ton amour va donc me rendre!

ROMÉO.

Dis-tu vrai?

JULIETTE.

Lorenzo n'a-t-il pu te l'apprendre?

ROMÉO.

Sans rien savoir, sans rien comprendre,
J'ai cru *pour mon malheur* te perdre sans retour.

. . . .

Are there no stones in heaven?

Non, il n'y a pas de carreaux au ciel. La question d'Othello est oiseuse. Non, il n'y a rien de beau, il n'y a rien de laid, il n'y a ni vrai, ni faux, ni sublime, ni absurde : tout est égal. Le public le sait bien, lui, ce modèle d'indifférence impassible.

Calmons-nous... Au point de vue de l'art... (il n'est pas question d'art) au point de vue des intérêts pécuniaires de l'Opéra, nous croyons que le directeur de ce beau grand théâtre, en engageant madame Vestvali et en mettant en scène le *Roméo* de Bellini, a fait une mauvaise affaire.

Let us sleep!
I can no more...

A PROPOS D'UN BALLET DE FAUST

UN MOT DE BEETHOVEN

L'idée de faire danser Faust est bien la plus prodigieuse qui soit jamais entrée dans la tête sans cervelle d'un de ces hommes qui touchent à tout, profanent tout sans méchante intention, comme font les merles et les moineaux des grands jardins publics, prenant pour perchoir les chefs-d'œuvre de la statuaire. L'auteur du ballet de *Faust* me paraît cent fois plus étonnant que le marquis de Molière occupé à mettre *en madrigaux toute l'histoire romaine.* Quant aux musiciens qui ont voulu faire chanter les personnages du célèbre poëme, il faut leur pardonner beaucoup, parce qu'ils ont beaucoup aimé et aussi parce que ces personnages appartiennent de droit à l'art de la rêverie, de la passion, à l'art du vague, de l'infini, à l'art immense des sons.

De combien de dédicaces Gœthe l'olympien a été affligé! Combien de musiciens lui ont écrit : « O toi! » ou simplement : « O! » auxquels il a répondu ou dû répondre : « Je suis bien reconnaissant, monsieur, que vous ayez daigné illustrer un poëme qui, sans vous, fût demeuré dans l'obscurité, etc. » Il était railleur, le dieu de Weimar, si mal nommé pourtant par je ne sais qui le Voltaire de l'Allemagne. Une seule fois il trouva son maître dans un musicien. Car, cela paraît prouvé maintenant, l'art musical n'est pas aussi abrutissant que les gens de lettres ont longtemps voulu le faire croire, et depuis un siècle il y a eu, dit-on, presque autant de musiciens spirituels que de sots lettrés.

Or donc, Gœthe était venu passer quelques semaines à Vienne. Il aimait la société de Beethoven, qui venait d'*illustrer* réellement sa tragédie d'*Egmont*. Errant un jour au Prater avec le Titan mélancolique, les passants s'inclinaient avec respect devant les deux promeneurs, et Gœthe seul répondait à leurs salutations. Impatienté à la fin d'être obligé de porter si souvent la main à son chapeau : « Que ces braves gens, dit Gœthe, sont fatigants avec leurs courbettes ! — Ne vous fâchez pas, *Excellence*, répliqua doucement Beethoven, c'est peut-être moi qu'ils saluent. »

TO BE OR NOT TO BE

PARAPHRASE

Être ou ne pas être, voilà la question. Une âme courageuse doit-elle supporter les méchants opéras, les concerts ridicules, les virtuoses médiocres, les compositeurs enragés, ou s'armer contre ce torrent de maux, et, en le combattant, y mettre un terme? Mourir, — dormir, — rien de plus. Et dire que par ce sommeil nous mettons fin aux déchirements de l'oreille, aux souffrances du cœur et de la raison, aux mille douleurs imposées par l'exercice de la critique à notre intelligence et à nos sens! — C'est là un résultat qu'on doit appeler de tous ses vœux. — Mourir, — dormir, — dormir, — avoir le cauchemar peut-être. — Oui, voilà le point embarrassant. Savons-nous quelles tortures nous éprouverons en songe, dans ce sommeil de la mort, après que nous aurons déposé le lourd fardeau de l'existence, quelles folles théories nous aurons à examiner, quelles partitions discordantes à entendre, quels imbéciles à louer, quels outrages nous verrons infliger aux chefs-d'œuvre, quelles extravagances seront prônées, quels moulins à vent pris pour des colosses?

Il y a là de quoi faire réfléchir; c'est cette pensée qui rend les feuilletons si nombreux et prolonge la vie des malheureux qui les écrivent.

Qui, en effet, voudrait supporter la fréquentation d'un monde insensé, le spectacle de sa démence, les mépris et les méprises de son ignorance, l'injustice de sa justice, la glaciale indifférence des gouvernants? Qui voudrait tourbillonner au souffle du vent des passions les moins nobles, des intérêts les plus mesquins prenant le nom d'amour de l'art, s'abaisser jusqu'à la discussion de l'absurde, être soldat et apprendre à son général à commander l'exercice, voyageur et guider son guide qui s'égare néanmoins, lorsqu'il suffirait pour se délivrer de cette tâche humiliante d'un flacon de chloroforme ou d'une balle à pointe d'acier? Qui voudrait se résigner à voir dans ce bas monde le désespoir naître de l'espoir, la lassitude de l'inaction, la colère de la patience, n'était la crainte de quelque chose de pire par delà le trépas, ce pays ignoré d'où nul critique n'est encore revenu?... Voilà ce qui ébranle et trouble la volonté... — Allons, il n'est pas même permis de méditer pendant quelques instants; voici la jeune cantatrice Ophélie, armée d'une partition et grimaçant un sourire. — Que voulez-vous de moi? des flatteries, n'est-ce pas? toujours, toujours. — Non, monseigneur; j'ai de vous une partition que depuis longtemps je désirais vous rendre. Veuillez la recevoir, je vous prie. — Moi! non certes, je ne vous ai jamais rien donné. — Monseigneur, vous savez très-bien que c'est vous qui m'avez fait ce don, et les paroles gracieuses dont vous l'avez accompagné en ont encore relevé le prix. Reprenez-le, car, pour un noble cœur, les dons les plus précieux deviennent sans valeur du moment où celui qui les a faits n'a plus pour nous que de l'indifférence. Tenez, monseigneur. — Ah! vous avez du cœur? — Monseigneur? — Et vous êtes cantatrice? — Que veut dire Votre Altesse? — Que si vous avez du cœur et si vous êtes cantatrice, vous devez interdire toute communication entre la cantatrice et la femme de cœur. — Quel commerce sied mieux pourtant à l'une que celui de l'autre? — Tant s'en faut; car l'influence d'un talent comme le vôtre aura plutôt perverti les plus nobles élans du cœur, que le cœur n'aura donné de la noblesse aux aspirations du talent. Ceci passait autrefois pour un paradoxe; mais c'est aujourd'hui un fait dont la preuve est acquise. Il fut un temps où je vous admirais. — En effet, monseigneur, vous me l'avez fait croire. — Vous avez eu tort de me croire. Mon admiration n'avait rien de réel. — Je n'en ai été que plus trompée. — Allez vous enfermer dans un cloître. Quelle est votre ambition? Un nom célèbre, beaucoup d'argent, les applaudissements des sots, un époux titré, le nom de duchesse. Oui, oui, elles rêvent toutes d'épouser un prince. Pourquoi vouloir donner le jour à une race d'idiots? — Ayez pitié de lui, ciel miséricordieux! — Si vous vous mariez, je vous donnerai pour dot cette vérité désolante : qu'une femme artiste soit froide comme la glace, pure comme la neige, elle n'échappera point à la calomnie. Allez au couvent. Adieu; ou s'il vous faut absolument un mari, épousez un crétin, c'est ce que vous avez de mieux à faire; car les hommes d'esprit savent trop bien les tourments que vous leur réservez. Allez au couvent, sans tarder. Adieu. — Puissances célestes, rendez-lui la raison! — J'ai aussi entendu parler de toutes vos coquetteries vocales, de vos plaisantes prétentions, de votre sotte vanité. Dieu vous a donné une voix, vous vous en faites une autre. On vous confie un chef-d'œuvre, vous le dénaturez, vous le mutilez, vous en changez le caractère, vous l'affublez de misérables ornements, vous y faites d'insolentes coupures, vous y introduisez des traits grotesques, des arpèges risibles, des trilles facétieux; vous insultez le maître, les gens de goût, et l'art, et le bon sens. Allez, qu'on ne m'en parle plus. Au couvent! au couvent! » (Il sort.)

La jeune Ophélie n'a pas tout à fait tort, Hamlet a bien un peu perdu la tête. Mais on ne s'en apercevra pas dans notre monde musical, où tout le monde à cette heure est complétement fou. D'ailleurs, il a des instants lucides, ce pauvre prince de Danemark; il n'est fou que lorsque le vent souffle du nord-nord-ouest ; quand le vent est au sud, il sait très-bien distinguer un aigle d'une buse.

L'ÉCOLE DU PETIT CHIEN

L'école du petit chien est celle des chanteuses dont la voix extraordinairement étendue dans le haut, leur permet de lancer à tout bout de chant des contre-*mi* et des contre-*fa* aigus, semblables, pour le caractère et le plaisir qu'ils font à l'auditeur, au cri d'un king's-charles dont on écrase la patte. Madame Cabel, il faut le reconnaître, à l'époque où elle pratiquait ce système de chant, atteignait toujours son but. Quand elle visait un *mi* ou un *fa*, et même un *sol* suraigu, c'était un *sol*, un *fa* ou un *mi* qu'elle touchait; mais on ne lui en savait aucun gré; tandis que ses élèves, ou imitatrices ne parvenant d'ordinaire qu'au *ré* dièze s'il s'agit du *mi*, ou au *mi* s'il s'agit du *fa*, excitent toujours ainsi des transports d'admiration frénétiques. Cette injustice et cette injustesse ont fini par dégoûter madame Cabel de son école. C'était fait pour cela. Maintenant elle se borne à chanter comme une femme charmante qu'elle est, et ne songe plus à imiter ni les petits chiens ni les oiseaux.

FIN

TABLE DES MATIÈRES

Musique. 1
Étude critique des symphonies de Beethoven. 15
Quelques mots sur les trios et les sonates de Beethoven. 60
Fidelio, opéra en trois actes de Beethoven; sa représentation au Théâtre-Lyrique. 65
Beethoven dans l'anneau de Saturne, les médiums. 83
Les appointements des chanteurs. 88
Sur l'état actuel de l'art du chant dans les théâtres lyriques de France et d'Italie, et sur les causes qui l'ont amené; les grandes salles, les claqueurs, les instruments à percussion. 89
Les mauvais chanteurs, les bons chanteurs, le public, les claqueurs. 105
L'*Orphée* de Gluck, au Théâtre-Lyrique. 108
Lignes écrites quelque temps après la première représentation d'*Orphée*. 122
L'*Alceste* d'Euripide, celles de Quinault et de Calsabigi; les partitions de Lulli, de Gluck, de Schweizer, de Guglielmi et de Handel sur ce sujet. 130
Reprise de l'*Alceste* de Gluck, à l'Opéra. 198
Les instruments ajoutés par les modernes aux partitions des maîtres anciens. 214

Les sons hauts et les sons bas, le haut et le bas du clavier. . . . 216
Le *Freyschütz* de Weber. 219
Obéron, opéra fantastique de Ch. M. Weber; sa première représentation au Théâtre-Lyrique. 225
Abou-Hassan, opéra en un acte du jeune Weber; l'*Enlèvement au sérail*, opéra en deux actes du jeune Mozart; leur première représentation au Théâtre-Lyrique. 239
Moyen trouvé par M. Delsarte d'accorder les instruments à cordes sans le secours de l'oreille. 244
La *Musique à l'église*, par M. Joseph d'Ortigue. 246
Mœurs musicales de la Chine. 252
A MM. les membres de l'Académie des beaux-arts de l'Institut. . . 259
Le diapason. 278
Les temps sont proches. 289
Concerts de Richard Wagner, la musique de l'avenir. 291
Sunt Lacrymæ rerum. 304
Symphonies de H. Reber, Stephen Heller. 309
Roméo et Juliette, opéra en quatre actes de Bellini; sa première représentation au théâtre de l'Opéra; débuts de madame Vestvali. . . 317
A propos d'un ballet de *Faust*; un mot de Beethoven. 328
To be or not to be, paraphrase. 330
L'école du petit chien. 334

FIN DE LA TABLE DES MATIÈRES.

PARIS. — IMPRIMERIE SIMON RAÇON ET C°. RUE D'ERFURTH, 1.

www.ingramcontent.com/pod-product-compliance
Lightning Source LLC
Chambersburg PA
CBHW060649170426
43199CB00012B/1729